BIBLIOTHÈQUE
DE PHILOSOPHIE CONTEMPORAINE

LES PRINCIPES
DE
LA MORALE

PAR

ÉMILE BEAUSSIRE
Membre de l'Institut

PARIS
ANCIENNE LIBRAIRIE GERMER BAILLIÈRE ET Cie
FÉLIX ALCAN, ÉDITEUR
108, BOULEVARD SAINT-GERMAIN, 108

1885

LES PRINCIPES

DE

LA MORALE

OUVRAGES DU MÊME AUTEUR

Antécédents de l'hégélianisme dans la philosophie française. Dom Deschamps, son système et son école. In-18; (*Bibliothèque de philosophie contemporaine*). Félix Alcan .... 2 fr. 50

La guerre civile et la guerre étrangère en 1870 et en 1871. In-18, (*Bibliothèque d'histoire contemporaine*). Félix Alcan .... 3 fr. 50

La liberté dans l'ordre intellectuel et moral, Etudes de droit naturel. (*Ouvrage couronné par l'Académie française.*) 2e édition. In-18. Librairie académique Emile Perrin. 3 fr. 50

La liberté d'enseignement et l'Université sous la troisième République. In-8. Hachette.................. 6 fr.

LES PRINCIPES

DE

LA MORALE

PAR

ÉMILE BEAUSSIRE

Membre de l'Institut

PARIS

ANCIENNE LIBRAIRIE GERMER BAILLIÈRE ET Cie

FÉLIX ALCAN, ÉDITEUR

108, BOULEVARD SAINT-GERMAIN, 108

1885

AVANT-PROPOS

Ceux qui ont suivi les travaux philosophiques de l'auteur reconnaîtront dans cet ouvrage un certain nombre d'études publiées à diverses époques. La plus ancienne et la plus considérable est une thèse sur le *Fondement de l'obligation morale*, soutenue devant la Faculté des lettres de Paris en 1855. Ces études n'ont pris place dans un travail d'ensemble que profondément remaniées, pour le fond comme pour la forme. Elles ont été entièrement repensées et, pour la plupart, écrites à nouveau, le texte primitif n'ayant servi que de brouillon pour une rédaction définitive. On ne trouvera donc pas dans ce volume un recueil d'articles, mais une œuvre vraiment une, dont toutes les parties concourent au développement d'un seul et même sujet. Nul sujet n'a plus d'importance. Les plus illustres penseurs de tous les temps l'ont traité et ne l'ont pas épuisé ; les plus humbles ne doivent pas désespérer d'y apporter, par leurs réflexions personnelles, une utile contribution.

E. B.

Avril 1885.

LES PRINCIPES DE LA MORALE

INTRODUCTION

LA CRISE ACTUELLE DE LA MORALE

I

Ce livre n'est pas un traité de morale. Les préceptes généraux ou particuliers de la morale n'y trouvent place qu'autant qu'ils servent à éclairer les principes d'où ils découlent. Ce sont les principes seuls que nous nous sommes proposé de rechercher et d'établir.

Nous ne nous dissimulons pas combien un pareil sujet répond peu aux préoccupations des esprits dans notre pays et dans notre temps. Le scepticisme à l'égard des systèmes et de toutes les questions de principes est devenu général. Ces questions sont considérées comme oiseuses et surannées dans l'ordre spéculatif, où l'on se défie de tout ce qui dépasse la sphère des faits positifs. Elles sont considérées comme dangereuses dans l'ordre pratique, où elles ne peuvent, dit-on, que compromettre l'universelle confiance qui est ou qui doit être la principale force des règles morales. On les écarte à la fois au nom de la science positive et dans l'intérêt de l'ordre moral lui-même. Indifférentes ou suspectes à la masse des intelligences, elles ne trouvent pas grâce devant ces esprits délicats et raffinés qui ne peuvent se passer d'un certain idéalisme, mais qui ne l'acceptent que comme un aliment nécessaire pour l'imagination et pour le cœur, et qui craignent de le soumettre au contrôle trop exigeant de la raison. C'est le chef du chœur parmi ces esprits d'élite qui prononçait naguère la condamnation des principes et des systèmes de morale dans le discours même où il décernait, au nom de l'Académie française, des prix à la vertu. « Les origines de la vertu ! s'écriait M. Renan... Mais, messieurs, personne n'en sait rien, ou plutôt nous n'en savons qu'une seule chose; c'est que chacun la trouve dans les inspirations de son cœur. Parmi les dix ou vingt théories philosophiques sur les fondements du devoir, il n'y en a pas une qui supporte l'examen. La signification transcendante de l'acte vertueux est justement qu'en le faisant on ne pourrait pas dire bien clairement pourquoi on le fait. Il n'y a pas d'acte vertueux qui résiste à l'examen. Le héros, quand il se met à réfléchir, trouve qu'il a agi comme un être absurde, et c'est justement pour cela qu'il a été un héros. Il a obéi à un ordre supérieur, à un oracle infaillible, à une voix qui commande de la façon la plus claire, sans donner ses raisons (1). »

Ce mélange d'un scepticisme si dédaigneux et d'affirmations très voisines du mysticisme peut se faire applaudir, grâce au charme souriant de l'expression qui en dissimule l'amertume, grâce surtout à la complicité de ce positivisme plus superficiel et plus grossier qui, de nos jours, semble avoir envahi presque toutes les âmes. Il peut échapper aux protestations des consciences sévères dans une réunion où l'on vient de proclamer des actes incontestés de vertu. Mais quand notre pensée se détourne du groupe modeste et sublime des lauréats de l'Académie française, quand elle se retrouve

(1) Discours sur les prix de vertu à la séance publique annuelle de l'Académie française du 4 août 1881.

en face de la société tout entière, avec ses défaillances de toutes sortes, défaillances de l'esprit, défaillances du cœur, défaillances de la conduite, la réflexion dissipe promptement le mirage d'un « oracle infaillible », d'une « voix qui commande de la façon la plus claire sans donner ses raisons », et la question importune des principes de morale ne se laisse plus écarter aussi aisément que le voudraient le scepticisme positiviste et le scepticisme idéaliste et transcendant.

Les erreurs et les vices sont de tous les temps ; mais, aux époques de fermes croyances, les erreurs et les vices sont universellement reconnus quand ils ne sont pas universellement partagés. Les consciences peuvent se troubler ; les volontés peuvent faiblir ; les maximes les mieux établies peuvent être faussées par des interprétations captieuses ; on peut soutenir des paradoxes et on en soutient parfois de singulièrement hardis ; mais il y a du moins pour tous les ordres d'actions un code moral qui fait loi pour tous ; il y a une opinion générale, consacrée également par la communauté de la foi religieuse, par le respect de la puissance civile et par l'obéissance aux préjugés du monde ; il y a une base certaine pour les discussions mêmes dans lesquelles cette opinion générale se montre hésitante et divisée, et les paradoxes qui la heurtent de front ne se présentent et ne se font accepter que comme des jeux d'esprit. Rien de pareil aujourd'hui. La foi religieuse a disparu d'un grand nombre d'âmes et elle est ébranlée dans les autres. Nulle croyance philosophique ne l'a remplacée. Nulle autorité civile ou laïque n'obtient un respect universel et sans réserve. L'Etat est devenu démocratique ou tend à le devenir ; placé sous la dépendance de tous, il ne fait pas l'opinion, il la subit. Ce qu'on appelle encore « le monde » n'est qu'une petite société ou une juxtaposition de petites sociétés dans un corps social sans croyances communes, sans préjugés communs. Tout est mis en question, non seulement les premiers principes, que l'on renvoie aux systèmes des philosophes et que l'on enveloppe avec eux dans un même dédain, mais ces maximes générales et jusqu'à ces inspirations individuelles de la conscience et du cœur auxquelles on voudrait réduire toute la morale.

« On a écrit jadis, dit M. Fouillée, des pages émouvantes pour montrer comment les dogmes religieux finissent ; on pourrait en écrire aujourd'hui de plus émouvantes encore sur une question bien plus vitale : *Comment les dogmes moraux finissent.* Le devoir même, sous la forme suprême de l'impératif catégorique, ne serait-il pas un dernier dogme, fondement caché de tous les autres, qui s'ébranle après que tout ce qu'il soutenait s'est écroulé (1) ? »

Dans cette crise de la morale, les progrès du scepticisme sont loin d'avoir produit l'indifférence. Jamais, au contraire, les questions de morale n'ont été plus ardemment débattues, n'ont excité un plus universel intérêt. Elles se discutent partout, dans les assemblées politiques, dans les réunions publiques, dans les journaux, dans la littérature romanesque ou dramatique, dans les salons, dans l'intérieur des familles. S'agit-il des relations des peuples, des questions de guerre ou de paix, nous voulons y voir autre chose que de pures questions d'intérêt ; nous faisons appel non seulement aux idées de droit et de justice, mais aux sentiments les plus élevés et les plus délicats de l'ordre moral ; nous parlons volontiers de reconnaissance, de générosité, de protection des faibles et des opprimés ; ou, si nous repoussons ces considérations comme un reste démodé de la sentimentalité d'un autre âge, nous ne les regardons pas comme tellement hors de saison qu'il soit superflu de les discuter. Dans la politique intérieure, les partis comprennent si bien de quel côté se dirigent les plus vives préoccupations des esprits, qu'ils se renvoient sans cesse le reproche d'immoralité, comme le seul qui puisse toucher les hommes de bon sens et de bonne foi. La politique pure, après avoir trompé tour à tour les espérances des conservateurs et des libéraux, des monarchistes et des républicains, semble menacée de ne plus intéresser que les *politiciens* de profession, comme

(1) *Critique des systèmes de morale contemporains*, Préface.

l'atteste le nombre croissant des abstentions dans toutes les élections ; mais les plus indifférents et les plus sceptiques ne peuvent se désintéresser entièrement de la morale ; on garde encore quelque chance de les émouvoir quand on s'adresse à leurs sentiments d'honnêtes gens, ou, si un tel appel ne suffit pas pour réveiller l'intérêt et pour forcer les convictions, il irrite du moins ceux qui lui sont récalcitrants et il a ainsi pour effet, par les controverses mêmes qu'il suscite, de substituer des questions de morale aux questions purement politiques.

En dehors de la politique proprement dite, combien de questions de législation sont en même temps des questions de morale ! La peine de mort, le duel, le divorce, la recherche de la paternité, la protection légale de l'enfance, l'éducation morale et religieuse ! Et ces questions ne donnent pas lieu seulement à des discussions théoriques dans le parlement et dans les journaux ; ce sont tellement de vraies questions de morale pratique, qu'elles se posent dans la conscience de chacun pour quelques-uns des actes les plus importants de la vie. Quand des jurés accordent le bénéfice des circonstances atténuantes à un crime sans excuse, ce n'est pas par un excès d'indulgence pour le crime lui-même, c'est par une répugnance invincible pour la peine de mort. Si certains crimes féminins, tels que l'infanticide ou d'atroces vengeances, trouvent également, près de la plupart des jurys, grâce complète ou partielle, c'est qu'ils se lient, dans la conscience de beaucoup de jurés, à la question de la recherche de la paternité, à celle du divorce ou à celle de l'honneur, insuffisamment protégé par la vindicte légale. L'esprit de parti est sans doute pour beaucoup dans la résistance de certaines familles aux nouvelles lois scolaires ; mais l'esprit de patir n'aurait pas cherché à provoquer et à étendre cette résistance si elle ne s'appuyait, dans les consciences mêmes, sur les plus respectables scrupules.

Ce sont là des cas extrêmes qui relèvent de la morale publique plutôt que de la morale privée. Dans la vie ordinaire, la plupart des actes restent sous l'empire d'une morale courante, soutenue par la force héréditaire des traditions. Il serait peu juste de mettre sur le compte de la crise actuelle les infractions qui se commettent journellement dans tous les milieux sociaux contre cette morale traditionnelle. Ces infractions ne sont pas plus nombreuses que dans les temps antérieurs et elles n'ont pas cessé de trouver leur explication dans la sollicitation des intérêts et dans l'entraînement des passions. Ce qui est nouveau, ce ne sont pas les actes immoraux ou criminels et leurs causes les plus ordinaires, ce sont les paradoxes qui tendent à les justifier et qui se discutent sérieusement dans les familles, dans les réunions mondaines, dans toutes les relations où le conflit des intérêts et des devoirs est l'aliment naturel de la casuistique. La littérature contemporaine, au théâtre, dans les romans, dans les journaux, vit de ces controverses, et elle contribue à les entretenir dans la société; mais elle ne les crée pas, et l'action qu'elle exerce sur les mœurs n'est que le contre-coup de celle que les mœurs exercent sur elle. L'œuvre littéraire n'est même qu'un écho imparfait des discussions du monde; car elle ne s'attache qu'à certaines passions plus ou moins nobles, telles que l'amour ou l'ambition, ou si, sous prétexte de réalisme, elle descend à quelques-unes des plus basses, comme l'ivrognerie, elle semble considérer comme indiscutables les règles de la probité. Or bien des actes d'indélicatesse trouvent des apologistes dans les conversations privées et parfois même dans des discussions publiques. On sait quelles hautes sympathies ont rencontrées publiquement certaines fraudes commerciales, qui ont prétendu se faire absoudre, parce qu'elles ne font tort qu'à la bourse des consommateurs sans mettre en danger leur santé. Et si quelque pudeur contient l'audace de ces apologies quand elles se produisent au grand jour, qui ne sait avec quelle franchise elles s'étalent dans un petit cercle et quelle complaisance elles y rencontrent? combien on est porté à se railler des consciences trop scrupuleuses, qui gâtent les affaires par un excès de probité ou qui se refusent à toute fraude au détriment du trésor public ou de certaines industries privées, telles que les chemins de fer, les bateaux à vapeur, les omnibus? Or, dans la discussion de ces questions de casuistique, on n'oppose pas seulement les maximes aux maximes, les définitions du devoir à d'autres définitions anciennes ou nouvelles; on est ramené, par un courant irrésistible, à ces premiers principes que le positivisme et la critique de nos jours prétendent en vain condamner à un éternel oubli; on ne peut produire aucun argument qui n'oblige à les invoquer, ne fût-ce que pour les combattre; il n'existe au-dessous d'eux aucune maxime, aucune règle qui ait par elle-même assez de consistance pour offrir aux discussions une base suffisante et pour en bannir toute métaphysique. Nos assemblées politiques, nos réunions publiques, nos salons les plus frivoles, se transforment à certains jours, par l'entraînement naturel d'une controverse sur des questions toutes pratiques, en académies ou en conciles. J'ai vu plus d'une fois l'existence de Dieu et le libre arbitre intervenir dans une querelle entre un père et son fils à propos de peccadilles de jeunesse.

II

Ces vieux principes, qui reviennent sans cesse, affirmés ou contredits, dans nos discussions morales, montrent encore, par un autre signe bien remarquable, combien ils ont gardé de crédit dans un grand nombre d'esprits et combien, en même temps, s'est affaiblie leur action sur les âmes. Il n'existe pas, pour les maximes courantes et pour la conduite générale, de différence appréciable entre ceux qui les rejettent et ceux qui leur restent fidèles. De part et d'autre, il y a d'égales vertus; il y a des « saints de la libre pensée », un Littré, par exemple, comme il y a des saints de la foi chrétienne. De part et d'autre aussi, il y a même légèreté de langage et de mœurs, même appétit de scandale, même absence de scrupules dans la poursuite du plaisir ou de la fortune. On avait vu, dans d'autres temps, la foi, la dévotion même s'unir au libertinage. Chez les uns, c'était pure hypocrisie ; chez le plus grand nombre, entraînement des passions et abandon de la volonté. Les hypocrites dissimulaient avec soin leurs vices, et les âmes faibles manifestaient de temps en temps de sérieux et vifs remords. Ce qui paraît propre à notre époque, c'est l'espèce d'inconscience avec laquelle on écarte tout souci de mettre sa conduite en harmonie avec ses principes. On est fier de bien penser et on ne rougit pas de mal agir. On veut le plus sincèrement du monde n'être troublé ni dans ses croyances ni dans ses jouissances.

La lecture de certains journaux est très instructive à cet égard. « Le monde où l'on s'amuse » a trouvé, depuis une vingtaine d'années, dans la presse périodique, un nombre croissant d'organes à son image. Les uns appartiennent aux opinions démocratiques et à la libre pensée ; les autres défendent avec énergie les principes conservateurs et les croyances chrétiennes. Entre les articles sérieux ou qui visent à l'être de ces deux catégories de journaux, il y a un abîme. Là, on s'inspire de Voltaire, de Diderot, de Paul-Louis Courier ; ici, le style seul vous avertit que vous ne lisez pas une page de Joseph de Maistre. Passez ces articles, qui sont, des deux côtés, comme le pavillon destiné à couvrir la marchandise : vous trouverez même marchandise, des anecdotes scandaleuses et des romans également licencieux. Quelque différence s'accusera peut-être dans le choix des héros de ces anecdotes et de ces romans : là, on se plaira à mettre en scène des prêtres ou des religieux ; ici, les vices garderont l'habit laïque et mondain ; mais, sous la différence du costume, le fond sera à peu près le même.

Nous ne mettons pas en cause, chez les écrivains eux-mêmes, les sentiments intimes qui peuvent se cacher sous ce mélange d'une extrême sévérité de principes et d'une extrême liberté d'imagination et de langage ; le succès de leurs productions nous intéresse seul comme symptôme d'un curieux état de mœurs dans la société contemporaine. Si les journaux de droite et de gauche qui flattent à l'envi les goûts les plus légers et les passions les plus malsaines trouvent tant de lecteurs, c'est sans doute qu'une grande partie de la société éprouve à la fois le besoin d'affirmer hautement les principes les plus divers en politique, en religion et en morale, et d'oublier, dans l'uniformité de ses mœurs, la diversité de ses principes.

Il est également instructif d'observer, en dehors des journaux, dans les romans et au théâtre, la peinture de la société contemporaine. Les allusions y sont fréquentes aux divisions politiques et religieuses : elles ne visent que l'attitude extérieure des personnages ; elles n'éclairent en aucune façon leurs actions. Tel héros de roman ou de comédie exalte avec emphase le progrès des lumières et des mœurs ; tel autre déplore, sur le ton de Jérémie, notre décadence intellectuelle et morale ; ils se classent ainsi dans des partis ou plutôt dans des mondes opposés, mais ils n'y trouvent que des cadres différents pour des tableaux semblables, dont la moralité se résume dans ce mot à la fois si triste et si gai d'une comédie contemporaine : « C'est égal, c'est tout de même bien amusant de vivre à une époque de décadence ! » Deux romans ont paru dans le même temps dont les héros sont des ministres de la troisième République. L'un appartient au parti royaliste ; il est l'orateur en renom des soutiens du trône et de l'autel. L'autre est républicain, et la gauche anticléricale est fière de son éloquence. C'est, entre eux, la principale et presque l'unique différence. Rien, au fond, ne serait changé dans les deux romans si Numa Roumestan était républicain et Sulpice Vaudrey royaliste.

Ce n'est pas seulement dans la vie privée que les partis politiques, malgré l'opposition de leurs principes, montrent un singulier accord ; c'est dans les jugements et les actes où cette opposition devrait surtout se manifester, c'est dans l'ordre politique lui-même et dans les questions de morale publique. Nous ne parlons pas de cette émulation dans la violence dont semblent se faire un honneur, à droite comme à gauche, les partis extrêmes. Nous ne voulons pas non plus rappeler la facilité avec laquelle, sur une foule de questions, les partis échangent leur manière de voir dès qu'ils passent de l'opposition au pouvoir ou du pouvoir à l'opposition. Nous avons en vue quelques-uns des plus graves problèmes qui puissent se poser dans la conscience de l'homme et du citoyen.

Les sympathies n'ont manqué, dans aucun temps, soit aux insurrections triomphantes, soit même aux insurrections vaincues ; mais il semblait que, de nos jours, en dehors des révolutionnaires de profession, pour qui l'insurrection est toujours « le plus saint des devoirs », on dût être d'accord, dans les partis modérés et, à plus forte raison, dans les partis qui se proclament antirévolutionnaires, pour condamner tout recours à la violence au profit d'une cause politique. La conscience la plus scrupuleuse ne se refuse pas à excuser ou même à absoudre un acte de révolte provoqué par une flagrante et odieuse injustice; mais elle prononce, dans ce cas, comme un jury qui acquitte d'après les circonstances particulières de la cause, d'après l'honorabilité des mobiles qu'il reconnaît ou croit reconnaître chez l'accusé, mais dont le verdict ne saurait avoir le caractère d'une justification doctrinale. Or, dans ces derniers temps, la question du droit d'insurrection a été agitée à la fois et comme à l'envi, théoriquement et pratiquement, par les partis qui se qualifient de radicaux, d'intransigeans, d'anarchistes, par ceux qui se piquent de modération et de sagesse politique, et par ceux mêmes qui proclament le plus haut leur attachement aux principes conservateurs. Les «opportunistes» ont protesté contre la prétention des purs radicaux d'avoir seuls, en 1877, préparé une insurrection, non seulement contre l'éventualité d'un coup d'État, mais en prévision d'une décision légale et légitime d'une assemblée souveraine. Ailleurs on discute publiquement les moyens de renverser le gouvernement établi ; ceux qui répugnent à sortir des voies légales sont traités de niais, de poltrons ou de traîtres par les plus ardents conservateurs, et plus d'un, pour éviter l'accusation de pusillanimité et de tiédeur, ne craint pas d'exprimer, non la crainte, mais l'espérance d'un acte révoltant d'oppression qui pourrait rendre l'insurrection légitime.

Il semblait encore que l'assassinat politique n'eût plus de partisans avoués que dans les rangs les plus extrêmes des partis révolutionnaires. C'est un thème banal d'accusation contre l'éducation classique d'avoir élevé nos grands-pères dans l'admiration des Harmodius et des Aristogiton, des Brutus et des Cassius. Cette question rebattue et qu'on devait croire définitivement jugée vient d'être posée de nouveau devant la conscience contemporaine par un drame récent. L'auteur avait usé de son droit de poète dramatique en se plaçant au point de vue des sentimens qui dominaient dans le pays et à l'époque où il avait transporté l'action de son drame. Il n'avait point introduit une lutte morale dans l'âme de son héros sur la question même de l'assassinat politique, mais sur une question de parricide dont il avait compliqué sa fable. Il serait puéril de lui imputer une apologie du tyrannicide ou une excuse du parricide ; mais les jugements du public ne se règlent pas sur des considérations purement littéraires ; la plupart s'intéressent à l'action dramatique comme à un de ces événements de la vie réelle que les journaux se plaisent à raconter et à grossir, et pour lesquels on a inventé le nom de « nouvelles à sensation ; » ils prennent parti pour ou contre les personnages d'un drame, comme ils feraient, dans un procès criminel, à l'égard des accusés, des victimes, ou des témoins. Le public populaire injurie « le traître », comme il applaudit « le personnage sympathique », non pour l'art avec lequel le poète ou l'acteur l'ont représenté, mais pour lui-même, pour ses sentiments et pour ses actes. Le public bourgeois a plus de retenue, mais sa manière de juger et de sentir est du même ordre, et la pièce sera appréciée, dans les conversations des loges et des salons, à un point de vue peu différent de celui des manifestations naïves qui se produisent bruyamment aux étages supérieurs du théâtre. Ce n'est donc pas un problème littéraire, c'est un problème de morale qui est en jeu dans les opinions émises au sujet d'un drame tel que celui de M. Coppée. Nous avons noté particulièrement les sentiments qui se sont fait jour devant nous dans des milieux conservateurs. Ils ne diffèrent en rien, sauf peut-être dans l'expression, de ceux qu'on s'attendrait à trouver dans des milieux révolutionnaires. Nous avons entendu des femmes, des chrétiennes, très attachées à toutes les bases morales et religieuses de l'ordre social, exprimer hautement leur étonnement et leur indignation, non de la tentative de parricide, non de l'assassinat et du suicide commis dans une église, non de la complicité d'un moine dans le meurtre et dans le sacrilège, mais des hésitations de Severo Torelli et des scrupules de sa mère. Et ce n'est pas seulement à propos d'une œuvre d'imagination qu'on pourrait constater un pareil désordre des consciences, c'est à propos de faits réels, où un intérêt de parti ou parfois même une simple question de sentiment est en cause. Qu'on se rappelle, pour ne pas évoquer des souvenirs trop près de nous, dans le temps ou dans l'espace, la faveur dont le monde aristocratique et religieux de la Restauration couvrait les crimes les moins excusables de la « Terreur blanche » et, à notre époque même, en Irlande, la complicité morale de tout un peuple, très attaché à sa foi religieuse, dans d'horribles attentats. Sur l'assassinat politique, comme sur le droit d'insurrection, comme sur la plupart des questions de morale publique, on ne saurait se dissimuler que les principes sont peu de chose et que les opinions ne s'inspirent le plus souvent que des sympathies ou des répugnances, non pour le caractère moral ou immoral de l'acte lui-même, mais pour ses mobiles et pour son but.

III

Que faut-il conclure de ces étranges contrastes dans les consciences contemporaines ? Il est certain qu'on ne peut compter sur les principes professés pour éclairer les jugements et pour déterminer les actes dans les cas particuliers;

mais il ne s'ensuit pas qu'il ne faille plus compter avec les principes. Si un grand nombre d'âmes repoussent avec dédain, et quelquefois même avec colère, les bases traditionnelles qu'assignent à la morale les dogmes religieux ou les systèmes philosophiques, beaucoup leur sont restées profondément attachées, alors même qu'elles en témoignent un médiocre souci dans leur conduite. Un plus grand nombre encore, plus ou moins atteintes, mais non complètement envahies par le scepticisme contemporain, sont loin d'avoir pour ou contre les principes religieux ou philosophiques de la morale un parti-pris absolu. Ces principes subsistent donc, entre les croyants, les hésitants et les sceptiques, comme l'objet premier et inévitable des discussions morales. En vain déclare-t-on que c'est la base la plus chancelante, on ne gagne rien sur les âmes qui se maintiennent résolument sur cette base ou qui ne s'en sont pas absolument détachées, si on n'y descend pas avec elles pour leur en montrer la fragilité. Les meilleures y tiennent d'autant plus qu'elles y trouvent ou croient y trouver le plus sûr soutien de leur vertu. Les plus légères sont d'autant moins tentées de les rejeter qu'elles n'en éprouvent aucune gêne dans la pratique et qu'elles ne leur demandent que la satisfaction d'un certain besoin de croire ou la consécration de certaines bienséances mondaines. « Il est des morts qu'il faut qu'on tue, » a dit un poète contemporain. Or, quand de tels morts, au lieu de se laisser paisiblement enterrer, nous obligent à nous battre contre eux, on peut bien tenir pour incontestable leur acte de décès, il n'en faut pas moins agir avec eux comme s'ils étaient vivants.

De sages esprits ont cru trouver, en dehors de ces principes, si obstinément réfractaires à leur arrêt de mort, un terrain plus solide, dans un certain ordre de faits sur lesquels il semble que tous les hommes puissent se mettre aisément d'accord. Ce sont les faits de la nature humaine, étudiés à la manière des sciences positives, par la physiologie ou par la psychologie, par l'anthropologie ou par l'histoire. Ce ne sont pas des principes dans le sens métaphysique du mot ;

ils constituent ce que M. Herbert Spencer appelle « les données de la morale, *the data of ethics* », et M. Fouillée « la physique des mœurs ». Cette prétention, si raisonnable en apparence, se heurte malheureusement à deux obstacles insurmontables. D'abord l'accord n'existe pas sur ce qu'il faut entendre par la nature humaine. Suivant les psychologues idéalistes ou spiritualistes, M. Vacherot, M. Bouillier, M. Janet, la morale a sa base dans la nature propre de l'homme, c'est-à-dire dans ce qui distingue l'homme des animaux, dans cette partie « intellectuelle » de l'âme que l'ancienne philosophie séparait avec autant de soin de la partie « sensitive », qu'elle élevait la partie sensitive elle-même au-dessus des pures fonctions du corps. Distinction frivole et chimérique ! disent les évolutionnistes et les positivistes aussi bien que les matérialistes. Entre l'homme et les autres animaux, il n'y a qu'une différence de degré dans l'évolution de la série animale ; entre les plus hautes et les plus basses facultés de l'âme humaine, il n'y a également que les moments successifs de la double évolution qui se poursuit dans l'humanité à travers les siècles et dans chaque individu à travers les différentes périodes de sa courte vie. Toute la morale, dira M. Littré, repose sur les deux fonctions de la nutrition, base de l'égoïsme, et de la génération, base de l'altruisme. La vertu, dira M. Spencer, n'est qu'un degré dans une évolution qui commence, chez les plus infimes animaux, par la recherche et le discernement des moyens les plus propres à assurer leur bien-être, et qui trouve son couronnement, au plus haut point de la civilisation et de la moralité générale, dans l'accord complet du bonheur de chacun et du bonheur de tous, poursuivi spontanément, sans arrière-pensée égoïste et sans même l'intervention des idées relativement inférieures d'obligation et de devoir. Et que reproche la seconde école à la première ? C'est de n'être qu'une métaphysique, sous la fausse apparence d'une philosophie expérimentale. Le débat se maintient donc toujours sur le terrain des principes métaphysiques ; car ces principes ne cesseront pas d'être en cause tant qu'il se trouvera des psychologues pour affirmer soit le libre arbitre, soit la distinction de la raison et des sens, de l'âme et du corps, de l'homme et de l'animal.

Mais je suppose, par impossible, cette première difficulté surmontée. On s'est mis d'accord sur la nature humaine et sur tous les éléments dont elle se compose, et on s'est mis également d'accord pour ne demander qu'à la méthode expérimentale la connaissance de ces éléments. Est-on beaucoup plus avancé pour la discussion des questions de morale? Il ne s'agit pas, dans ces questions, de ce qu'*est* l'homme, d'après les lois de sa nature propre, mais de ce qu'il *doit* faire, d'après une loi d'un caractère tout spécial, qui ne se réalise pas *nécessairement*, mais qui commande *obligatoirement*. Il y a désaccord sur la qualification morale d'une action. L'un excuse ce que l'autre condamne. Suffira-t-il d'en appeler à la nature ? Mais la nature, dans ses lois générales, est la même chez celui que sa raison fait agir dans un sens et chez celui que ses passions entraînent dans un autre sens. Elle comporte donc, sans que ses lois soient violées, des actes différents et elle laisse entre eux la liberté ou, si l'on veut éviter ce terme suspect, la possibilité du choix. Direz-vous qu'elle se prononce par les conséquences heureuses ou malheureuses des actions, telles que l'expérience les atteste ? C'est invoquer un des principes entre lesquels se partagent les moralistes et ramener toutes les difficultés que la morale utilitaire a vainement jusqu'ici tenté de résoudre. De quel intérêt s'agit-il ? D'un intérêt propre à cette vie ou d'un intérêt d'outre-tombe? Vous retrouvez la question de la vie future, et vous pouvez d'autant moins l'éviter qu'il y a encore bien des âmes qui ne sont pas absolument décidées à renfermer dans la vie présente toutes leurs craintes et toutes leurs espérances. Vous obtenez cependant qu'il ne soit question d'aucun au delà : cet intérêt terrestre que vous invoquez seul ne peut se passer d'une définition. S'agit-il de l'intérêt personnel ou de l'intérêt général ? Si vous voulez que le premier se sacrifie au second, il faut une raison décisive. La plus sûre serait celle du devoir, mais elle ramène un de ces principes que vous prétendez éviter. La plupart des utilitaires n'affirment la prédominance de l'intérêt général qu'en le faisant rentrer dans l'intérêt personnel lui-même, dont il serait la meilleure garantie ; mais ce motif fondamental de l'intérêt personnel, il faut lui-même le définir. Placerez-vous la suprême utilité, pour chacun comme pour tous, dans la perfection générale de tous les attributs de la nature humaine ? Cette idée de perfection est une idée métaphysique. Réduirez-vous l'intérêt personnel au bonheur pleinement senti, c'est-à-dire à la somme la plus grande et la plus constante de plaisirs avec la moindre somme de souffrances ? On vous demandera si vous distinguez entre les plaisirs, si vous admettez, avec Stuart Mill, qu'ils puissent être de qualité différente et que le bonheur d'un pourceau ne soit pas comparable à celui d'un homme intelligent, délicat et bien élevé. Et si vous acceptez cette distinction, où prendrez-vous la mesure de la qualité des plaisirs ? Où trouverez-vous une règle qui ne soulève pas la question du devoir ou celle du bien en soi, en un mot, une des questions de la morale métaphysique ? Vous ne pouvez distinguer les plaisirs que par leur degré d'intensité, si vous voulez vous en tenir aux seules données expérimentales. Vous trouverez là une base sûre, mais une base purement individuelle, dont chacun prétend, avec raison, rester l'unique juge. Vous voulez que je sacrifie le plaisir d'aujourd'hui à l'espoir des plaisirs que vous me promettez ou à la crainte des souffrances dont vous me menacez pour demain ; je vous écouterai si cette crainte ou cet espoir est pour moi un sentiment plus vif, plus intense que la jouissance présente ; dans le cas contraire, pourquoi m'imposer un sacrifice dont je ne sens que l'amertume ? La crainte du lendemain est un argument rebattu au profit de la sagesse ; mais l'incertitude du lendemain a été aussi dans tous les temps un argument très écouté au profit de la folie :

Hâtons-nous aujourd'hui de jouir de la vie :
Qui sait si nous serons demain ?

La passion tient d'ailleurs en réserve un dernier argument, irréfutable pour une science purement expérimentale : l'argument de sa fatalité. La question du libre arbitre ne saurait, en effet, se réduire à une simple question de fait. La philosophie spiritualiste a bien tenté de la résoudre par un appel direct à l'observation intérieure ; mais elle ne peut s'empêcher de reconnaître qu'il s'y mêle d'autres questions, d'ordre métaphysique ou physique, dont il est impossible de ne pas tenir compte. Quant aux écoles positivistes ou matérialistes, elles refusent absolument d'y voir autre chose qu'une simple question métaphysique, qu'elles écartent les unes comme insoluble, les autres comme ne pouvant recevoir, d'après toutes les lois de la nature, qu'une solution négative. Or, on voudrait en vain faire le silence sur ce terrible problème où sont engagées toutes les questions de morale pratique comme de morale spéculative. Il revient sans cesse dans toutes les controverses morales. Il ne divise pas seulement les philosophes, il se discute, sous une forme plus ou moins précise, mais, au fond, dans tout ce qu'il a d'essentiel, parmi les ignorants comme parmi les savants ; il hante l'esprit des enfants eux-mêmes, qui n'attendent pas la classe de philosophie des collèges pour l'agiter entre eux ou pour le poser intrépidement en face de leurs parents ou de leurs maîtres. Le problème du libre arbitre est inévitable en morale et ce seul problème rend également inévitable le retour de la morale aux considérations métaphysiques.

Les adversaires décidés de cet ordre de considérations déclarent volontiers que toute entente est impossible et, par conséquent, toute discussion inutile avec les « mystiques » de la foi ou de la raison, c'est-à-dire avec tous ceux qui ne savent pas se renfermer dans le cercle scientifique des faits rigoureusement positifs. Ils ne voudraient donc s'adresser qu'à ces libres esprits qui ont pris résolument parti contre les principes théologiques ou métaphysiques de la morale. C'est pour cette élite seule qu'ils travaillent à fonder une morale nouvelle, dont ils ne désespèrent pas de faire un jour, par le progrès continu des idées, la morale universelle de l'humanité civilisée. Je ne veux pas discuter pour le moment cette espérance. Je remarquerai seulement que ce progrès, sur lequel on compte pour la diffusion de la nouvelle morale, serait singulièrement entravé par le refus ou plutôt par l'impossibilité de discuter avec tous ceux qui ne se sont pas entièrement dégagés de l'ancienne. Je remarquerai encore que la petite église de la « morale naturaliste » se réduirait à de bien infimes proportions si elle ne devait comprendre que ceux qui apportent dans leurs négations des convictions raisonnées et un intérêt exclusivement scientifique. Pour ne considérer que le libre arbitre, la plupart de ceux qui le rejettent n'obéissent guère qu'au désir de s'affranchir de tout devoir ; et le sacrifice de la passion à la raison ne leur paraîtra pas plus acceptable lorsqu'on essaiera de l'obtenir en faisant mouvoir, comme dit M. Fouillée, « un des ressorts possibles de l'automate intelligent et sensible » que lorsqu'il était imposé sous la forme brutale de « l'impératif catégorique », ou d'un « commandement de Dieu ».

Quelles que doivent être les destinées de la morale naturaliste, il est certain que la très grande majorité des esprits continue à réclamer et réclamera d'ici longtemps encore la solution ou, tout au moins, la discussion de ces problèmes d'un ordre supérieur à celui de la nature, qui s'appellent le libre arbitre, le fondement et la sanction de la loi morale, l'existence de Dieu et l'immortalité de l'âme. Les uns ont, sur toutes ces questions, des convictions arrêtées, dont ils font honneur à la lumière naturelle ou à une foi surnaturelle. Les autres ont des doutes, qui se refusent aux meilleurs raisonnements comme aux plus pressantes adjurations des croyants, mais que ne satisfait pas davantage la prétention absolue de leur interdire jusqu'à l'examen de telles questions. Beaucoup, par indifférence plutôt que par parti-pris, s'abstiennent d'y penser et souffrent impatiemment que leur attention soit appelée sur des matières aussi abstraites ; mais ils ne voudraient pas s'engager à s'en désintéresser complètement, et plus d'un y pensera peut-être de lui-même devant une de ces épreuves qui troublent tout d'un coup les existences les plus heureuses et les consciences les plus dégagées de tout souci sérieux. Il faut donc à la plupart des âmes, au moins pour le temps présent et pour un avenir plus ou moins long, une morale qui ne répudie pas systématiquement toute considération supérieure à l'ordre des faits positifs. Toute la question est de savoir à quelles sources doit se chercher cette morale, si elle doit être théologique ou philosophique.

IV

Rien n'est plus légitime que les efforts de la foi religieuse pour donner à la morale, dans toutes les consciences qui lui sont ouvertes ou qu'elle peut espérer de s'ouvrir, l'appui de ses dogmes. On dira que c'est un appui fragile et dangereux tout ensemble, que sa fragilité est manifeste à une époque où la tiédeur et l'indifférence dominent parmi ceux mêmes que la libre pensée n'a pas envahis tout entiers et que ses dangers sont également redoutables pour la morale et pour la foi; car c'est confondre l'intérêt universel de la morale avec l'intérêt particulier d'une église; c'est autoriser cette double et monstrueuse conclusion qu'il n'existe aucun lien moral entre les fidèles de l'église privilégiée et les incrédules ou les hérétiques, et qu'en se séparant de cette église on s'affranchit par là même de tout devoir. Les théologiens peuvent répondre que la foi est encore ce qui divise le moins les hommes de notre temps et que, si elle est affaiblie ou ébranlée dans un grand nombre d'âmes, les systèmes positivistes, matérialistes ou spiritualistes qui la rejettent entièrement ont encore, même à les prendre tous ensemble, moins d'adhérents convaincus et déclarés. Ils peuvent ajouter que c'est toujours à eux qu'appartiennent les plus sûrs moyens d'agir sur les âmes, que leurs prédications pénètrent dans des milieux où n'iront jamais les enseignements ou les livres des savants et des philosophes, qu'ils ne cessent pas d'opérer des conversions parmi les esprits éclairés comme parmi les ignorants, et que les temps mêmes où l'irréligion se montre le plus assurée de son triomphe sont souvent ceux où se produisent de soudains et puissants réveils religieux. Ils peuvent enfin revendiquer pour la foi une part d'action jusque dans les âmes qui lui semblent le plus fermées et qui lui sont le plus hostiles : « On garde encore, dit M. Renan, la sève morale de la vieille croyance sans en porter les chaînes. A notre insu, c'est souvent à ces formules rebutées que nous devons les restes de notre vertu. Nous vivons d'une ombre, du parfum d'un vase vide ; après nous, on vivra de l'ombre d'une ombre ; je crains par moments que ce ne soit un peu léger (1). » Si légère qu'elle soit, cette « ombre d'une ombre » est encore un lien entre la foi et la libre pensée, et ce lien permet à la première l'espoir de forcer un jour le retranchement de la seconde. Les théologiens reconnaissent, d'ailleurs, entre eux et les incrédules, un autre lien moral que cette ombre toujours subsistante d'une foi perdue ou délaissée. Ils désavouent hautement ou tacitement cette conséquence, que l'on prétend tirer de leurs doctrines, qu'il n'y a point de salut pour la morale hors de telle ou telle église. La morale théologique n'exclut pas la morale naturelle ; la foi, dans toutes les grandes religions, vient en aide à la conscience et à la raison ; elle ne prétend pas les remplacer entièrement. Les religions peuvent donc, avec fruit et sans danger, dans notre siècle de doute comme dans les siècles de foi, poursuivre leur prédication morale ; elles ne font que prêter au devoir une force nouvelle sans entraver la force naturelle qu'il possède dans toutes les âmes.

Ainsi comprise et justifiée, la morale théologique maintient ses droits ; mais elle ne les maintient qu'à la condition de les reconnaître elle-même comme secondaires et subordonnés. Les théologiens ne peuvent engager, sur les

(1) Réception de M. Cherbuliez à l'Académie française, 25 mai 1882.

questions morales, avec les incrédules que des discussions toutes rationnelles. Ils ne peuvent se refuser, dans bien des cas, à des discussions du même genre avec les croyants eux-mêmes. Ils ne sauraient prétendre, en effet, que la foi ait tout prévu et tout réglé et, s'ils élevaient cette prétention, ils ne la feraient accepter d'aucun esprit éclairé. De nos jours surtout et dans notre pays, la foi ne conserve son empire que sur deux sortes d'esprits : une petite minorité de sectaires et de fanatiques, résolue d'avance à une soumission aveugle, quelque point de conduite ou de doctrine qui lui soit imposé par un représentant quelconque de l'autorité religieuse, et une masse considérable, dans tous les rangs de la société, d'intelligences plus ou moins libres, qui n'entendent ni se séparer de l'église à laquelle elles appartiennent par la naissance et par l'éducation première, ni lui abandonner sans contrôle et sans réserve la direction de leurs pensées et de leurs actes. C'est cet état d'esprit que Littré, dans une remarquable page des derniers temps de sa vie, appelait « le catholicisme suivant le suffrage universel » et qu'il recommandait à la prudence des théologiens comme des politiques. Il flétrissait avec raison ces fanatiques de la libre pensée pour qui rien ne compte dans le pays en dehors de leur petite église ; mais sa haute et sereine impartialité n'avait pas plus de ménagements pour ces défenseurs également excessifs de la foi qui continuent à parler au nom d'une immense majorité de croyants, mais qui raisonnent et agissent comme si cette majorité se réduisait au petit troupeau de leurs dociles et aveugles sectateurs. Le double danger dont la morale théologique, renfermée dans ses justes bornes, peut répudier la responsabilité, ne serait que trop réel pour une morale exclusivement fondée sur la foi. D'un côté, les croyances morales risqueraient d'être entraînées dans le naufrage des croyances religieuses et, en disparaissant, elles ôteraient aux croyances religieuses leur meilleur point d'appui pour ressaisir les âmes ; d'autre part, tout désaccord sur une question de morale se résoudrait dans un désaccord sur une question de foi et le dogme théologique se trouverait compromis dans toutes les révoltes de la passion ou de la raison elle-même contre certaines maximes de conduite.

Ce dernier danger aurait pour conséquence un péril non moins grand pour la morale elle-même. C'est une tendance naturelle aux dépositaires de l'autorité religieuse d'avoir plus de souci des intérêts de la foi que de ceux de la morale. De là ces complaisances pour les faiblesses humaines que l'on a pu, dans tous les temps et dans toutes les religions, reprocher à la casuistique théologique et qui ont souvent trouvé une excuse près des hommes les plus respectables, les plus sévères pour eux-mêmes, dans la crainte d'éloigner les âmes d'une religion trop farouche et trop exigeante. Ces complaisances ne se montrent pas seulement dans les formules générales des casuistes, mais dans la pratique journalière des directeurs de conscience. Elles paraissent, en quelque sorte, plus naturelles et plus légitimes dans un temps où la foi est réduite à l'état de guerre non seulement contre l'hérésie, mais contre l'incrédulité, et où les luttes qu'elle soutient sont d'autant plus redoutables qu'elles ont lieu au sein d'une même société, souvent au sein d'une même famille, entre des hommes vivant de la même vie, engagés, sur tous les autres points, dans des relations de toute sorte. Comment ses défenseurs ne céderaient-ils pas avant tout à la crainte de semer le découragement et de provoquer des désertions dans les rangs des fidèles par un excès de sévérité? Une indulgence mutuelle n'est-elle pas presque inévitable quand on combat pour la même cause, quand on partage les mêmes périls, quand on est en butte aux mêmes inimitiés? Et n'est-il pas inévitable aussi que la sympathie pour la communauté de foi et la reconnaissance pour les services rendus à la bonne cause voilent un peu à des yeux naturellement prévenus certaines taches qui n'intéressent pas directement et exclusivement l'ordre religieux? Enfin l'importance même que les religions attachent aux pratiques du culte relègue parfois dans l'ombre les devoirs généraux de la morale et l'on songe moins à se montrer sévère pour l'oubli de quelques-uns des commandements de Dieu, quand cet oubli est pallié par l'observation scrupuleuse des commandements de l'Eglise.

Ce n'est pas seulement chez leurs coreligionnaires et chez les ministres de leur religion que beaucoup de croyants rencontrent une indulgence excessive pour leurs vices et pour leurs fautes, c'est en eux-mêmes, dans leur propre conscience. Plus ils tiennent à leur foi, plus ils craignent de l'ébranler en donnant trop d'attention aux conflits qu'elle pourrait soutenir sur le terrain de la morale avec leurs intérêts et leurs passions. D'un autre côté, ils sont trop heureux et trop fiers d'être en possession de la vérité surnaturelle pour se reprocher trop sévèrement quelques faiblesses qui n'intéressent que l'ordre naturel des choses humaines. De là ce contraste, si fréquent dans les mêmes âmes, d'une extrême sévérité et d'un extrême relâchement, dans le langage et dans les actes, suivant qu'il s'agit de religion ou de simple morale. Les ennemis de la foi exagèrent sans doute le scandale de ce contraste et affectent trop souvent de n'y voir qu'une odieuse hypocrisie ; mais les défenseurs de la foi sont trop portés à le méconnaître et à l'excuser en eux-mêmes et chez leurs amis.

La recherche et la discussion des principes de morale appartiennent légitimement aux théologiens de toutes les églises, comme aux philosophes de toutes les écoles ; mais une morale purement théologique, quelle que soit sa valeur propre, ne serait bonne ni pour la religion où elle trouverait sa base exclusive, ni pour la société où elle tendrait à régner sans partage. Les principes théologiques de la morale ne peuvent se passer du concours de certains principes philosophiques. Le premier rôle dans l'établissement de la morale ne saurait donc être disputé à la philosophie (1).

(1) Une nouvelle tentative pour concilier, dans l'établissement de la morale, la foi chrétienne et la raison, vient d'être faite, dans l'esprit le plus libéral et le plus élevé, par M. Charles Secrétan. Son beau livre : *le Principe de la morale* porte presque le même titre que le nôtre et, quoique nous plaçant à un point de vue plus étroitement philosophique, nous pouvons souscrire à la plupart de ses conclusions.

V

« Il est prudent, dit M. Renan, de n'associer le sort de la morale à aucun système (1). » La prudence ici doit s'incliner devant la nécessité. On peut regretter la crise actuelle de la morale, mais on n'en peut nier ni la réalité ni l'intensité. Or cette crise ne se borne pas à quelques questions de casuistique ; elle s'étend aux règles les plus générales de la conduite et, par ces règles, aux principes eux-mêmes. Je ne sais si elle peut être conjurée ou atténuée par un retour aux principes théologiques ; mais ce retour lui-même ne peut se faire par le seul réveil de la foi ; il ramène nécessairement la controverse morale sur le terrain de la philosophie et de ses systèmes.

La prétention est donc vaine de vouloir écarter de la morale les systèmes philosophiques. Ils ont leur part dans la crise, mais ils peuvent seuls contribuer efficacement à la résoudre. Ils ébranlent la morale par leur désaccord et leurs luttes incessantes ; mais, en l'ébranlant, ils assurent ses progrès. Il faut renoncer, en effet, à la chimère d'une morale immuable. La morale a son évolution comme les autres sciences, et ses crises, toutes redoutables qu'elles sont en elles-mêmes, sont les conditions de son perfectionnement. Non pas, si l'on veut, du perfectionnement de la vertu, considérée dans sa valeur propre. Nous distinguerons volontiers, avec M. Bouillier, le progrès de la moralité du progrès des idées morales et nous ne ferons pas difficulté de reconnaître que le premier n'est pas nécessairement lié au second. On ne saurait nier cependant que de nouvelles vertus, de nouveaux éléments de moralité ne se fassent jour avec le progrès des idées. Il a fallu que l'idée de la tolérance entrât dans les esprits pour que la vertu de la tolérance s'introduisît dans les mœurs. Il y a donc un perfectionnement

(1) Réception de M. Pasteur à l'Académie française, 22 avril 1882.

moral en même temps qu'un perfectionnement de la morale; mais nous ne voulons considérer que ce dernier, comme plus sûr et plus manifeste. Or le progrès des idées morales, à travers les crises qu'elles ont traversées depuis deux siècles, n'est pas douteux. L'ancienne morale, chez les théologiens et chez les philosophes, condamnait absolument le prêt à intérêt; elle repoussait la liberté de conscience; elle justifiait l'esclavage : sur ces trois points, — et nous en pourrions citer bien d'autres, — la conscience contemporaine, éclairée par la philosophie, n'éprouve aucune hésitation à porter, en théorie et dans la pratique, des jugements tout contraires.

Une morale progressive est nécessairement une morale mobile, dont l'autorité, toujours discutée, est compromise par son évolution même. C'est une faiblesse, mais c'est aussi un avantage, non seulement pour l'avenir, dont le progrès est ainsi assuré, mais pour le présent. Kant, après avoir reconnu, dans l'existence de Dieu et dans la vie future, deux conditions nécessaires de la morale, s'applaudit de ne pouvoir donner de ces deux *postulats* une démonstration rigoureuse. Il serait dangereux, dit-il, que Dieu et l'éternité, avec leur majesté redoutable, fussent sans cesse devant nos yeux, sans nuages et sans voiles. On peut en dire autant de la morale elle-même. Sans doute, en ce qui concerne nos propres actes, elle ne saurait avoir une trop grande certitude. Elle trouve en nous trop d'obstacles pour pouvoir disposer absolument de notre conduite par la force irrésistible de ses arguments. « Si la géométrie, dit Leibnitz, s'opposait autant à nos passions et à nos intérêts présents que la morale, nous ne la contesterions et ne la violerions guère moins, malgré toutes les démonstrations d'Euclide et d'Archimède. » La morale ne saurait donc, sous ce rapport, être trop rigoureusement démontrée. Mais elle ne règle pas seulement nos jugements sur nous-mêmes, nous lui demandons aussi nos jugements sur autrui et nous y portons une sévérité, une intolérance d'autant plus grandes que nous nous croyons éclairés par une lumière infaillible. Nous nous reprocherions comme une défaillance d'accepter la discussion sur nos anathèmes, nous refusons d'entrer dans les motifs des actions qui nous révoltent et d'y faire la part d'une erreur possible, soit chez celui qui les a commises, soit dans notre propre jugement ; nous mettons volontiers de telles actions, non seulement en dehors de la morale, mais en dehors du droit ; car rien n'est plus difficile que de marquer d'une manière générale et surtout de reconnaître, dans les cas particuliers, la limite précise où la sphère du droit peut s'étendre jusqu'à la liberté du mal. Beaucoup s'indignent à la seule pensée que le mal puisse être respecté comme un droit ; ceux mêmes qui sont assez libéraux pour s'incliner en principe devant une certaine liberté du mal sont toujours prêts à lui refuser tout droit dès qu'elle se heurte à quelques-uns des sentiments qui leur sont le plus chers. Aussi M. Fouillée, qui a, mieux qu'aucun de ses devanciers, reconnu cet écueil de la définition du droit, ne voit pas de meilleur moyen d'y échapper que de fonder le droit sur le sentiment même de notre faillibilité : nous respecterions les abus possibles de la liberté d'autrui pour cette seule raison que nous ne saurions en être les juges infaillibles. Je sortirais des limites que je me suis tracées si je discutais ici cette théorie ; mais, quelle que soit sa légitimité comme fondement scientifique de la science du droit, elle a certainement, comme règle pratique, une haute valeur. La reconnaissance des droits d'autrui ne peut que gagner à la conviction que nos jugements moraux ne sont pas d'une évidence absolue, qu'ils sont sujets à discussion, et que ceux mêmes qui rencontrent autour de nous une adhésion unanime peuvent être revisés par l'évolution des consciences et le progrès de la science morale.

Cette conviction de notre faillibilité, en nous enseignant la tolérance et le respect à l'égard d'autrui, devient par là même un principe utile pour la direction de notre propre conduite, car cette tolérance et ce respect sont pour nous des devoirs, des actes de vertu. Si le doute affaiblit l'autorité de la morale, s'il vient en aide aux intérêts et aux passions qui la combattent, il peut aussi préserver de certains écarts où se laissent aisément entraîner les consciences trop sûres d'elles-mêmes. M. Renan, qui a écrit tant de lignes exquises sur les bienfaits du doute, ne saurait reprocher bien sévèrement aux systèmes philosophiques de semer le doute en morale par leur opposition et les discussions qu'ils soulèvent.

L'un des plus grands périls pour la morale est de se renfermer dans des formules étroites, acceptées de confiance comme des oracles de la sagesse humaine et de la sagesse divine. Les formules les plus exactes et les plus précises ne peuvent prévoir tous les cas ; elles ne peuvent embrasser toutes les circonstances extérieures ou intérieures, toutes les nuances de sentiments ou de pensées qui concourent à constituer la moralité ou l'immoralité d'une action. Lors même qu'une formule, excellente en elle-même, s'appliquerait exactement à un cas donné, il ne suffirait pas d'en remplir scrupuleusement toutes les prescriptions pour bien agir. L'acte serait *légal*, il ne serait pas *moral*, suivant la distinction de Kant. L'acte moral doit non seulement se conformer à la lettre, mais entrer dans l'esprit même de la formule, et il n'y entrera véritablement que s'il remonte à son principe. L'intérêt personnel, la sympathie pour autrui, l'amour de la vertu pour elle-même, l'amour ou la crainte de Dieu, le respect de l'opinion publique, la soumission aux lois, l'espoir d'une récompense ou la menace d'un châtiment en ce monde ou dans un autre : autant de mobiles, d'ordres très différents, qui peuvent déterminer une même action et se traduire, au point de vue pratique, en un même précepte. Or chacun de ces mobiles a la valeur d'un principe dans les divers systèmes de morale. La moralité ne commence donc qu'après qu'on s'est élevé de l'observation littérale des formules à l'intelligence et à l'acceptation volontaire du principe systématique où elles puisent leur valeur morale. Rien n'est plus propre à éclairer les consciences sur l'insuffisance des formules que le doute philosophique et les discussions sérieuses dont elles peuvent être l'objet.

Il faut savoir douter des formules; il faut aussi savoir douter des principes eux-mêmes. Ici encore l'erreur est toujours possible, et lors même qu'on posséderait la vérité pure, la vérité absolue, il faut, pour la faire passer dans un acte vraiment moral, lui prêter autre chose qu'une adhésion superficielle; il faut s'y attacher sincèrement et complètement par un effort éclairé de foi et d'amour. Un tel effort peut être empêché par la discussion et par le doute; mais souvent aussi la discussion et le doute sont nécessaires pour le préserver de tout écart et pour lui donner toute sa valeur.

Nous devons à M. Paul Janet la révélation récente d'un éloquent passage des premières leçons de Victor Cousin à la Faculté des lettres de Paris (1). Dans ce passage, qu'il n'a pas cru devoir conserver lors de la publication de ses cours, le jeune philosophe se prononçait contre la prétention de soumettre la morale à des formules inflexibles. Chaque précepte, dit-il, ne vaut que pour un cas particulier et peut dans un autre cas, tout semblable en apparence, être infirmé par la décision souveraine de la raison : « La raison, tombée dans ce monde, la raison qui plane sur tous les cas donnés à son tribunal, prononce comme cette institution qui est déjà gravée dans les nôtres, le *jury*. Elle prononce pour un cas, mais jamais d'une manière générale. Chacune de ses décisions est l'oracle et ne la lie pour aucune autre décision. » Il faut donc que la raison soit toujours en éveil, s'appuyant sur des formules, sur des préceptes particuliers, sur des principes généraux, mais toujours prête à se dégager de ces formules, de ces préceptes et de ces principes. « On cherche en morale quelque chose qui, *decretorie et peremptorie*, décide ce qui est bien et mal et juge en dernier ressort. Alors on prend quelques règles : les contingentes, on en a bon marché; on en prend d'autres qui sont plus générales, auxquelles on s'asservit soi-même, de telle sorte qu'on ne les confronte plus avec la raison; mais c'est abjurer l'esprit

(1) Voyez la *Revue des Deux-Mondes* du 15 janvier 1884.

moral. » L'esprit moral, pour le Victor Cousin de 1819, c'est une intuition supérieure de la raison; c'est, dans les cas difficiles, où un effort de vertu est nécessaire, une inspiration et comme un miracle du génie. « Le génie ne produit que des miracles, c'est-à-dire qu'il produit des choses qui ne sont pas réductibles à des proportions matérielles, à des lois fixes et immobiles. Aussi, loin que le miracle soit impossible, il se fait par le génie. Un miracle, c'est la poésie d'Homère; un miracle, c'est Platon, c'est le *Parménide*, c'est la *Mécanique céleste* de Laplace, c'est l'action de d'Assas, c'est la vie entière de saint Vincent de Paul, c'est la vie de tous les hommes sur lesquels l'humanité, qui ne se trompe jamais, prononce qu'ils sont des hommes de génie, qu'ils sont l'élite du genre humain. Il n'y a point de code du génie; il n'y en a point de haute morale. Un code du génie serait destructif du génie lui-même. »

Il y a, dans ce curieux passage, des propositions excessives, exprimées sous une forme déclamatoire, et on comprend qu'il n'ait pas trouvé grâce devant la prudence ultérieure de l'auteur, devenu le directeur officiel de la philosophie française. Cet appel aux intuitions personnelles de la raison et aux inspirations du « génie », en dehors et au-dessus de toute règle et de tout principe, justifierait plus souvent de dangereux écarts que des « miracles » de vertu. Il y a là cependant, si on sait la bien entendre, une doctrine incontestable. Nul précepte, nul principe n'est assez vaste pour tout embrasser, ni assez sûr pour tout régler. La conscience a besoin, dans bien des cas, d'actes personnels d'initiative et d'indépendance, soit pour reconnaître et pour combler les lacunes des règles de conduite auxquelles elle s'est soumise, soit pour en redresser les erreurs. C'est par de tels efforts que de nobles et libres esprits ont su, dans tous les temps, réagir contre les fausses maximes généralement admises autour d'eux et souvent même contre les conséquences de leurs propres doctrines. Il est bon d'instituer en soi-même ce « jury » dont parle Victor Cousin, qui ne s'assujettit à aucun article de code; mais il est bon aussi de ne pas se confier plus aveuglément dans l'intelligence et la probité de ce jury que dans la sagesse du code. Le doute philosophique doit s'étendre à soi-même, à ces « décisions de la raison » que M. Cousin opposait aux formules, à ces « inspirations du cœur » que M. Renan oppose aux systèmes. La moralité est dans l'intention personnelle, mais dans l'intention éclairée et n'ayant négligé aucune source de lumière. Il faut donc sans cesse en appeler des formules et des systèmes au jugement personnel de la raison et des intuitions de la raison individuelle, « toujours courte par quelque endroit », à l'examen et à la discussion des formules et des systèmes. Il faut, en d'autres termes, que la morale philosophique, dans la plus haute et la plus large acception, ait toujours le dernier mot.

L'action directe de la philosophie ne s'étend guère au-delà d'un petit nombre d'esprits suffisamment éclairés pour comprendre ses théories et suffisamment bien disposés pour y prendre un sérieux intérêt. C'est faire encore un très bel éloge des philosophes, et beaucoup refuseraient d'y souscrire, que de les considérer comme une élite. Tout le monde cependant philosophe plus ou moins, en notre pays surtout, si amoureux d'idées générales et de déductions logiques. Tout le monde philosophe à propos de religion, de politique, de questions sociales et de toutes les questions de morale publique ou privée. Jouffroy n'invoquait qu'un besoin naturel et universel de la raison dans sa célèbre hypothèse d'un pâtre inculte se posant de lui-même le problème de la destinée humaine. Lors même qu'on rejetterait l'innéité d'un tel besoin, il faudrait reconnaître, jusque dans les esprits les moins cultivés, une sorte d'infiltration de certaines doctrines philosophiques, et il faudrait également admettre que certaines tendances philosophiques ont pu pénétrer assez profondément et pendant assez longtemps dans les différentes couches intellectuelles pour devenir, par la transmission héréditaire, des qualités natives d'une race ou d'un peuple. Ces doctrines et ces tendances ont concouru, dans tous les temps et chez tous les peuples, à l'évolution des croyances morales, soit par un mouvement insensible, soit par ces soudaines et violentes explosions où le travail latent des idées se fait jour dans le déchaînement des passions populaires. Toutes les grandes révolutions, avec leurs bienfaits comme avec leurs erreurs et leurs crimes, ont là soit leur explication générale, soit quelques-unes de leurs principales causes, même chez les peuples qui, comme les Anglais, répugnent le plus aux conceptions purement philosophiques (1).

Rien n'est donc plus utile dans tous les temps, et particulièrement dans les temps de crise, que d'appeler l'attention sur les systèmes philosophiques de morale et de soumettre ces systèmes à une critique sévère, soit pour donner plus de force et de clarté à celui qui paraît le seul véritable ou du moins le plus près de la vérité, soit pour les détruire tous au profit d'une théorie nouvelle plus exacte et plus profonde. C'est cette dernière entreprise que poursuit M. Fouillée. Sa critique des systèmes n'est, comme la première partie du *Novum Organum*, qu'une *pars destruens*, qui doit être suivie d'une *pars informans*, c'est-à-dire de l'exposition d'un nouveau système. Les indications qu'il nous donne sur la doctrine qu'il se propose d'édifier sont encore trop vagues pour qu'il soit possible de juger dès à présent quelles espérances il est permis d'en concevoir ; mais ses critiques des doctrines antérieures ne sauraient être méditées avec trop d'attention par tous ceux qu'intéressent et que troublent les questions morales. Nous sommes loin de lui donner raison sur tous les points. Pour nous, la critique ne consisterait pas à tout détruire pour tout réédifier. Nous restons invariablement attaché aux doctrines spiritualistes, même après toutes les objections qu'il a

(1) Le philosophe Locke, dans des écrits tout philosophiques, a fait, en présence des événements et au début de leur développement historique et logique, la théorie de la révolution de 1688, la vraie révolution d'Angleterre suivant les Anglais ; et, dans la révolution avortée de 1649, les thèses philosophiques tenaient une grande place, à côté des thèses théologiques, chez les polémistes des deux partis, chez Milton et chez Hobbes par exemple, pour ne citer que les plus illustres.

accumulées contre elles. Nous croyons que si elles peuvent pécher par quelque détail d'argumentation ou d'exposition, ou même par quelque erreur fondamentale, elles ne peuvent que gagner, dans leurs parties essentielles, en solidité et en évidence à l'épreuve d'un examen sérieux et approfondi. Toutefois, là même où elles n'ébranlent pas nos convictions, les discussions de M. Fouillée, toujours ingénieuses et pénétrantes, nous éclairent sur les points faibles des idées que nous nous refusons le plus énergiquement à lui abandonner. Quelle que doive être la fortune du nouveau système qu'il nous promet, le livre de critique qui lui sert de préambule vient à son heure dans la crise actuelle de la morale et nul n'est plus propre à en préparer la solution. Il peut d'autant mieux la préparer que ce livre tout négatif n'est pas l'œuvre d'un sceptique. M. Fouillée ne s'exagère pas la puissance de la raison humaine ; mais il croit que la raison humaine, à travers la série de ses erreurs et de ses désillusions, est faite pour approcher sans cesse de son but idéal. « Les êtres intelligents, dit-il à la fin de sa préface, peuvent espérer, sans pour cela méconnaître les bornes de la pensée, de reculer toujours ces bornes ; ils peuvent espérer, par l'intermédiaire de la pensée même, qui est aussi une force immanente à la nature, de porter toujours plus loin la subordination de la nature à leur idéal moral et social, par conséquent le progrès de l'inférieur au supérieur. Si la devise de la science devant l'énigme des origines du monde est : *Ignorabimus*, la devise de la morale devant l'énigme des destinées du monde peut être : *Sperabimus.* »

VI

Nous estimons fort une œuvre de haute critique, comme celle de M. Fouillée ; mais notre point de vue est tout autre. Nous n'avons pas l'ambition d'édifier un nouveau système sur les débris ou avec les débris des anciens. Nous acceptons l'idée de l'évolution dans toutes les sciences sans excepter la morale. Malgré ses prétentions à l'immutabilité, la morale n'a pas échappé à une évolution continue; mais c'est une évolution conservatrice, qui n'a été, depuis la plus haute antiquité, que le développement des mêmes principes et des mêmes systèmes, toujours contestés, mais toujours renaissants, se complétant et se rectifiant les uns les autres par les efforts mêmes qu'ils font pour s'entre-détruire. Morale du plaisir, morale de l'intérêt, morale du bien idéal, morale du devoir, morale purement humaine, morale religieuse et divine : autant d'étiquettes sous lesquelles peuvent se ranger, dans tous les temps et chez tous les peuples, toutes les doctrines morales. Ces étiquettes sont loin de marquer une opposition absolue entre les doctrines, mais plutôt une diversité analogue à celle d'une série de sphères qui s'envelopperaient les unes les autres. La morale de l'intérêt ne prétend pas supprimer, mais absorber, en la réalisant d'une manière plus parfaite, la morale du plaisir. La morale du bien idéal embrasse à la fois la morale de l'intérêt et la morale du devoir : notre suprême intérêt, comme notre suprême devoir, n'est-il pas de nous approcher sans cesse, par des efforts persévérants et bien entendus, de la perfection idéale de notre nature? La morale divine ne fait que ramener à des principes supérieurs la morale humaine; elle n'exclut aucun des motifs qui peuvent agir sur l'âme humaine, ceux du plaisir et de l'intérêt, non plus que ceux du devoir et du bien; elle ne prétend que les épurer en les subordonnant aux mobiles qui lui sont propres : l'amour et la crainte de Dieu.

Ceux qui trouvent ou qui croient trouver, dans les considérations religieuses, avec la plus haute satisfaction de la pensée, la force morale la plus sûre et la plus efficace pour l'accomplissement du bien, n'ont aucune raison de les abandonner pour ne pas dépasser l'horizon de ceux dont l'esprit s'en détourne ou ne peut y atteindre. Ce serait demander aux voyants de se crever les yeux pour rétablir entre eux et les aveugles l'universelle égalité des connaissances. Mais non moins absurdes seraient les voyants qui croiraient n'avoir rien de commun avec les aveugles, parce qu'ils ont un sens de plus. Celui qui voit ou qui croit voir le plus haut et le plus loin peut s'instruire, non seulement près de ceux dont la vue a moins de portée, mais près de ceux mêmes qui, privés de la vue, y suppléent par la perfection de leurs autres sens et par la pénétration de leur intelligence. En morale, comme dans tout le reste, les sphères où s'étendent ou dans lesquelles se renferment les connaissances peuvent être diverses ; l'universalité absolue est une chimère ; mais ce qui n'est pas une chimère, c'est l'utile échange de pensées et de sentiments qui peut s'établir d'une sphère à l'autre ; c'est aussi, à travers la différence des points de vue, le respect, la tolérance, la fraternité. La première et la plus large leçon de morale, dans l'ordre spéculatif et dans l'ordre pratique, est la légitimité de certaines divergences sur les principes mêmes de la morale.

LIVRE PREMIER

MORALE FORMELLE

CHAPITRE PREMIER

INDÉPENDANCE DE LA MORALE

Dépendance de la morale à l'égard des autres sciences : 1° au point de vue de la connaissance ; 2° au point de vue des applications. — Indépendance de la morale dans ses principes et dans son objet. — Justification de cette indépendance dans les rapports de la morale : 1° avec la psychologie ; 2° avec l'histoire ; 3° avec les institutions politiques et les dogmes religieux ; 4° avec la métaphysique et la religion naturelle. — Conséquences de l'indépendance de la morale.

I

La morale positiviste s'attribue une indépendance absolue ; la morale spiritualiste et religieuse peut s'attribuer une égale indépendance ; mais il faut bien l'entendre. Le nom de morale est équivoque : il désigne à la fois une science et l'objet de cette science. On confond les deux sens quand on oppose, comme on le fait généralement en Angleterre, la « morale utilitaire » à la « morale intuitive » ; car le point de vue de l'utilité se rapporte à l'objet même de la morale et le point de vue de l'intuition à la façon dont s'en acquiert la connaissance ou la science. C'est seulement en ce qui concerne son objet que nous affirmons l'indépendance de la morale.

La confusion d'une science avec son objet ferait rire, s'il s'agissait d'un objet matériel. Rien ne paraîtrait plus absurde que de prêter les attributs des corps, le poids, la température ou la couleur, aux sciences qui traitent des corps. Même pour les objets immatériels ou réputés tels, s'ils ont un caractère concret, une telle confusion paraît impossible. Nul ne confondra les attributs de l'âme ou de Dieu avec ceux de la psychologie ou de la théologie. La confusion semble, au contraire, toute naturelle, quand les sciences ont un objet idéal et abstrait. Entre un corps et l'idée de ce corps la distinction se fait d'elle-même : entre une idée et l'idée de cette idée, la distinction paraît subtile et beaucoup n'y verront qu'une pure tautologie. Il est cependant impossible de résoudre exactement et clairement les questions de dépendance ou d'indépendance, soit entre les sciences elles-mêmes, soit entre leurs objets, si l'on ne fait pas cette distinction, dont la scolastique a pu abuser, mais qu'elle n'a pas eu tort de reconnaître et que Kant n'a pas dédaigné de lui emprunter, entre l'*ordo essendi* et l'*ordo cognoscendi*. Elle n'est pas moins nécessaire dans les sciences de l'abstrait que dans les sciences du concret. On sait qu'Auguste Comte classe les sciences d'après leur degré d'indépendance à l'égard les unes des autres. Or, toute sa classification est obscurcie par une confusion perpétuelle des sciences et de leurs objets. Il place l'astronomie, dans l'ordre d'indépendance, avant la physique et la chimie, lesquelles précèdent elles-mêmes, suivant le même ordre, la biologie. La classification est exacte s'il s'agit des objets de ces diverses sciences ; elle ne l'est plus si on l'applique, comme paraît le faire Auguste Comte, aux sciences elles-mêmes. Au point de vue des choses, la loi de la pesanteur est un mode particulier et une dépendance de la loi universelle de la gravitation ; mais, au point de vue de la connaissance, la découverte de la loi astronomique dépendait évidemment de celle de la loi physique. Les plus grands progrès de l'astronomie sont dus aux progrès de l'optique, une des branches de la physique, et l'optique elle-même, en bien des points, n'a pu avancer qu'à la suite de la physiologie et de la psychologie elle-même. Les mêmes distinctions s'appliquent aux objets immatériels, soit concrets, soit abstraits. L'idée de Dieu dépend d'un grand nombre de conceptions de tout-ordre : Dieu n'est pas moins, par définition, le plus indépendant des êtres ou plutôt le seul être à qui l'on attribue l'indépendance absolue. Les lois de la logique, considérées en elles-mêmes, sont les plus indépendantes de toutes les lois naturelles, car tout repose sur elles, dans toutes les sciences ; mais considérées dans la connaissance que nous avons pu en acquérir, elles dépendent d'abord de l'étude psychologique de l'intelligence et elles ne peuvent être bien comprises qu'à la lumière de toutes les sciences où elles trouvent leur application.

La morale ne fait pas exception : nulle science n'est plus dépendante que la science de la morale ; l'objet de la morale, le bien, le devoir, la vertu, réclame, au contraire, une indépendance que ne possède à un degré supérieur aucun autre objet de la pensée humaine.

Aucune science, en tant que science, n'est pleinement indépendante. Les plus générales et les plus simples, nous l'avons vu pour l'astronomie, dépendent, en plus d'un point, des plus particulières et des plus complexes. C'est avec raison toutefois qu'Auguste Comte reconnaît dans la plus grande complexité le signe de la plus grande dépendance. La morale compte manifestement parmi les sciences les plus complexes. Ses préceptes, pour être clairement compris et justement appliqués, supposent la connaissance de tous les ressorts de l'âme et cette connaissance elle-même doit nécessairement s'appuyer sur celle des fonctions de la vie physique dont l'âme subit la dépendance. Les préceptes de la morale mettent également en jeu toutes les relations des hommes entre eux et, par ces relations, ils soulèvent toutes les questions sociales. Ils ont leurs racines dans la conscience de chaque individu ; mais la conscience individuelle n'est elle-même qu'une forme de la conscience générale, c'est-à-dire des croyances morales qui dominent, à un moment donné, dans une société déterminée, et l'état moral d'une société ne peut être bien connu qu'à la lumière de son histoire. Enfin les différentes sociétés ne sont isolées ni dans le présent ni dans le passé. Les préceptes de la morale embrassent toutes les relations qui peuvent se produire d'homme à homme, de peuple à peuple, dans l'humanité entière, et l'intelligence de ces relations appelle une étude complète de l'humanité dans son état présent et dans son histoire.

La morale dépend ainsi de toutes les sciences qui ont l'homme ou l'humanité pour objet. Elle ne dépend pas moins de ces autres sciences qui prétendent pénétrer au-delà et au-dessus de l'ordre naturel des choses et dont le positivisme n'a pas réussi jusqu'ici à affranchir l'esprit humain. Quoi qu'il faille penser de la métaphysique et de la théologie, elles ont eu une trop grande part à la formation et au développement des idées morales, elles tiennent encore aujourd'hui une trop grande place dans la conscience morale de la plupart des hommes pour qu'il soit possible d'en faire entièrement abstraction dans l'étude de la morale.

On voudrait vainement, au point de vue de la recherche et de la discussion scientifiques des principes de la morale, distinguer entre la métaphysique et la théologie. La distinction se fait chez les philosophes et les théologiens de profession ; elle ne se fait pas, elle ne s'est jamais faite dans la masse des esprits. Les philosophes mêmes qui mettent le plus de soin à séparer absolument le domaine de la raison de celui de la foi gardent à leur insu, dans leur métaphysique, l'empreinte ineffaçable, soit de leur éducation religieuse, soit de certaines influences religieuses dont la transmission héréditaire n'a pu être annihilée ni par une éducation dégagée de toute foi dogmatique ni par le travail ultérieur d'une pensée qui veut être et qui se croit entièrement libre. L'esprit le plus indépendant vit toujours plus ou moins de cette « ombre » ou de cette « ombre d'une ombre » qu'a laissée dans les âmes, suivant M. Renan, la foi disparue et à laquelle l'illustre écrivain attribue, dans bien des cas, « les restes de notre vertu ». Elle tient, quoi que nous fassions, une place non moins grande dans nos jugements que dans nos actes. On a remarqué avec quelle facilité les formules de la vieille métaphysique reviennent à la pensée d'un Descartes, dès les premiers pas qu'il fait hors du doute méthodique; il ne réussit pas davantage à écarter les formules de la théologie scolastique. Les influences théologiques, de même que les influences métaphysiques, et à un titre plus certain encore, s'imposent à nos études, si nous voulons comprendre en nous-mêmes et dans les autres l'évolution des idées morales.

Ce n'est pas tout. La science morale, comme toutes les sciences, n'a pas seulement pour objet la recherche, mais la démonstration de la vérité. Il faut se démontrer à soi-même et s'efforcer de démontrer aux autres les résultats de ses investigations. Or nous rencontrons, dans notre propre esprit comme autour de nous, un grand nombre d'idées préconçues, avec lesquelles nous ne pouvons nous dispenser de compter, soit pour les combattre, soit pour y chercher un appui. Les croyances religieuses, ou ce qui survit de ces croyances dans les âmes qui ont rompu avec elles, ont leur place parmi ces préjugés de l'éducation ou de l'hérédité. Il peut assurément être très légitime de chercher à s'en dégager; mais quelque opinion qu'on en veuille avoir, il n'est pas possible de les considérer comme des « quantités négligeables ».

La question est la même pour les rapports de la morale et de la théologie que pour les rapports de l'État et de l'Église. Nous ne voulons pas discuter ici la thèse de « l'Église libre dans l'Etat libre ». Nous croyons qu'elle exprime, dans son principe, une des conditions essentielles des sociétés modernes, quelques tempéraments qu'elle demande dans l'application; mais rien ne serait plus propre à la compromettre que de la traduire, comme on le fait quelquefois, par cette autre formule : « l'État ignorant l'Église; l'Église ignorant l'Etat. » Plus l'Église et l'État seront séparés, plus il importera à chacune des deux puissances de bien connaître l'autre, pour éviter des conflits non moins funestes à la paix matérielle qu'à la paix morale dans la société. Sous le régime d'un concordat, l'Église et l'État peuvent à la rigueur ne porter leur attention que sur les clauses du traité qui les lie; mais, en l'absence de tout traité, l'Église doit compter avec tout l'ensemble de la législation civile et politique et l'État n'est pas moins intéressé à connaître, sinon dans leurs détails, du moins dans leurs principes et dans leurs parties essentielles, le dogme et la discipline de l'Église. L'intérêt, des deux parts, serait le même, soit dans l'état de paix, soit dans l'état de guerre : la paix n'est jamais mieux assurée que si l'on sait se tenir en garde contre toute cause de rupture, et la guerre sera poursuivie avec des chances d'autant meilleures que chacun des belligérants connaîtra mieux les ressources de l'adversaire.

Entre la morale et la théologie, il peut aussi y avoir état de paix ou de guerre. La morale est également intéressée, dans chacun des deux états, à compter avec des dogmes où elle peut trouver soit l'appui le plus efficace, soit l'obstacle le plus redoutable pour s'emparer des consciences.

II

L'objet seul de la morale est indépendant de tout autre objet; mais, ici encore, il y a une distinction à faire. L'indépendance n'est pas l'indifférence. Elle n'implique pas, pour l'objet de la morale, pour la loi du bien et du devoir, l'absence de tout rapport, de tout point de contact avec les objets des autres sciences. La loi morale étend son domaine, dans toutes les sciences, sur tout ce qui peut offrir une matière à ses préceptes. Et d'abord, d'une manière générale, sur la science elle-même; car il y a des devoirs envers la science et, dans l'observation de ces devoirs, des tempéraments à garder, des questions de casuistique à résoudre. Cicéron se posait déjà ces questions en traitant de la première des vertus cardinales, la prudence, qui n'est autre que la recherche scientifique de la vérité. Un de ces cas de conscience divise et passionne aujourd'hui les esprits : c'est celui de la vivisection, soit comme procédé de recherche dans le laboratoire, soit comme moyen d'exposition et de démonstration dans l'enseignement public.

La morale a des droits sur la science en général : elle en a sur les objets propres de chaque science. Il y a des devoirs envers les choses, devoirs très indéterminés sans doute à l'égard du monde inorganique, mais qui se précisent et s'élèvent à mesure qu'ils parcourent la série des êtres vivants, de la plante à l'animal et de l'animal à l'homme. Il serait puéril d'insister sur la place que tient dans la morale pratique la science de l'homme et particulièrement la science de l'homme moral, la psychologie. Il n'est pas davantage besoin de rappeler quel champ ouvrent à la morale les sciences sociales : la jurisprudence, l'économie politique, la politique proprement dite. Nous ne voulons nous arrêter que sur l'histoire, parce que la loi morale y a trouvé de nos jours une application toute spéciale. Autrefois, le jugement moral ne faisait aucune distinction entre les hommes de tous les pays et de tous les temps. On appliquait partout les mêmes règles morales ; on condamnait les païens au nom des maximes chrétiennes, les barbares et les sauvages eux-mêmes au nom des principes de la civilisation européenne. Il nous paraît juste aujourd'hui de juger les actes accomplis dans un milieu moral différent du nôtre d'après les maximes en vigueur dans ce milieu, non d'après nos propres maximes. Nous nous sommes fait ainsi une morale à l'usage de l'histoire et de la géographie elle-même.

La loi morale peut enfin trouver son application, en dehors et au-dessus de l'humanité, dans l'objet propre de la métaphysique et de la théologie. S'il y a un Dieu et s'il se révèle soit à la raison soit à la foi, il y a des devoirs envers lui. La morale religieuse a sa place, légitime ou usurpée, dans la plupart des consciences ; elle entre comme partie intégrante dans la plupart des traités de morale ; elle peut même être l'objet de certains devoirs pour ceux qui se sont donné pour mission de la déloger. Si les positivistes et les athées peuvent, à tort ou à raison, s'affranchir de tout devoir envers Dieu et s'efforcer d'en affranchir l'humanité, ils ne peuvent refuser d'admettre et ils sont souvent les premiers à reconnaître des devoirs généraux envers les consciences, envers toutes les formes de la pensée et de la foi. Quels égards, quel respect devons-nous, soit aux divers systèmes philosophiques, soit aux diverses communions religieuses ? Quels devoirs, d'un autre côté, doivent s'imposer envers leurs contradicteurs, hérétiques ou incrédules, les adeptes de ces systèmes, les adhérents ou les ministres de ces religions ? Quelles garanties la liberté de la pensée et de la conscience doit-elle trouver, soit dans la sagesse et la modération des particuliers, soit dans les justes prescriptions des lois ? Autant de questions de morale privée et de morale publique, auxquelles donnent lieu nécessairement la propagation des idées métaphysiques et toutes les manifestations de la foi religieuse.

La morale ne trouve pas seulement, dans les objets des différentes sciences, la matière de ses préceptes ; elle emprunte à quelques-uns de ces objets ses instruments et ses moyens d'action. Rien de plus évident pour la science de l'homme et pour toutes les sciences sociales. L'homme est, à tous les points de vue, le centre de la loi morale. C'est envers lui qu'existent les principaux devoirs ; c'est lui qui les accomplit ; c'est lui qui en juge, dans sa conscience, alors même qu'il n'y est pas personnellement intéressé, l'accomplissement ou la violation. Tout, dans l'homme, appartient à la loi morale, et son corps et son âme et, dans son âme, tous ses modes de penser, de sentir ou d'agir. L'acte moral n'est pas d'ailleurs l'acte des seuls individus, c'est aussi l'acte collectif de la société, sous toutes les formes qu'elle peut revêtir. Toutes les institutions sociales, toutes les idées, toutes les passions qui dominent dans une société, tous les intérêts qui divisent ou qui unissent les hommes peuvent être pour la morale des auxiliaires ou des obstacles.

La loi morale peut ainsi prendre son bien dans toutes les sciences d'observation qui ont pour objet l'homme ou les hommes : elle peut aussi le prendre dans les sciences qui prétendent franchir les bornes de l'expérience. Parmi les moyens d'action qu'exige la loi morale, les doctrines traditionnelles que la plupart des consciences n'ont pas encore abandonnées placent au premier rang certains attributs d'ordre métaphysique : l'unité de la personne humaine, le libre arbitre, la raison pure dans le sens où l'entendent les métaphysiciens. Ce sont là sans doute, pour ceux qui en admettent la réalité, des attributs de la nature humaine, mais ils ne rentrent pas proprement dans la science expérimentale de l'homme ; ils appartiennent à la psychologie rationnelle, qui n'est qu'une des branches de la métaphysique, et tous les adversaires de la métaphysique les rejettent avec elle. Ils rattachent donc, sinon pour tous les hommes, du moins pour une grande partie de l'humanité, la loi morale à la métaphysique. Et, si de ces attributs de l'homme on s'élève aux attributs de Dieu, la loi morale se trouve encore chez elle dans ce domaine de la pure métaphysique et des religions positives. Parmi les attributs divins, ceux que les philosophes et les théologiens se plaisent surtout à reconnaître et pour lesquels ils obtiennent, dans la plupart des âmes, l'assentiment le plus facile et le plus fidèle sont les attributs moraux. Ces attributs font de Dieu même un des agents, un des sujets de la loi morale ; car ils posent dans les consciences la question de sa bonté ou de sa justice ; ils appellent sur ses actes, vrais ou prétendus, le jugement moral des hommes, soit qu'on le bénisse pour ses bienfaits, soit qu'on l'accuse d'injustice ou d'impitoyable rigueur.

Nous ne voulons discuter ici aucune question de psychologie rationnelle, de philosophie religieuse ou de théologie. Nous remarquerons seulement, comme nous l'avons déjà fait pour les devoirs envers Dieu, que, si la morale métaphysique ou théologique n'est pas la morale de tous les hommes, elle impose à tous les hommes des devoirs spéciaux de tolérance et de respect. On peut varier sur l'étendue et les limites de ces devoirs ; mais, par cela seul que tous les hommes ne les entendent pas de la même façon, ils réclament une place à part dans les définitions et les interprétations de la loi morale. Nulle morale ne peut exclure entièrement de son domaine les systèmes métaphysiques et les dogmes religieux. Là où ces systèmes et ces dogmes obtiennent l'adhésion plus ou moins ferme de la raison ou de la foi, ils entrent directement dans la loi morale par la révélation de certains devoirs ou par l'indication de certains agents moraux. Ils y entrent encore, d'une façon indirecte, là où ils n'obtiennent aucune créance, en imposant aux consciences mêmes qui les rejettent certains égards qui se mesurent, sinon à leur valeur propre, du moins à la sincérité des convictions et à l'élévation des sentiments qu'ils ont su inspirer à leurs sectateurs.

III

La loi morale n'est indifférente ou étrangère à aucun des objets qu'embrasse la science humaine ; mais elle ne dépend, dans ses principes, d'aucun de ces objets. Telle est sa véritable indépendance et il s'agit ici d'une indépendance absolue.

Une différence essentielle distingue l'objet de la morale de ceux des autres sciences. Les autres sciences recherchent ce qui *est* ; la morale, ce qui *doit être*. Ici, l'*idéal* ; partout ailleurs le *réel*, sous toutes ses formes et à tous ses degrés. La connaissance de l'idéal dépend assurément de celle du réel. L'idéal moral n'est pas cet « être pur » des métaphysiciens, qui pourrait tout aussi bien, comme dans le système de Hegel, se définir le néant de l'être que la perfection de l'être. Il exprime la perfection relative de l'être humain, dans toutes les manifestations de sa vie sensible, intelligente et active.

La psychologie est la base nécessaire de toute conception de l'idéal moral ; mais nous n'examinons pas ici de quelle façon se connaît la loi morale ; nous la considérons en elle-même, telle qu'elle s'affirme dans notre conscience. Il ne s'agit plus, en un mot, de la science morale, mais de son objet. Or l'idéal moral nous apparaît avec deux caractères que ne présente aucun objet réel. Le premier est un caractère de perfection, qui est l'essence même de tout idéal. Nous disons sans cesse que la réalité est plus ou moins parfaite et parfois même il nous paraît impossible de concevoir rien de plus parfait que telle pensée d'un homme de génie, tel sentiment ou tel acte d'un héros ou d'un saint ; mais comment jugeons-nous ainsi ? Ce ne peut être que par une comparaison mentale entre le fait réel et l'idéal que nous avons dans l'esprit. L'idéal reste donc supérieur à la réalité, alors même que celle-ci lui paraît adéquate ; car nous ne la déclarons parfaite qu'autant qu'elle lui est conforme. L'idéal moral est la mesure à laquelle nous soumettons toute réalité, si haute qu'elle soit. L'être divin lui-même, nous l'avons reconnu, ne fait pas exception. Nous lui appliquons, ou plutôt nous appliquons aux conceptions que s'en font les hommes notre idéal de bonté et de justice et, s'il n'est pas réalisé, nous avons peine à prononcer ce verdict d'absolution que le poète Claudien n'accordait à ses dieux qu'après le châtiment de Rufin.

Le second caractère de l'idéal moral est l'obligation. Le réel existe en vertu de lois nécessaires ; l'idéal est le commandement d'une loi nécessaire, mais d'ordre tout différent, qui oblige la volonté sans la contraindre. Le réel peut le plus souvent, sans faire violence à la raison, se concevoir autrement ; mais il ne pourrait se produire autrement sans faire violence à la nature. L'idéal, par une condition inverse, ne se conçoit que tel qu'il est ; il s'impose nécessairement à la raison ; mais, loin de s'imposer nécessairement à la nature, il pourrait ne jamais se réaliser sans rien perdre de son autorité obligatoire et sans que rien, d'un autre côté, fût changé dans l'ordre des choses.

C'est dans ces deux caractères de la perfection et de l'obligation que réside l'indépendance pleine et entière de l'idéal moral. Type obligatoire de perfection, l'idéal moral ne relève d'aucun autre principe ; tout relève de lui, au contraire, dans toutes les sciences, parce que tout peut donner lieu à une question de morale. Il faut sans doute se tenir en garde contre cet étroit et dangereux procédé de discussion qui combat et rejette *à priori* une doctrine philosophique ou scientifique pour cette seule raison qu'elle conduit ou paraît conduire à des conséquences immorales. La morale n'est pas plus infaillible que toute autre science. Les contradictions entre les doctrines, soit en elles-mêmes, soit par voie de conséquence, sont un signe d'erreur, qui rend nécessaire un nouvel et plus profond examen, mais l'erreur n'est pas nécessairement d'un seul côté. Aucune science, sans excepter la morale, n'a le privilège de se soustraire à tout examen, lorsqu'elle est ou paraît être en opposition avec une autre science. Le droit supérieur de la morale ne s'affirme que lorsqu'il y a nécessité absolue de se prononcer, après une discussion complète et approfondie qui laisse subsister la contradiction. Et même, dans cette hypothèse, un libre esprit qui n'aurait réussi à convaincre d'erreur ni l'une ni l'autre des doctrines opposées pourrait encore se dispenser du choix, s'il lui paraissait possible de supposer entre elles un moyen de conciliation jusqu'à présent inconnu. C'est la position que prétend garder Bossuet entre le libre arbitre de l'homme et la prescience de Dieu, lorsqu'il compare les deux principes aux deux bouts d'une chaîne, « qu'il faut toujours tenir fortement, quoiqu'on ne voie pas toujours le milieu par où l'enchaînement se continue ». Une seule règle s'impose à l'esprit, parce qu'elle engage la conscience, c'est que, dans aucune hypothèse, la loi morale, lorsqu'elle est pleinement reconnue, ne doit être sacrifiée et qu'elle doit toujours prévaloir dans la pratique, tant qu'elle n'est pas convaincue d'erreur, alors même qu'elle paraît prêter à certains doutes au point de vue spéculatif. On peut, si la raison n'y répugne pas absolument, maintenir en face de la vérité morale des thèses qui semblent la contredire ; mais aucune loi, aucun principe, aucune vérité ne saurait prévaloir contre elle. L'indépendance est réciproque entre la vérité morale et les autres vérités scientifiques, sous cette seule réserve que le dernier mot, dans l'hypothèse d'un conflit insoluble, appartient à la première.

IV

L'indépendance absolue de la loi morale résulte de sa nature même ; mais, pour la dégager de toute équivoque, il importe d'examiner comment elle se concilie avec les rapports constants et nécessaires que nous avons reconnus entre la loi morale et les objets de toutes les sciences.

Le domaine propre et immédiat de la loi morale se confond avec celui de la psychologie et, dans l'ordre de la connaissance, le premier ne devient objet de science qu'à la suite du second. Nous construisons l'homme idéal d'après nos observations sur l'homme réel ; mais nulle idée de perfection et nul principe d'obligation ne sont impliqués dans la simple constatation d'un fait psychologique. La perfection relative d'un acte et son caractère obligatoire dépendent de son rapport avec l'idéal d'après lequel nous le jugeons : l'idéal ne dépend lui-même, dans son essence propre, d'aucun des faits qui nous aident à le concevoir et dont il sert à son tour à déterminer la valeur morale.

L'indépendance de l'idéal moral à l'égard des faits psychologiques devient manifeste, dès qu'on apporte quelque précision dans l'examen du contenu réel de cette classe de faits. La morale utilitaire prétend faire sortir le devoir du plaisir ; mais s'agit-il de toute espèce de plaisir ? Non, dira Stuart Mill : les plaisirs peuvent être de qualité différente et les plus élevés en dignité possèdent seuls une valeur morale. Qu'est-ce à dire, sinon qu'il faut chercher en dehors des faits, tels que les constate l'observation psychologique, un principe supérieur d'après lequel nous jugeons de leur perfection relative ? Ces qualités diverses, que Stuart Mill attribue aux plaisirs et qui forment entre eux comme une échelle de dignité et d'excellence, ne sont pas contenues en effet dans le sentiment immédiat que nous en avons. Nous goûtons un plaisir d'un ordre élevé et nous répugnons à un plaisir bas et grossier, non pas en vertu des conditions naturelles de notre capacité de sentir, mais parce que nous nous sommes fait ou, si l'on veut, parce que l'éducation ou l'hérédité nous ont fait un certain idéal moral auquel se conforment nos sentiments, nos jugements et nos actes. La conception de cet idéal est sans doute un fait que nous pouvons constater en nous-mêmes, comme nous pouvons y constater toutes sortes de conceptions, même les plus chimériques ; mais l'idéal lui-même n'est ni observé ni conçu comme un état de notre nature ; il exprime, au contraire, un état essentiellement et nécessairement supérieur à notre nature.

M. Herbert Spencer, qui prend aussi la recherche du plaisir pour point de départ de la morale, n'admet pas le critérium de Stuart Mill ; mais il n'admet pas davantage une détermination purement empirique du plaisir. Il ne juge pas les actes d'après leurs résultats agréables ou nuisibles, mais d'après un principe dont il déduit les conséquences. Ce principe, qui est pour lui, à tort ou à raison, la racine même du plaisir, c'est la loi d'évolution à laquelle sont soumis tous les êtres ; c'est, pour l'être vivant, l'accroissement de la vie et le bien-être qui s'attache à cet accroissement ; c'est, pour l'être intelligent et sensible, le développement intellectuel et moral et les conditions de bonheur qui en sont la conséquence naturelle ; c'est enfin, pour l'être sociable, la solidarité universelle dans l'évolution des individus et des sociétés et le bonheur de chacun reconnu et senti dans le bonheur de tous. Nous ne voulons pas discuter ce système non plus que nous n'avons discuté celui de Stuart Mill ; mais que fait-il autre chose que ramener à un principe idéal le principe psychologique sur lequel il prétend fonder la morale ?

Mme Coignet et, avec elle, les moralistes français qui se qualifient d'*indépendants* croient aussi ne donner à la morale qu'une base psychologique quand ils la fondent sur la liberté; mais la liberté dont ils imposent à chacun le respect en lui-même et dans autrui est-elle un simple fait attesté par l'expérience intérieure? On sait quelles difficultés a toujours présentées la question du libre arbitre, soit qu'on fasse appel, pour la résoudre, à l'observation psychologique ou aux considérations métaphysiques. Ces difficultés n'ont fait que s'accroître avec les progrès de la science moderne et nul principe n'est plus contesté parmi les savants et les philosophes. Si la liberté peut offrir une base certaine à la morale, ce n'est pas comme fait de conscience, c'est comme un idéal que nous nous proposons à nous-mêmes et dont nous devons souffrir que les autres poursuivent comme nous la réalisation, dût-elle n'être jamais atteinte. Lors même que la liberté pourrait être reconnue comme un fait réel et incontestable, il faudrait toujours y ajouter, pour en faire un principe moral, cette idée d'obligation qu'aucun fait ne contient en lui-même. Affirmer que je suis libre, c'est affirmer que je *puis*, à mon gré, agir de telle ou telle façon, non que je *dois* agir d'une façon déterminée.

V

Si la loi morale ne peut être une pure dépendance des faits psychologiques, elle ne peut dépendre, à plus forte raison, des sciences historiques ou sociales, qui ne sont qu'une extension de la psychologie aux sociétés humaines dans le passé ou dans le présent. Rien de plus utile au moraliste que les enseignements de l'histoire. Il n'y trouve pas seulement d'illustres exemples dont les générations présentes peuvent faire leur profit, mais l'origine et la filiation de toutes les idées qui forment aujourd'hui le patrimoine moral des sociétés civilisées. La morale, comme science, ne peut que gagner à s'appuyer sur l'histoire; mais aucun fait historique, non plus qu'aucun fait psychologique, ne contient l'objet même de la morale. Nous jugeons le passé, comme nous jugeons le présent, à la lumière de la loi morale. Si nous nous faisons un devoir de nous placer dans nos jugements au point de vue moral des siècles passés, ce n'est pas en vertu d'une règle que l'histoire nous aurait transmise, c'est, au contraire, en vertu d'une conception toute moderne de la justice historique.

Les hommes ont cherché de tout temps, dans les institutions et dans les mœurs que leur a léguées le passé, une base pour les croyances morales. C'est une tendance naturelle et, à plus d'un égard, digne d'encouragement. L'accord du présent avec le passé est, dans la plupart des cas, une garantie de vérité. S'il peut entretenir l'esprit de routine, il peut plus souvent encore faire obstacle à la corruption des idées et des mœurs. Il contient les entraînements téméraires, alors même qu'il ne repose que sur cette illusion d'optique morale qui a trouvé dans la fable de l'âge d'or son expression la plus ancienne et la plus célèbre. La fantaisie individuelle craint davantage de se donner carrière quand on s'est accoutumé à n'invoquer, dans ses plaintes contre les erreurs ou les injustices du temps présent, que des traditions ou des usages universellement respectés. C'est l'avantage que les Anglais aiment à s'attribuer sur les Français. Ils nous reprochent ce goût des principes abstraits, qui a eu une si grande part dans nos révolutions et qui nous les fait concevoir comme des révolutions universelles, destinées à répandre leurs bienfaits sur tout le genre humain. Ils se font un mérite de fonder à la fois l'esprit de conservation et l'esprit de progrès sur le respect des traditions et des précédents, et de maintenir ainsi leurs plus grandes innovations dans les limites de simples réformes, qui n'ont pour objet que les intérêts propres de la nation, non les droits généraux de l'homme et du citoyen. Ils se laissent souvent entraîner à forcer le sens des documents qu'ils invoquent, pour les accommoder aux besoins présents, et leurs hommages au passé ne sont pas toujours exempts d'une certaine hypocrisie ; mais, pris en eux-mêmes, de tels hommages sont, pour les individus et pour les peuples, une habitude salutaire, qui n'exclut pas d'ailleurs la sincérité dans l'illusion même. Nous ne songeons donc point à en contester les heureux effets ; mais l'illusion la plus bienfaisante est toujours une illusion : une critique exacte doit la reconnaître pour ce qu'elle est ; une morale sévère doit l'apprécier telle qu'elle est. Le jugement de la conscience s'étend à tout. Vraies ou fausses, les traditions les plus respectables, loin de fonder la morale, sont soumises à son contrôle.

Il faut même avouer que ce contrôle, quand il s'exerce avec précision, sur des faits authentiques et bien connus, est le plus souvent défavorable au passé. Les légendes, non seulement de l'âge d'or mais du « bon vieux temps », s'évanouissent avec les progrès de la science historique. Elles ne trouvent encore créance que lorsqu'on les transporte dans un passé indéterminé, où l'imagination peut plus aisément, sans craindre la contradiction, se représenter la perfection de la sagesse et de la vertu. En réalité, c'est notre idéal moral, l'idéal d'aujourd'hui que nous projetons ainsi dans le lointain des âges. Nous pouvons y gagner de faire un effort plus sérieux pour le concevoir d'une façon désintéressée et impersonnelle ; mais ce n'est point à l'autorité de la tradition, c'est à la lumière actuelle de la raison qu'il emprunte sa véritable valeur.

VI

Les mêmes remarques s'appliquent aux institutions civiles et politiques et aux dogmes religieux. Ce peut être une force pour la conscience de se sentir d'accord avec ces institutions ou ces dogmes ; mais le citoyen le plus respectueux des lois de son pays, le fidèle le plus soumis aux décisions de son église garde le droit de juger, au nom de la morale, toute autorité humaine ou divine. Ce droit s'est exercé dans tous les temps et il a toujours été explicitement ou implicitement reconnu par ceux mêmes contre lesquels il était revendiqué. Des despotes ont pu dire :

Sic volo, sic jubeo, sit pro ratione voluntas;

mais ce refus même de donner des raisons est une réponse anticipée à une demande de justification, que l'on prétend réduire au silence et dont on reconnait par là même, non seulement la possibilité, mais la légitimité, dans l'asile impénétrable de la conscience.

Je ne prends point pour juge un peuple téméraire,

dit l'Athalie de Racine; mais elle ajoute aussitôt :

Le ciel même a pris soin de me justifier,

et elle expose longuement toutes les preuves de cette justification céleste. L'autorité religieuse s'attribue l'infaillibilité; mais elle ne croit pas qu'il suffise de dire : *Roma locuta est*; elle raisonne avec les fidèles, elle discute avec les infidèles et ses meilleurs arguments sont toujours ceux qu'elle emprunte à la morale. Quand elle s'efforce ainsi d'établir la haute moralité de ses dogmes et l'immoralité des dogmes contraires, elle se subordonne, par un aveu implicite, à une loi morale dont elle ne peut s'empêcher de reconnaître la pleine indépendance.

Dans ses protestations contre les abus de l'autorité civile ou de l'autorité religieuse, la conscience aime à opposer le texte même des lois aux actes arbitraires de ceux qui sont chargés de les appliquer, la lettre ou l'esprit des dogmes aux interprétations qui tendent à les fausser. L'argument sera souvent légitime, souvent aussi il ne sera que l'effet de la même illusion qui transporte dans le passé l'idéal moral du présent. L'Antigone de Sophocle invoque contre un édit sacrilège les vieilles divinités de la Grèce; elle n'obéit au fond qu'à son idéal de piété fraternelle. Une conscience timide et qui se défie d'elle-même se sent plus à l'aise quand ses révoltes mêmes lui apparaissent comme un acte de soumission envers les lois humaines ou les lois divines. Ici encore l'illusion est respectable et elle peut être salutaire, mais il n'en faut pas méconnaître la véritable nature. Elle manifeste, dans son effort même pour la voiler, l'indépendance de la loi morale à l'égard de toute autre loi.

VII

Les principes métaphysiques relèvent de la morale, comme les dogmes religieux et les institutions civiles. La morale n'est donc pas moins indépendante à leur égard qu'à l'égard de tout le reste. Son indépendance, dans cet ordre d'idées, n'a pas besoin d'être démontrée pour ceux qui rejettent absolument toute intervention de la métaphysique dans la morale; mais n'a-t-elle pas l'apparence d'un paradoxe quand on proclame avec Kant la nécessité d'une « métaphysique des mœurs »? Toute la morale de Kant repose sur ce paradoxe et, sans nous prononcer pour le moment sur le fond même de la doctrine à laquelle il sert de base, nous croyons qu'il peut se justifier par des raisons décisives.

La « métaphysique des mœurs », dans le système de Kant, n'est pas un emprunt à une métaphysique antérieure et extérieure; elle sort de l'analyse même des idées morales. La raison pure n'a pu atteindre à aucune vérité objective dans l'ordre spéculatif : elle s'élève dans l'ordre pratique aux vérités morales et, par les vérités morales, aux vérités métaphysiques. La morale crée donc sa métaphysique et, en se donnant une telle base, elle garde son indépendance.

On sait quels sont les « postulats » métaphysiques de la morale de Kant : c'est l'unité personnelle du moi, c'est la liberté, c'est la vie future et l'immortalité de l'âme; c'est enfin une justice suprême et infaillible qui peut seule réaliser le souverain bien. Nous avons rencontré déjà les deux premières idées quand nous avons considéré les rapports de la morale avec la psychologie rationnelle. Quand la morale, à tort ou à raison, croit avoir besoin de l'unité personnelle et de la liberté, elle ne s'embarrasse pas des arguments de fait ou de raison qui peuvent être allégués en faveur de ces deux principes ou qui peuvent leur être opposés, elle n'a besoin, pour les affirmer, que de preuves toutes morales ; il suffit qu'elle les reconnaisse pour des éléments essentiels et des conditions nécessaires de son idéal. Or l'idéal moral garderait pour la conscience toute sa valeur, alors même qu'il n'aurait jamais été et qu'il ne pourrait jamais être réalisé. Il gardera aussi son intérêt pratique, si la réalité, sans le reproduire complètement, peut seulement s'en approcher. Les aliénistes ont cru observer des cas où la personnalité se dédouble, où l'unité du moi paraît entièrement rompue. Dans ces cas exceptionnels, tous les moralistes admettront qu'il n'y a pas de place pour la responsabilité morale. En dehors de ce dédoublement absolu, tout le monde reconnaît qu'une certaine unité personnelle se manifeste à des degrés divers dans la vie consciente. Le moraliste pratique et le criminaliste apprécieront à quel degré elle se rapproche suffisamment de son idéal métaphysique pour donner lieu à une responsabilité effective. Ils procèderont à la façon des mathématiques appliquées, où l'on n'exige pas la réalisation parfaite de la figure géométrique, mais seulement sa reproduction approximative.

La question est la même pour la liberté. Il entre dans les actions humaines trop d'éléments de toute nature pour que la liberté y soit jamais entière ; mais il y a une infinité de degrés entre l'absence de toute liberté et son idéal métaphysique. L'appréciation du degré de liberté que peut réclamer la responsabilité morale est exposée aux plus redoutables erreurs ; mais ces erreurs mêmes ne sauraient infirmer le principe, pas plus que les erreurs dans l'application des théorèmes de la géométrie ou des formules algébriques ne portent atteinte à la vérité idéale des mathématiques.

L'idée de la vie future ne demande aux faits aucune confirmation, même approximative. Elle est purement et exclusivement d'ordre rationnel. Elle a sa place en métaphysique au nom de divers arguments, dont les uns sont empruntés à la métaphysique elle-même et les autres à la morale. C'est par ces derniers seuls qu'elle peut intervenir dans la morale. Elle y est appelée pour donner sa consécration suprême à notre idéal de justice. La conscience ne s'y attache que par un besoin tout moral. Non seulement la satisfaction de ce besoin ne dépend d'aucune considération étrangère à la morale elle-même, mais la conscience resterait indifférente à une immortalité toute métaphysique, où son idéal propre n'aurait aucune part, et elle repousserait une immortalité qui n'aurait pour effet que de perpétuer, en les aggravant, les iniquités de la vie présente.

La morale se fait enfin son Dieu, et elle l'oppose à toute autre idée de Dieu qui peut servir de base à un système métaphysique ou à un dogme religieux. Toutes les démonstrations de l'existence de Dieu, comme toutes les démonstrations des autres vérités métaphysiques, comprennent des preuves morales. Cet ordre de preuves importe seul à la morale ; il est, pour la morale, supérieur à tous les autres, car tous les autres sont soumis à son contrôle ; il assure à la morale, lorsqu'elle en fait usage, sa complète indépendance sur ce terrain même de la métaphysique religieuse où il lui donne le droit d'intervenir. Le Dieu de la morale est la réalisation parfaite et absolue de l'idéal moral, il n'a pas besoin d'une autre définition pour que l'âme religieuse reporte sur lui tous les sentiments de soumission et de respect, de confiance et d'amour qu'elle associe naturellement aux idées de bonté et de justice. Le Dieu de la métaphysique ou de la religion ne satisfait l'âme que s'il est en même temps le Dieu de la morale. Une morale étroite et grossière peut sans doute refuser de reconnaître pour sien le Dieu supérieur que lui révèle une métaphysique profonde ou une religion digne de ce nom ; le progrès métaphysique et religieux ne peut se réaliser que s'il est en rapport avec le progrès moral ; mais c'est le dernier qui est la condition du premier; il faut élever le niveau moral des âmes pour les arracher à leurs faux dieux. Toutes les grandes religions ont dû le succès de leur prosélytisme à la supériorité de leur idéal moral (1). Le dernier mot dans les questions religieuses, comme dans toutes les autres questions, appartient donc toujours à la morale, et l'idéal moral, lors même qu'il s'approprie des principes métaphysiques, ne relève jamais que de lui-même.

VIII

Quelles conséquences faut-il tirer de cette indépendance absolue de la morale, telle que nous avons cherché à la définir? Si la loi morale, dans son principe propre, est complètement indépendante de toute conception métaphysique, comme de tout fait psychologique ou historique, elle ne peut être qu'une loi formelle, à la façon des lois mathématiques, c'est-à-dire une loi qui puise toute sa valeur dans la forme même sous laquelle elle est conçue, quel que soit son contenu et quels que soient, d'autre part, les êtres qui l'appliquent ou à qui elle s'applique. Quand je dis que 2 et 2 font 4, la proposition est vraie, non pas parce qu'il s'agit des nombres 2 et 4, mais parce qu'elle exprime une identité logique, résultant de la définition même de certains termes. De même quand je dis qu'il ne faut pas s'approprier un dépôt, j'énonce un précepte moral, non parce qu'il s'agit de tel objet confié par telle personne à telle autre personne, mais parce que je conçois nécessairement, entre les termes du précepte, un rapport idéal universellement obligatoire. C'est l'honneur de Kant d'avoir le premier clairement reconnu et rigoureusement établi le caractère formel de la loi morale. On peut

(1) C'est un fait qui a été parfaitement mis en lumière par le docteur Kuenen, professeur à l'Université de Leyde, dans cinq lectures qu'il a faites à Londres et à Oxford en 1882 et qui ont été traduites en français par M. Maurice Vernes, sous le titre suivant : *Religion nationale et religion universelle : Islam, Israélitisme, Judaïsme et Christianisme, Buddhisme.* Paris, Ernest Leroux, 1884.

contester ses définitions et ses déductions. On peut lui reprocher des formules trop étroites, des postulats trop facilement acceptés, une méconnaissance trop fréquente de l'expérience et de la réalité positive, dont l'intervention est nécessaire, sinon pour fonder la morale, du moins pour lui donner tous les développements qu'elle réclame dans l'ordre spéculatif et dans l'ordre pratique ; mais quelque jugement qu'on doive porter sur tel ou tel point de sa morale, le principe en est incontestable. La morale philosophique n'assurera tout ensemble son indépendance et son autorité qu'en se maintenant résolument dans la voie qu'il lui a tracée.

CHAPITRE II

L'IMPÉRATIF CATÉGORIQUE

Définition générale des principes formels. — Loi formelle de la morale. — Accord de la loi formelle avec le témoignage de la conscience : les trois formules de Kant. — La loi morale et le devoir. — Le mobile propre du devoir : le respect de la loi. — Fondement de l'obligation : l'autonomie de la volonté. — Justification de cette théorie.

I

L'établissement d'une morale formelle est la partie la plus solide de la philosophie kantienne ; mais il faut y dégager les principes vraiment formels d'un certain nombre de principes d'un autre ordre, que Kant y a mêlés pour essayer de mettre d'accord son dogmatisme pratique et son scepticisme spéculatif. M. Fouillée lui reproche avec raison cette confusion de principes hétérogènes, qui a le double tort de pécher contre la logique et de manquer son but ; car elle laisse subsister tout entière la contradiction des deux *Critiques*. La morale formelle, telle que Kant l'a conçue, est la loi universelle de toute volonté. Elle est donc indépendante des conditions particulières dans lesquelles se meut la volonté propre de l'homme ; elle n'a rien à voir, dans son essence propre, avec la distinction chez l'homme du « phénomène » et du « noumène », en supposant que cette distinction ait quelque fondement ; elle doit pouvoir se déduire tout entière de la définition d'une volonté, en la même façon que les théorèmes de la géométrie se déduisent de la définition des figures auxquelles ils s'appliquent. Il y aura lieu sans doute de se demander dans quelles conditions la morale formelle peut devenir la morale pratique de l'homme, la loi de la vie réelle et concrète pour les individus et pour les sociétés ; mais, considérée en elle-même, la morale formelle ne dépend en rien de la solution de cette question, de même que les mathématiques pures ne dépendent en rien des applications qu'elles peuvent recevoir, soit dans les sciences expérimentales, soit dans les arts mécaniques. Kant a négligé, dans la *Critique de la raison pratique*, cette question du passage de l'ordre idéal à l'ordre réel, qui tient une si grande place dans la *Critique de la raison spéculative*, ou plutôt il se hâte de supposer, sans en donner aucune preuve, qu'elle doit être résolue dans un sens dogmatique, après avoir accumulé, dans son premier ouvrage, les arguments les plus pressants pour la résoudre dans un sens sceptique. La contradiction est manifeste et nous ne songeons ni à la dissimuler ni à l'atténuer ; mais, nous le répétons, elle n'infirme en rien la valeur des principes formels de la morale kantienne.

M. Fouillée reconnaît que la doctrine d'une morale formelle « est logique et même la seule logique » ; mais il ajoute que « le formalisme pur n'est pas moins difficile à admettre quand on ne veut pas obéir pour obéir, se prosterner pour se prosterner devant une loi dont on ignore l'origine, le but et la valeur intrinsèque ». Il y a ici une confusion entre la morale formelle et le formalisme. La morale formelle est un ensemble de conceptions qui, au point de vue spéculatif, puisent en elles-mêmes toute leur valeur et qui, au point de vue pratique, s'appliquent à la vie réelle dans la mesure où la vie réelle elle-même leur est conforme. Elle offre, sous ce double rapport, une complète analogie avec les mathématiques. Le formalisme n'est qu'une application immodérée de la morale formelle. C'est la prétention de ramener à des formules abstraites les faits de la vie réelle, sans tenir compte de leurs conditions d'existence et de la complexité de leurs éléments. On peut abuser des formules mathématiques comme des formules morales ; mais l'abus dans les deux cas ne prouve rien, soit contre la valeur théorique, soit même contre la valeur pratique des principes formels.

Les principes formels ont, dans les mathématiques, plusieurs avantages qu'ils ne retrouvent pas dans la morale. Les formules mathématiques sont attachées à des figures ou à des notations, qui les fixent aisément dans les esprits. Elles reposent sur des définitions verbales, qui ne donnent prise à aucune équivoque. Elles sont confirmées par des expériences constantes ; et la possibilité de les appliquer aux faits de l'ordre réel ne peut être l'objet d'aucun doute. Les conceptions formelles de la morale n'ont point de notations spéciales. Elles empruntent au langage ordinaire des mots mal définis, qui reçoivent les significations les plus diverses et qui donnent lieu à de perpétuelles équivoques. Elles ne peuvent enfin invoquer l'expérience, puisqu'elles régissent, non ce qui est, mais ce qui doit être. Elles peuvent seulement demander à l'expérience les conditions dans lesquelles elles sont susceptibles d'une application pratique et elles peuvent trouver une confirmation indirecte dans leur accord, sinon avec les actions humaines, du moins avec les idées morales généralement reçues.

Ces désavantages des principes formels en morale ne sont pas une raison de les rejeter ; mais ils rendent plus nécessaire la détermination exacte et précise des caractères généraux qui, dans tous les ordres de connaissances, sont propres à de tels principes.

Les principes formels sont des idées abstraites ; mais ils n'embrassent pas toutes les idées abstraites ; ils ne comprennent que celles qui peuvent se concevoir indépendamment de toute condition d'existence pour leurs objets. Les propriétés géométriques et les propriétés physiques des corps sont également l'objet d'idées abstraites, mais les premières seules sont l'objet d'idées formelles. Je me fais une idée parfaitement nette des lignes, des surfaces et des solides, et je puis déduire rigoureusement de leurs définitions toutes leurs propriétés sans avoir besoin de considérer les conditions nécessaires pour leur réalisation matérielle. Je ne puis, au contraire, concevoir exactement la pesanteur, la chaleur, la couleur que dans des corps réellement existants et sous la double condition des causes objectives qui sont nécessaires pour les produire et des causes subjectives qui sont nécessaires pour les percevoir.

Les principes formels sont des conceptions idéales ; mais l'idéal formel est loin d'embrasser tout ce qu'exprime le nom d'idéal. Dans les démonstrations de la physique élémentaire, on se représente le type de la machine à vapeur réduit à sa plus simple expression, c'est-à-dire un piston se mouvant dans un cylindre, où ses deux faces sont alternativement soumises à l'action d'un jet de vapeur. C'est l'idéal formel, mais ce n'est pas l'idéal complet d'une machine à vapeur. L'idéal, dans la plus haute acception, c'est, pour chaque objet, toute la perfection possible. Il suppose la conception approfondie de tous les moyens d'exécution, de toutes les conditions à remplir, de tous les obstacles à écarter ; il se développe avec tous les progrès de la science, de l'industrie et de l'art; il ne saurait en être le point de départ.

Les principes formels sont, enfin, des conceptions absolues; mais ils ne se rapportent qu'à la signification la plus simple et la moins contestable de ce nom d'absolu. Ils ne dépendent en rien de l'absolu métaphysique ; ils n'expriment que l'absolu logique, c'est-à-dire des conceptions telles que leur contraire soit non seulement impossible, mais inconcevable. Telles sont les conceptions mathématiques ; tels doivent être les principes formels de la morale.

II

Nous pouvons, maintenant, après ces éclaircissements nécessaires, emprunter à la doctrine de Kant tout ce qui rentre proprement et exclusivement dans la morale formelle.

Pour concevoir la loi morale, il suffit, suivant Kant, de se faire l'idée d'une volonté. Il n'y a, en effet, qu'une volonté qui puisse agir par devoir ; tout le reste obéit aveuglément et fatalement aux lois de la nature. Or, qu'est-ce qu'une volonté dans le système de Kant ? C'est la faculté que possède un être, ou bien de produire des objets conformes à ses représentations, ou de se déterminer soi-même à la production de tels objets (1). En termes plus clairs, c'est la faculté de se déterminer, en se représentant certaines raisons d'agir. La volonté, ainsi définie, n'appartient pas seulement à l'homme, mais à tout être raisonnable ; il n'est donc pas nécessaire d'observer la nature humaine pour s'en faire une idée pure (2).

Ces raisons d'agir, auxquelles se soumet la volonté, sont des *principes* ou des *maximes*. Kant donne le nom de principes aux raisons qui peuvent se représenter en elles-mêmes, comme pouvant déterminer toute volonté, et celui de maximes à celles que chacun conçoit simplement, comme pouvant exercer une certaine influence sur sa volonté personnelle : le devoir a des principes, la prudence a des maximes (3).

On peut sans doute concevoir un être dont la volonté, en vertu de sa perfection même, soit invariablement déterminée par certains principes ; mais on conçoit aussi des êtres moins parfaits qui, sollicités en sens divers par des maximes ou des principes opposés, ne cèderont aux raisons qui les font agir que si elles font violence aux autres motifs. Ces raisons se présentent alors sous la forme de commandements ou, pour employer le langage de Kant, elles deviennent des *impératifs* (4).

Kant distingue trois impératifs : le premier exprime une nécessité relative à un but particulier, qu'on peut poursuivre ou négliger, comme, par exemple, la nécessité d'étudier le droit pour exercer la profession d'avocat ; le second se rapporte à un but nécessaire pour tout être intelligent et

(1) *Critique de la raison pratique*, traduction Barni, p. 147.— Dans toutes nos citations de Kant, nous suivrons la traduction de M. Barni.
(2) *Fondements de la métaphysique des mœurs*, p. 9.
(3) *Critique*, p. 354.
(4) *Fondements*, p. 54.

sensible : le bonheur ; enfin le troisième est conçu en lui-même, indépendamment de toute espèce de but, comme la loi nécessaire d'un être raisonnable. Les deux premiers, subordonnés à un but, sont des *impératifs hypothétiques* ; le troisième est l'*impératif catégorique* (1).

L'impératif hypothétique, en agissant sur la volonté, ne lui apparaît jamais comme un principe absolument nécessaire. En effet, lors même qu'il se rapporte au bonheur, c'est sans doute un but que toute volonté poursuit et ne peut pas ne pas poursuivre ; mais chacun l'entend à sa façon et on peut y tendre par des moyens divers. Cet impératif n'est donc dans tous les cas qu'un simple conseil et il puise toute sa force dans les maximes particulières que s'est proposées chaque individu.

L'impératif catégorique est l'expression d'une loi absolue, universelle, invariable, qu'une volonté parfaite suivrait nécessairement, mais qui, pour une volonté imparfaite et partagée entre plusieurs motifs, ne triomphe qu'après une lutte intérieure et une sorte de contrainte exercée sur les penchants opposés ; en un mot, ce n'est plus un conseil, mais une *obligation* (2).

Qu'est-ce donc que l'obligation? C'est un commandement absolu, qui impose à la volonté une loi nécessaire et universelle (3). Cette loi est la *loi morale* ; les actions qu'elle embrasse prennent le nom de *devoirs* et l'impératif qui en ordonne l'observation est appelé par Kant *l'impératif de la moralité*, tandis que les autres ne sont que les *impératifs de la prudence*.

L'impératif de la moralité, s'imposant à la volonté comme une loi inhérente à sa nature même et absolument indépendante de tout objet étranger, a seul le caractère d'un principe formel.

(1) *Fondements*, p. 47, et suiv.
(2) *Ibid.*, p. 51 ; *Critique*, p. 177.
(3) Les termes de cette définition ne sont pas de Kant, mais nous croyons qu'ils expriment fidèlement sa théorie.

III

On peut remarquer que ces définitions et ces distinctions, quelle qu'en soit l'exactitude, ne se rapportent qu'à l'objet formel de l'obligation, mais n'expliquent encore ni la véritable nature, ni l'origine du principe obligatoire. Kant s'est fait l'idée d'une volonté; il s'est représenté des volontés imparfaites n'obéissant qu'à des impératifs ; il a conçu parmi ces impératifs un commandement absolu, indépendant de toute condition ; mais il n'a pas justifié la valeur morale qu'il attribue à ce commandement. Nous réserverons, comme il l'a fait lui-même, cette question capitale, dont la solution paraîtra peut-être plus facile, lorsque nous aurons recherché jusqu'à quel point sa construction idéale répond aux conditions réelles de la vie humaine et aux idées morales qu'y attache notre conscience.

Les définitions formelles de Kant s'appliquent sans contredit aux idées que nous nous faisons de notre volonté et de nos devoirs. Nous ne donnons le nom de volonté qu'à la faculté de nous déterminer d'après des motifs et celui de devoir qu'à un motif impérieux, dont nous reconnaissons la nécessité, universelle et invariable, pour toute volonté, dans des circonstances identiques. Nos penchants, nos désirs, les affections variables de notre sensibilité ne nous apparaissent point comme des devoirs. Nos sentiments les plus élevés, l'amour du bien, l'amour de la vérité, l'amour de Dieu, ne contiennent pas en eux-mêmes l'idée d'obligation. Que j'aime ou non la vertu, je n'en dois pas moins être vertueux. D'un autre côté, l'action la plus noble, la plus admirable, s'il ne s'y joint pas l'idée d'un commandement qui l'impose à la volonté, n'aura pas proprement le caractère d'un devoir. Ce sera une *belle* action, ce ne sera pas une action obligatoire. Il faut un commandement pour créer le devoir ; mais ce commandement ne peut avoir rien d'arbitraire : il puise sa valeur en lui-même. Lorsque j'agis en vue de quelque but, je ne crois faire mon devoir que si ce but lui-même est obligatoire et s'il n'y a pas d'autre moyen de l'atteindre : la fin ne justifie pas les moyens. Or, parmi les fins que je puis poursuivre, il en est une qui m'attire sans cesse : c'est mon intérêt personnel, c'est la satisfaction de mes désirs, en un mot c'est mon bonheur. Mais, lors même que j'en ferais l'unique mobile de mes actions, je n'y verrais pas un mobile obligatoire ; en dérogeant à ce mobile, je ne croirais pas manquer à mon devoir. Je puis aussi chercher dans l'intérêt de mes semblables la fin de mes actions ; mais si je ne me propose que de leur être agréable ou utile, si je ne reconnais pas que je fais une chose absolument bonne en respectant leurs droits ou en leur rendant service, je n'agis pas encore par devoir. Quelles sont donc les seules actions que je considère comme obligatoires ? Ce sont celles que j'accomplis pour elles-mêmes, qui ne sont subordonnées à aucun but extérieur et dont la valeur morale est indépendante de leurs conséquences. Une puissance arbitraire peut forcer ma soumission ; mais si je lui cède par contrainte, par intérêt, par une aveugle docilité, si je n'ai pas, pour lui obéir, un motif qui vaille par lui-même, indépendamment des actes particuliers qu'elle prétend m'imposer, mon obéissance ne revêt à aucun titre le caractère d'un devoir.

Kant a cherché à déterminer les conditions nécessaires de toutes les actions qu'embrasse la loi morale et que nous sommes obligés d'accomplir. Il a reconnu d'abord qu'elles doivent être conformes à la raison, en entendant par ce nom la faculté de concevoir quelque chose d'absolu. Il ne s'agit ici d'ailleurs que de l'absolu logique ou formel, tel que nous l'avons défini. Tel est l'absolu des vérités géométriques, tel est aussi l'absolu de la loi morale, si elle tire d'elle-même toute sa valeur. C'est donc à la raison seule qu'il faut demander l'idée première de tout devoir.

Kant a donné trois formules pour apprécier, à la lumière de la raison pure, les actes qui sont l'objet de l'obligation morale. Elles se déduisent rigoureusement de la définition de l'impératif catégorique.

Si nos devoirs ne dépendent d'aucun but, d'aucune condition particulière, ils sont les mêmes pour tous les hommes, dans les mêmes circonstances. De là la première formule de Kant : « Agis toujours d'après une maxime telle que tu puisses vouloir qu'elle soit une loi universelle (1). »

Quand la volonté accomplit la loi morale, elle se soustrait à l'empire de tous les objets extérieurs, pour ne se déterminer que d'après des principes absolus. Elle ne trouve donc pas sa fin au dehors, mais en elle-même ; elle devient, suivant l'expression de Kant, une *fin en soi*; la traiter autrement, soit en nous-mêmes, soit chez nos semblables, s'en servir comme d'un instrument pour atteindre un but quelconque, c'est méconnaître l'universalité de la loi, c'est outrager le devoir. De là cette nouvelle formule : « Agis de telle sorte que tu traites toujours l'humanité, soit dans ta personne, soit dans celle d'autrui, comme une fin, et que tu ne t'en serves jamais comme d'un moyen (2). »

En cessant d'être asservie aux lois fatales de la nature dans ses déterminations morales, en devenant une fin en soi, la volonté entre en possession d'elle-même, elle est, en un mot, *autonome*; en se laissant entraîner, au contraire, par les motifs étrangers à la moralité, elle se met au service des différents buts qu'elle poursuit, elle trouve sa loi hors d'elle-même, en un mot elle est *hétéronome*. L'autonomie de la volonté, telle est donc l'objet propre de la loi morale ; l'hétéronomie, celui des motifs empiriques (3). Or l'autonomie n'est autre que la liberté dans son plein et entier exercice. En obéissant à la loi, on devient maître de soi, on fait acte de liberté, et l'obligation morale, dans la contrainte qu'elle exerce sur nos penchants et sur nos passions, ne fait que nous affranchir. En possession de son autonomie, repoussant toute maxime qui l'assujettit au monde extérieur, la volonté se dicte à elle-même la loi qui l'oblige ; elle oppose cette loi aux passions qui la sollicitent, à tous les maîtres extérieurs

(1) *Fondements*, p. 58.
(2) *Ibid.*, p. 71.
(3) *Ibid.*, p. 77.

qui prétendent usurper sur elle. C'est donc elle-même, quand elle est vraiment libre, qui veut nécessairement s'obliger à certains actes ; dans son empire sur elle-même, elle est sa propre législatrice. Si elle était parfaite, elle ne voudrait que sa loi et toutes ses déterminations exprimeraient des principes nécessaires. Mais si sa nature imparfaite la soumet constamment à des influences diverses, si elle cède tantôt au devoir, tantôt à la passion ou à l'intérêt, comment reconnaîtra-t-on, parmi tant de résolutions contraires, celle qui est vraiment une loi, celle que l'homme s'impose à lui-même comme un principe obligatoire ? Il faut se rappeler le caractère universel que doit avoir la loi morale. Toute détermination qui présente ce caractère est une loi absolue que s'impose une volonté vraiment libre et qu'elle pourrait imposer à tous les êtres raisonnables. Une volonté autonome n'est donc pas seulement sa propre législatrice, mais une législatrice universelle. Cette idée d'une volonté considérée comme législatrice universelle, dans son empire sur elle-même, est la troisième formule à laquelle Kant ramène le principe moral (1).

Il n'entre pas dans notre plan d'exposer la théorie ingénieuse que Kant rattache à cette formule : l'idée d'un royaume ou d'un règne des fins, dans lequel toutes les volontés, échappant à l'influence des motifs particuliers qui les assujettissent à des buts étrangers, deviendraient réellement, en fait comme en droit, des *fins en soi*, trouveraient en elles-mêmes leur propre loi ; et seraient ainsi tout ensemble sujettes et législatrices (2). Il est inutile d'ailleurs d'insister sur la grandeur des maximes qui servent de base à cette théorie et qui nous donnent une si haute idée de la destinée humaine. Ce ne sont sans doute que des maximes abstraites, qui ne suffiraient pas dans la pratique pour éclairer et pour résoudre tous les cas de conscience. Les principes formels, dans aucune science, ne peuvent embrasser,

(1) *Fondements*, p. 74.
(2) *Ibid.*, p. 77.

dans toute leur complexité, tous les ordres de faits auxquels ils s'appliquent. Ils remplissent toute leur fonction, au point de vue spéculatif et au point de vue pratique, quand les idées qu'ils expriment n'offrent en elles-mêmes rien de contradictoire et, dans leur application, rien de chimérique ou d'irréalisable. Tel est le mérite des principes mathématiques ; on ne saurait contester un mérite semblable aux premiers principes que nous avons empruntés jusqu'à présent à la morale formelle de Kant.

IV

Ces principes, comme nous l'avons reconnu, ne nous donnent pas encore d'une façon directe et précise le fondement même de l'obligation. La loi morale, telle que Kant l'a définie, embrasse toutes les actions qui sont accomplies pour elles-mêmes et non en vue de quelque but extérieur. Quand ces actions nous sont commandées, elles sont pour nous des devoirs ; mais elles ne seraient pas moins bonnes, elles ne satisferaient pas moins la raison, si elles n'étaient l'objet d'aucune obligation. Il en est de la loi naturelle comme des lois civiles : tant qu'elles ne sont pas promulguées, nul n'est obligé de les observer ; mais elles ne sont pour cela ni moins sages ni moins justes et un honnête homme y conforme sa conduite avant que le législateur lui en fasse un devoir.

L'excellence de la loi morale est indépendante de son caractère obligatoire. Les formules de Kant s'appliquent à Dieu comme à l'homme, quoique l'obligation, d'après ses principes mêmes, soit étrangère à la nature divine. L'être parfait n'a point à choisir entre divers motifs ; il ne dépend que de lui-même ; il agit toujours avec une entière liberté et ses décisions sont une loi pour toutes les volontés aussi bien que pour la sienne. Rien ne lui est commandé, rien ne s'impose à lui comme un ordre qui exige son obéissance ; mais, dans cette pleine indépendance, il ne suit que des maximes raisonnables : se soumettre à d'autres maximes, ce serait cesser d'être lui-même. Il n'agit donc jamais que d'après des principes absolus ; il est à lui-même sa propre fin, il est parfaitement maître de lui-même ; en un mot, il réalise éternellement la loi morale, sans qu'elle soit pour lui l'objet d'un commandement, d'une obligation.

L'homme aussi observe quelquefois la loi morale sans qu'elle ait à ses yeux un caractère obligatoire. Il peut se rendre maître de lui-même, s'affranchir du joug des passions et des objets qui les font naître et ne s'assujettir qu'à des maximes raisonnables par la seule impulsion d'une heureuse nature, sans penser aux devoirs qu'il accomplit et sans même se renfermer dans les limites du simple devoir. Les actes de dévouement, que nous admirons d'autant plus qu'ils n'ont rien d'obligatoire, ne rentrent-ils pas parfaitement dans les formules de Kant? Ne sont-ce pas des actes que l'on accomplit pour eux-mêmes et qu'on ne peut accomplir sans une entière liberté ? Ils sont donc compris dans la loi morale, aussi bien que les simples devoirs, auxquels ils sont infiniment supérieurs.

Kant lui-même a développé l'idée d'une volonté sainte, se conformant dans tous ses actes à des principes absolus, sans qu'elle se sente obligée de les suivre. C'est l'idéal évangélique, dont le premier précepte est d'adorer Dieu par-dessus tout et son prochain comme soi-même. L'amour est un sentiment qui ne peut être commandé ; mais, dans l'état de sainteté, l'amour de Dieu et du prochain existe nécessairement et la volonté le prend d'elle-même pour guide. On peut donc le considérer comme la loi d'une volonté parfaite. Le précepte évangélique résume la loi morale, sous la forme qu'elle aurait pour les saints, comme un idéal qu'il propose à l'imitation des hommes, quoique aucune créature ne puisse le réaliser dans toute sa perfection (1).

Kant distingue, en réalité, deux morales : l'une plus restreinte, s'appliquant à une volonté naturellement imparfaite, telle que nous concevons celle de l'homme, et ne lui

(1) *Critique*, p. 263 et suivantes.

présentant que des règles obligatoires ; l'autre plus étendue, s'appliquant à toute volonté, quel que soit son degré de perfection, et embrassant toutes les actions qui ont par elles-mêmes une véritable valeur. Les premières formules conviennent à l'une et à l'autre morale ; elles indiquent les caractères que doivent offrir tous les actes moraux, mais elles ne fournissent aucune lumière pour déterminer parmi ces actes ceux qu'on est strictement obligé d'accomplir.

V

Il faut donc chercher de nouvelles formules. Kant croit trouver un premier principe de détermination dans les mobiles auxquels obéit la volonté, quand elle observe la loi morale. L'observation complète de ces mobiles demande la plus subtile et la plus délicate psychologie ; mais, dans leurs caractères les plus généraux, ils peuvent appartenir à une théorie purement formelle de la volonté.

Les mobiles propres de la moralité sont les sentiments qui intéressent la volonté à l'accomplissement du devoir et qui l'aident à triompher des inclinations opposées. De tels mobiles n'existent pas pour une volonté parfaite, qui n'a jamais à choisir, après une lutte intérieure, entre des principes différents ; mais ils sont nécessaires pour une volonté imparfaite, qui ne peut vaincre les passions sans leur opposer des sentiments contraires. Telle est, en effet, la nature de la sensibilité, qu'on ne peut agir sur elle, sans qu'elle ressente aussitôt des mouvements de peine ou de plaisir. Les sentiments particuliers, créés par l'action de la loi morale, ne sont point, comme l'ont voulu quelques philosophes, les principes mêmes qui doivent diriger notre conduite. Nos plus nobles inclinations n'échappent pas à la nature variable de la sensibilité ; elles ne contiennent tout au plus que des maximes personnelles, qui puisent toute leur force dans le principe absolu auquel elles doivent leur origine. Le devoir seul réclame notre obéissance, soit qu'il agisse directement sur notre volonté, soit qu'il nous sollicite par les sentiments qu'il suscite dans notre âme ; ces sentiments sont des auxiliaires qu'il se donne à lui-même, mais ils n'ajoutent rien à son autorité souveraine.

Le premier sentiment, suivant Kant, que la loi morale fait naître en nous, pour combattre nos inclinations, est nécessairement un sentiment pénible. Nous souffrons de la violence que notre devoir fait à nos penchants ; Kant va jusqu'à dire que cette violence nous humilie. Le propre de l'amour de soi est d'inspirer de la présomption, de glorifier à ses propres yeux celui chez qui il domine. Or, le devoir n'a pas de plus dangereux ennemi que l'amour de soi et il ne peut se rendre maître de la volonté sans réduire au silence ce dangereux adversaire. Notre orgueil est donc humilié par le triomphe de la loi morale, par la soumission qu'elle exige. Tel est, pour la sensibilité, l'effet pénible et négatif que produit le principe moral (1) ; mais il produit en même temps un effet positif: le sentiment du respect.

Kant a un peu obscurci l'idée du respect, en voulant en retrancher tout ce qui appartient à la sensibilité ordinaire. Il le définit : « la conscience d'une libre soumission de la volonté à la loi, mais accompagnée pourtant d'une contrainte inévitable, exercée sur nos penchants par notre propre raison (2) ». La conscience est une connaissance et non un sentiment. Or, vainement dépouillera-t-on le respect de tout caractère passionnel ou *pathologique*, pour employer les termes de Kant ; vainement lui assignera-t-on une origine tout intellectuelle, c'est toujours un sentiment. Il eût donc mieux valu le définir : « le sentiment excité par la conscience d'une libre soumission à une loi obligatoire ».

Quoi qu'il en soit, nul n'a mieux reconnu que le philosophe allemand la vraie nature du respect. C'est un sentiment purement moral, que le devoir seul fait naître et qui n'a pour objet que le devoir. Dès que la loi morale fait entendre sa voix, nous éprouvons pour elle ce respect nécessaire ; si nos

(1) *Critique*, p. 249.
(2) *Ibid.*, p. 259 ; *Fondements*, p. 25.

semblables en général nous paraissent respectables, c'est qu'ils sont régis par la même loi; si nous avons pour quelques-uns un respect particulier, c'est qu'ils nous offrent l'exemple de l'accomplissement constant et courageux du devoir. Nous n'avons point de respect pour les choses, qui n'obéissent à aucun principe moral, mais seulement pour les personnes. Chez les personnes elles-mêmes, nous ne respecterons point ce qui est étranger à la moralité: des vues intéressées, poursuivies avec une habileté extrême et couronnées par un éclatant succès, exciteront notre envie et peut-être notre admiration, elles n'obtiendront pas notre respect. Si l'on s'incline devant la supériorité du rang, c'est qu'on y voit, à raison ou à tort, la représentation de la puissance civile et des devoirs dont elle est l'objet, au nom de la loi morale elle-même. La connaissance des vices des grands empêchera souvent de les respecter et, au contraire, « devant l'humble bourgeois, en qui je vois l'honnêteté du caractère portée à un degré que je ne trouve pas en moi-même, mon esprit s'incline, que je le veuille ou non, et si haute que je porte la tête pour lui faire sentir la supériorité de mon rang (1). »

Le respect, ajoute Kant, n'est pas un sentiment de plaisir, car, en nous-mêmes, l'obligation fait souffrir notre amour-propre et, pour les autres, nous ne les respectons souvent qu'en nous faisant une sorte de violence. Ce n'est pas non plus un sentiment de peine : quand nous avons triomphé de notre présomption, nous ne pouvons nous lasser d'admirer la majesté de la loi (2). On pourrait confondre plutôt le respect avec l'admiration ; mais ce dernier sentiment s'applique aux choses comme aux personnes et, chez les personnes elles-mêmes, il a souvent pour objet des qualités brillantes, étrangères à la moralité. Le respect est une disposition d'une nature particulière qui, tout ensemble, nous abaisse et nous élève. Nous ne pouvons contempler le devoir,

(1) *Critique*, p. 253.
(2) *Ibid.*, 254 et 255.

soi en nous-mêmes, soit en autrui, sans y voir une puissance qui nous gêne et nous contrarie ; mais nous y voyons en même temps le signe de notre grandeur réelle, la condition de notre affranchissement. C'est sous l'empire de cette loi sainte que nous nous sentons des personnes et que, nous élevant au-dessus des choses, dont chacun peut disposer à son gré, nous nous attribuons un caractère inviolable. Enfin c'est le respect de la loi qui nous fait sentir la valeur de nos actions et qui nous fait éprouver, quand le devoir les détermine, une satisfaction intérieure, un contentement moral, alors même qu'elles nous coûtent le plus d'efforts et de sacrifices (1).

VI

Ce sentiment de respect, qui s'attache au devoir, contribue sans doute à assurer son action sur la volonté ; mais il n'est pour la loi morale qu'un auxiliaire; il n'apporte, par lui-même, aucune lumière, soit pour déterminer, soit pour expliquer l'obligation. Il faut donc pousser plus loin l'analyse et rechercher avec Kant quel peut être, pour une volonté imparfaite, le principe en vertu duquel la loi morale, dans son ensemble ou dans telle de ses parties, devient obligatoire.

« Devoir ! mot grand et sublime, toi qui n'as rien d'agréable ni de flatteur et qui commandes la soumission sans pourtant employer, pour ébranler la volonté, des menaces propres à exciter naturellement l'aversion et la terreur, mais en te bornant à proposer une loi qui d'elle-même s'introduit dans l'âme et la force au respect (sinon toujours à l'obéissance), et devant laquelle se taisent tous les penchants, quoiqu'ils travaillent sourdement contre elle ; quelle origine est digne de toi ? où trouver la racine de ta noble tige, qui repousse fièrement toute alliance avec les penchants, cette racine où il faut placer la condition indispensable de la valeur que les hommes peuvent se donner à eux-mêmes (2)? »

(1) *Critique*, p. 258 et suivantes.
(2) *Ibid.*, p. 269.

C'est dans ces termes, avec un accent presque lyrique, que le philosophe de Kœnigsberg pose lui-même le problème dont nous lui demandons la solution. La racine de l'obligation ne peut être suivant lui que ce qui élève l'homme au-dessus de lui-même, c'est-à-dire sa personnalité et sa liberté. Pour que l'homme se rende parfaitement libre et qu'il suive en même temps une loi impérative, il faut qu'il s'impose à lui-même cette loi et qu'il force ses passions à se taire devant elle. Il subit donc une contrainte, mais lui-même en est l'auteur, et le joug auquel il soumet ses inclinations fatales n'est qu'un commandement de sa volonté libre. L'obligation ne fait qu'exprimer, dans les conditions qui sont propres à une volonté imparfaite, la forme même de la loi morale. On en comprendra mieux la véritable origine si l'on se rappelle quelles sont, d'après l'analyse que nous en avons donnée, les bases de la morale formelle.

La morale formelle, telle que Kant a cherché à l'établir, se résume tout entière dans l'idée d'une volonté libre.

La volonté libre est à la fois sa propre loi, l'objet même de sa loi, le législateur de qui elle émane.

La loi contenue dans l'idée d'une volonté libre est une loi de la raison. Elle ne dépend d'aucun des mobiles empiriques auxquels la volonté pourrait s'assujettir et dont l'affranchit le plein et pur exercice de sa liberté. Elle se conçoit absolument en elle-même comme une loi nécessaire et universelle : nécessaire, par cela seul qu'elle est indépendante de toute détermination empirique ; universelle, car l'idée d'une volonté libre est la même pour tout être doué de volonté et de raison.

La volonté libre se veut elle-même et ne peut vouloir proprement et directement qu'elle-même. Elle ne veut d'autres objets qu'autant qu'ils lui sont conformes ou qu'ils concourent à la réaliser. Elle se veut dans l'individu qui l'exerce et elle se veut par là même dans tout autre individu raisonnable et libre, puisqu'elle est partout identique à elle-même. Elle est donc nécessairement et universellement son propre objet.

La volonté libre, en se voulant elle-même, s'impose à elle-même sa propre loi par un commandement obligatoire. Elle est la racine même de toute obligation, le principe immédiat de l'*impératif catégorique* ou du *devoir*. Législatrice tout ensemble universelle et personnelle, elle peut seule réaliser les deux conditions qui sont impliquées dans l'idée d'obligation, la nécessité et la liberté : la nécessité dans l'idée même du commandement imposé à la volonté ; la liberté dans l'acceptation et dans l'exécution de ce commandement.

Si la volonté était entièrement libre, toutes ses actions seraient naturellement et d'elles-mêmes conformes à sa loi, puisque sa loi n'est autre que sa liberté. Elle n'aurait donc besoin de se rien commander ; il lui suffirait d'agir pour réaliser pleinement son idéal de liberté. Le commandement, l'obligation suppose la nécessité d'une lutte intérieure, d'une contrainte exercée sur elle-même par une volonté qui n'est pas absolument libre, mais qui veut se rendre libre. L'obligation réside tout entière dans cette violence qu'une volonté imparfaite se fait à elle-même pour assurer sa liberté.

VII

Voila certes une théorie assez étrange et, quoiqu'on y soit préparé par l'analyse de l'obligation, elle dérange singulièrement nos idées sur la nature de la liberté humaine. Le libre arbitre, tel que le définissent à la fois ses partisans et ses adversaires, est la faculté de choisir entre le bien et le mal, entre l'observation du devoir et une transgression coupable. Si l'obligation morale n'est autre chose que la contrainte exercée sur nos penchants par nos libres déterminations, tout acte de volonté est une loi qui nous oblige : je m'impose un égal devoir lorsque je fais taire mon orgueil pour me plier, dans mon intérêt, à des démarches qui n'humilient et lorsque je dompte ce même orgueil pour consentir à l'aveu d'une faute. En vain Kant dira-t-il que la volonté ne s'oblige elle-même qu'en se conformant à une loi universelle, étrangère aux suggestions de l'intérêt : il faut de deux choses l'une, ou qu'elle soit obligée quand même elle ne le voudrait pas, et que devient alors la théorie de Kant ? ou que l'obligation dépende de son libre choix, et c'est elle-même alors qui en est l'arbitre.

D'ailleurs un acte volontaire, par lequel on s'impose à soi-même une règle ou une loi, aura difficilement pour la conscience un caractère obligatoire, à moins qu'on ne suppose un devoir antérieur. Je me fais une loi de ne jamais mentir : je suis obligé de l'observer ; mais pourquoi ? c'est que cette loi existait pour moi avant que ma volonté se la fût imposée. Si je me fais une loi de donner aux malheureux le quart de mes revenus, c'est une résolution arbitraire, que rien ne m'oblige à exécuter et que je puis révoquer à mon gré quoiqu'elle soit essentiellement bonne. On pourrait me reprocher tout au plus ma versatilité ; car c'est un devoir pour tous les hommes de persévérer autant que possible dans leurs bonnes résolutions ; mais, ce devoir, ce n'est pas ma volonté personnelle qui me l'impose.

Les conventions ou les contrats, par lesquels on s'engage à faire certaines actions, qui en elles-mêmes sont indifférentes, ne font point exception à ce principe. C'est un devoir de s'y conformer, parce qu'on est toujours obligé de tenir ses promesses, à moins qu'elles ne soient infirmées par un devoir antérieur ; mais ni le devoir général qui en commande l'observation, ni le devoir particulier qui peut ordonner d'y déroger ne sont créés par la volonté humaine dans l'exercice de son libre arbitre.

On admettra sans doute avec Kant qu'en suivant la loi morale la volonté s'affranchit du joug des passions et qu'elle se rend maîtresse d'elle-même. On admettra même qu'en réglant ses actions d'après le principe du devoir, elle s'impose une loi qu'elle pourrait dicter également à toute volonté raisonnable et qui lui permet de se considérer comme une législatrice universelle. Mais en acceptant cette loi, en se l'imposant, si l'on veut, à elle-même, ne fait-elle pas en réalité acte de soumission à une autorité supérieure, qui continuerait à lui commander quand même elle se réglerait d'après des maximes contraires ? La théorie de Kant semble donc sur ce point tout à fait vicieuse.

Telles sont les objections qui ont été faites dès le premier jour à la théorie de l'obligation dans la morale kantienne et qui viennent d'être renouvelées avec une grande force de logique par M. Fouillée. Ces objections reposent, en grande partie, sur une confusion presque inévitable dans les discussions morales et à laquelle Kant lui-même n'a pas toujours su échapper, entre les divers sens du mot liberté. Il faut, pour bien comprendre cette théorie, s'en tenir exclusivement à un seul sens, celui que l'auteur des *Fondements de la Métaphysique des mœurs* a résumé dans ces définitions : « La liberté de la volonté est une autonomie, c'est-à-dire une propriété qu'a la volonté d'être elle-même une loi (1). » — « Une volonté à laquelle la forme législative des maximes peut seule servir de loi est une volonté libre (2). »

Telle est l'idée que se fait Kant de cette libre volonté dans laquelle il prétend trouver le principe même des devoirs auxquels elle se soumet. Pour éviter toute équivoque, nous écarterons le nom de *liberté* et nous ne conserverons que celui de *volonté autonome*.

L'idée d'une volonté autonome peut évidemment avoir place dans une théorie toute formelle ; car elle n'implique aucune contradiction. La seule question qu'elle puisse soulever est celle de son application à la vie réelle, à la direction pratique des actions humaines. Nous ne possédons pas assurément, et Kant ne songe pas à nous attribuer une volonté parfaitement autonome. Pour une telle volonté il n'y aurait point de lutte à soutenir, point d'obstacles à vaincre et, par conséquent, elle n'aurait ni à recevoir ni à s'imposer à elle-même des commandements, des obligations. L'autonomie dont il s'agit, soit dans la théorie formelle

(1) *Fondements*, p. 79.

(2) *Critique*, p. 171. — Kant entend par la forme législative des maximes leur universalité.

de l'obligation, soit dans ses applications pratiques, est une autonomie imparfaite et intermittente. Elle suppose un dédoublement constant de la volonté, l'opposition dans un même être d'une volonté qui commande et d'une volonté qui tantôt résiste et tantôt obéit, mais dont l'obéissance même ne va presque jamais sans des tentatives plus ou moins prolongées de résistance. Or, la conscience du vulgaire comme celle du philosophe n'a aucune peine à reconnaître en nous ce dédoublement de la volonté :

Mon Dieu, quelle guerre cruelle !
Je trouve deux hommes en moi :
L'un veut que, plein d'amour pour toi,
Mon cœur te soit toujours fidèle ;
L'autre, à tes volontés rebelle,
Se révolte contre ta loi !

Chacun s'écriera, comme Louis XIV, à la lecture des vers de Racine : « Voilà deux hommes que je connais bien ! » Nous sentons en nous une double volonté ; mais reconnaissons-nous, dans la volonté qui commande, dans la volonté du devoir, l'autonomie de la théorie kantienne ? Les deux hommes de Racine et de saint Paul sont également en face d'une volonté extérieure, la volonté de Dieu, à laquelle l'un veut obéir et contre laquelle l'autre se révolte : le premier ne prétend pas plus que le second à l'autonomie de sa propre volonté. — Il n'y prétend pas expressément, mais il l'affirme implicitement par cette libre volonté d'obéir à Dieu qui fait sienne en réalité la loi à laquelle elle se soumet. Dans tous nos jugements moraux, en effet, nous nous reconnaissons d'autant plus maîtres de nous-mêmes que nous agissons par devoir, d'autant plus dépendants que nous agissons par passion. Notre excuse la plus ordinaire, quand « la bonne volonté » n'est pas la plus forte, ce sont les entraînements des passions, c'est la séduction des mobiles de toute sorte qui s'opposent au devoir. Nous voudrions croire et nous cherchons à faire croire que nous n'avons pas été maîtres d'agir autrement. Nous nous représentons ainsi l'acte moral comme une preuve de force et d'indépendance dont nous n'avons pas été capables. Parfois aussi nous renverserons les rôles, nous dédaignerons d'excuser, nous prétendrons justifier, voire même glorifier notre conduite, et tout l'effort de la sophistique morale aura pour objet de transformer notre défaite en une victoire, en un acte d'indépendance. C'est donc toujours dans la possession de soi-même, dans l'autonomie, que nous plaçons l'essence propre de la volonté morale.

Nous la reconnaissons aussi à cet autre caractère auquel Kant a rattaché sa première règle de morale : la volonté qui nous commande, qui nous impose le devoir, est en nous une volonté universelle. Elle veut le même devoir pour tous les hommes, pour tous les êtres raisonnables, et elle continue à le vouloir pour les autres, alors même qu'elle n'a pas la force de le vouloir résolument et victorieusement pour elle-même. Or, par cela seul que c'est une volonté universelle, c'est une volonté qui se place au-dessus de tous les mobiles particuliers et divers auxquels les hommes peuvent obéir ; elle n'accepte pour sa loi que la loi commune de toute volonté, c'est-à-dire une loi d'affranchissement et d'autonomie.

Enfin ce caractère d'indépendance absolue que nous avons reconnu à la loi morale ne peut se trouver que dans une loi formelle. Or, la loi formelle d'une volonté excluant nécessairement toute influence qui lui serait extérieure ne peut se réaliser que dans sa propre autonomie. Dans ce conflit de volontés contraires, qui est toute notre vie morale, le commandement appartient donc à la volonté autonome, à la volonté qui veut se rendre maîtresse d'elle-même ou, en d'autres termes, qui veut être à elle-même sa propre loi.

Ainsi se justifie, au point de vue pratique comme au point de vue spéculatif, la théorie de Kant. L'obligation morale n'existe pour la volonté qu'autant qu'elle se commande à elle-même l'observation d'une loi universelle, qui n'est autre que la réalisation de son idéal d'autonomie (1).

(1) Rien n'est donc moins légitime que de reprocher à la morale formelle de Kant, comme le fait M. Fouillée, de se réduire à un commandement arbitraire et de se renfermer tout entier dans le tyrannique *sic volo, sic jubeo, sit pro ratione voluntas.*

CHAPITRE III

LA THÉORIE DU DEVOIR DANS LES SYSTÈMES PHILOSOPHIQUES.

La raison impersonnelle. — La raison divine. — L'autorité et la tradition. — La volonté divine. — La volonté humaine. — La nature propre de l'homme. — Le principe de la volonté autonome. — Valeur propre de ce dernier principe, ses compléments nécessaires.

I

La doctrine de *l'impératif catégorique*, telle que nous l'avons exposée d'après Kant, en nous efforçant de la dégager de tout ce qui peut la compromettre ou l'obscurcir dans les développements que lui a donnés son auteur, garde encore une apparence si paradoxale qu'il ne suffit pas de la justifier en elle-même ; il faut l'opposer aux autres théories du devoir et montrer qu'elle seule peut rendre compte de la vraie nature de la loi morale et de l'obligation qui s'y attache.

La théorie communément admise parmi les philosophes idéalistes fait de l'obligation un caractère inhérent à la loi morale et de la loi morale elle-même une conception de la raison. En d'autres termes, on définit l'acte moral : l'obéissance à la raison.

« On peut dire avec vérité qu'il faut conformer sa conduite à la droite raison ; mais celui qui n'aurait pas d'autre règle ne serait pas plus avancé que ceux qui demandent quels sont les aliments convenables pour le corps et à qui l'on répond que ce sont les aliments prescrits par la médecine.... Il faut donc définir ce que c'est que la droite raison (1). »

La plupart des moralistes qui prétendent que la raison commande à la volonté et lui impose des devoirs voient dans cette faculté de l'homme une lumière proprement divine, qui n'a rien d'humain ni de personnel. Ils en font un maître intérieur qui règne à la fois dans toutes les âmes, qui assujettit à ses lois toutes nos actions aussi bien que toutes nos pensées et dont nos supérieurs terrestres, suivant l'expression de Malebranche, ne sont que « les vicaires » (2). Ils identifient, en un mot, la raison divine et la raison humaine ou, du moins, ils supposent un commerce intime et une sorte de communication entre l'esprit de l'homme et l'intelligence de Dieu. Il semble, en effet, impossible que la raison ait une autorité souveraine sur les actions de l'homme si elle n'est qu'un des attributs de la nature humaine.

On se fonde sur le caractère universel et nécessaire des idées de la raison pour attribuer la même propriété à la faculté qui les conçoit. C'est confondre les actes de l'esprit avec les objets auxquels ils s'appliquent. Une idée est nécessaire si son objet est nécessaire, de même qu'elle est contingente quand elle représente un objet contingent. L'intelligence ne change pas de nature suivant ses objets, mais ses actes dépendent des choses auxquelles ils se rapportent, ils sont déterminés par elles et portent l'empreinte de leurs caractères. Pourquoi certaines idées se trouvent-elles dans toutes les intelligences? C'est que leur objet est présent à toutes les intelligences : cela prouve l'immensité de l'objet, non celle de l'esprit qui le connaît.

La raison est infaillible, dit Malebranche : « C'est une impiété que de dire que cette raison universelle, à laquelle tous les hommes participent et par laquelle seule ils sont raisonnables, soit sujette à l'erreur ou capable de nous tromper (3). » La raison n'est pas plus infaillible que les

(1) Aristote, *Morale à Nicomaque*, l. VI, chap. 1.
(2) *Traité de morale*.
(3) *Deuxième éclaircissement à la recherche de la vérité*.

autres facultés de l'intelligence. Si ses conceptions générales paraissent plus évidentes que les données de l'expérience, cela tient à la nature de leur objet, toujours présent à nos âmes, dans tous les temps, dans tous les lieux, au fond de toutes nos pensées. Mais faut-il voir dans ces conceptions l'intelligence même de Dieu, en communication directe avec nos esprits? Malgré les efforts de Malebranche et de quelques philosophes contemporains, je crains bien que ce ne soit la prétention la plus chimérique, comme la plus orgueilleuse. Ces idées et ces principes qui éclairent tous les hommes, par lesquels, suivant Bossuet, «tout entendement est réglé», nous révèlent, je le veux, quelque chose de Dieu; leur objet est divin; mais ce sont par eux-mêmes des conceptions tout abstraites, qui perdent souvent leur clarté dès qu'il s'agit de les appliquer, dès qu'elles s'unissent dans notre pensée à des objets concrets. Ces axiomes de la raison, que nous prétendons dépouiller de tout caractère humain et imparfait, sont à la fois une preuve de notre grandeur et de notre faiblesse — de notre grandeur puisqu'ils nous font contempler quelque chose d'éternel; de notre faiblesse, puisqu'ils ne nous montrent en quelque sorte l'être éternel que par morceaux, dans la multiplicité de ses rapports avec les objets particuliers de nos connaissances.

La raison ne peut se passer de principes et de formules. C'est une nécessité qui ne nuit pas à son usage théorique. Nous pouvons, en effet, quand il ne s'agit que de science, restreindre autant que nous le voulons les objets de nos études; nous n'avons pas besoin de connaître tout, mais d'arriver, dans le cercle où nous sommes décidés à nous renfermer, aux connaissances les plus claires et les plus précises. Il en est autrement pour la pratique. Nous ne pouvons plus ici nous tracer à notre gré un cadre d'études approprié à nos goûts ou à nos convenances : chaque devoir à remplir demande une détermination prompte et complète sur les objets les plus compliqués, sur les nuances les plus délicates, sur une infinie variété de circonstances et d'actions qui nous imposent à chaque instant la nécessité de les apprécier. Quand nous ne nous préoccupons que de science pure, bornons, si nous le voulons, l'usage de notre raison à la solution de quelque problème théorique, d'un point d'histoire douteux, d'une question obscure de chimie ou de physique ; mais, quand il faut agir, il y a une science que nous devons savoir tout entière, c'est la morale ; quelque problème qu'elle nous présente, il faut aussitôt le résoudre. Que deviennent alors ces formules abstraites dans lesquelles se complaît la raison ? Que fera-t-elle de ses principes généraux, de ses divisions minutieuses, qui font ailleurs sa force et sa clarté ?

« Pourquoi prendrai-je plutôt à diviser ma morale en quatre qu'en six ? Pourquoi établirai-je plutôt la vertu en quatre, en deux, en un ? Pourquoi en *abstine* et *sustine* qu'en *suivre nature* ou *faire ses affaires particulières*, comme Platon, ou autre chose ? Mais voilà, direz-vous, tout enfermé en un mot. Oui, mais cela est inutile si on ne l'explique et, dès qu'on vient à l'expliquer, dès qu'on ouvre ce précepte qui contient tous les autres, ils en sortent en la première confusion que vous vouliez éviter. Ainsi, quand ils sont tous renfermés en un, ils y sont cachés et inutiles, comme en un coffre, et ne paraissent jamais qu'en leur confusion naturelle. La nature les a tous établis sans renfermer l'un dans l'autre (1). »

Pascal exagère l'impuissance des principes de morale ; mais cette défiance qu'a rencontrée de tout temps, près des plus généreux esprits, l'autorité de la raison dans les questions de morale, montre combien il est difficile dans cet ordre de questions, sinon dans tous les autres, de la faire accepter comme un maître infaillible et divin. Beaucoup lui préfèrent la sensibilité, qui, du moins, ne se nourrit pas de généralités, de distinctions et d'abstractions, mais va droit à son objet, qu'elle recherche ou qu'elle repousse absolument et totalement. La raison a besoin de précision, elle trouve plus souvent la clarté en bornant sans cesse son

(1) Pascal, *Pensées*, édition Havet.

domaine ; pour l'empêcher de trop le rétrécir, il faut que le cœur, naturellement plus large, la rappelle à des pensées plus vastes et plus dignes d'elle, et c'est ainsi qu'il devient, suivant la maxime de Vauvenargues, la source des plus grandes conceptions.

Est-ce à dire qu'il faille attribuer à la sensibilité le privilège de créer l'obligation morale ? Ce serait prendre un maître encore plus imparfait que la raison elle-même. La sensibilité, réduite à elle-même, est aveugle ; elle est soumise à toutes les variations des tempéraments et des humeurs ; si cependant, malgré ses défauts, le cœur paraît quelquefois l'emporter sur l'esprit, comment trouver dans la raison cette faculté souveraine, qui doit nous commander, nous imposer des lois obligatoires ? Notre raison, comme notre sensibilité, comme toutes nos facultés, c'est nous-mêmes, c'est notre personne. Elle n'a d'impersonnel que son objet, quand elle l'atteint avec une pleine évidence ; mais, dans ses opérations, dans la manière de connaître, elle ne se sépare pas de l'être particulier et imparfait que nous sommes.

Il est un dernier argument auquel ne saurait résister la théorie de la raison impersonnelle. Si notre raison ne fait pas partie de nous-mêmes, s'il faut voir en elle l'intelligence divine se communiquant à nos âmes, nous avons au moins le pouvoir personnel de connaître cette pure lumière qui se manifeste à nous ; nous avons en propre un entendement qui reçoit l'impression de la raison éternelle, comme notre œil reçoit l'impression des rayons du soleil. Soit que notre esprit aperçoive directement la vérité, comme le veut le sens commun, soit qu'il voie toutes choses en Dieu, suivant la théorie de Malebranche, il n'est toujours que notre esprit, il fait partie de notre personne et les objections contre l'autorité impersonnelle et infaillible attribuée à la raison reparaissent dans toute leur force.

II

Pour sauver l'obligation morale, pour lui rendre l'autorité qu'elle ne saurait recevoir d'une faculté personnelle, on en place souvent l'origine, non dans la raison humaine, qu'on laisse à ses imperfections, mais dans la raison divine qui éclaire directement toutes les intelligences. C'est la théorie que Leibnitz oppose à celle de Pufendorf, qui prétendait fonder l'obligation, non sur la raison, mais sur la volonté de Dieu : « Il faut chercher d'autres principes de droit, non seulement dans la volonté de Dieu, mais dans son intelligence ; non dans sa puissance, mais dans sa sagesse..... On concilie tout si, par le commandement du créateur, on entend le commandement de la raison suprême... Dieu est sans contredit l'auteur du droit, non par sa volonté, mais par son essence, de la même manière qu'il est l'auteur de la vérité (1). » Et ailleurs : « La cause efficiente du droit est la lumière éternelle que Dieu a allumée dans nos esprits (2). »

On pourrait repousser cette théorie par une fin de non recevoir, comme subordonnant la morale à un principe métaphysique ou théologique ; mais, sans nous arrêter à cette objection préjudicielle, nous pouvons reproduire, contre la doctrine de Leibnitz, la solide et décisive argumentation d'un disciple de Pufendorf, Barbeyrac, qui en a très bien reconnu les côtés les plus vulnérables. La raison, soit en nous, soit en Dieu, n'est pas autre chose que la faculté de connaître ; ses principes ne sont que des connaissances ; ils n'ont rapport qu'à ce qui existe ou à ce qui pourrait exister ; ils n'impliquent point un commandement imposé à la volonté, une contrainte morale exercée sur les passions. « Qu'il y ait ou non tel ou tel rapport d'égalité ou de proportion, de convenance ou de disconvenance, cela ne

(1) *Observationes de principio juris*, Dutens, tome IV, p. 272 et 273.
(2) *Monita ad Pufendorfii principia*, *ibid.*, p. 282.

nous engage qu'à reconnaître ce rapport ; il faut quelque chose de plus pour gêner notre liberté, pour nous assujettir à régler nos actions d'une certaine manière (1). »

Quand l'intelligence comprend une proposition de géométrie, elle n'impose pas à la volonté la nécessité morale de se conformer à cette proposition ; mais quand elle conçoit le juste et l'injuste, il se joint à ces idées celle d'une obligation qui a pour objet de pratiquer l'un et de repousser l'autre. La raison, dans les deux cas, agit pourtant de la même manière ; elle se forme des notions auxquelles s'attache un caractère universel et absolu : pourquoi, dans un cas, commanderait-elle, quand, dans l'autre, elle ne fait que connaître ?

« Dans tous les systèmes de morale, dit Hume, j'ai toujours remarqué que, pendant quelque temps, l'auteur procède selon la voie ordinaire du raisonnement et parle de Dieu et des affaires humaines en se servant de la formule *est* ou *n'est pas* ; puis que, tout à coup, on est surpris de voir qu'il substitue à ces mots, qui sont le lien ordinaire de la proposition, ces autres mots *doit* et *ne doit pas*. Ce changement presque imperceptible est cependant de la dernière importance. Comme ces derniers mots expriment nécessairement quelque nouveau rapport, quelque nouvelle affirmation, ils devraient être accompagnés d'observations et d'explications et il serait bon de montrer par quel procédé tout à fait inconcevable ce nouveau rapport est déduit d'autres rapports entièrement différents (2). »

Hume veut tirer de là une conclusion sceptique ; il veut prouver qu'aucune idée morale n'est fondée sur des rapports rationnels et nécessaires. La conclusion dépasse les prémisses, mais les prémisses sont incontestables. La raison perçoit ce qui est : elle reconnaît les distinctions morales parce que ces distinctions existent réellement, mais elle ne les crée pas ; sa puissance naturelle ne va qu'à distinguer le

(1) Barbeyrac, *Examen du jugement d'un anonyme*, ﹠ 15.

(2) *Traité de la nature humaine*, 3ᵉ partie, cité par Reid, *Essais sur les facultés actives*, essai V, chap. VII.

vrai du faux; il faut une autre autorité pour diriger la conduite et pour exercer sur les âmes un empire efficace. Résister à la raison, c'est de l'erreur ou de la folie ; résister au devoir, à l'autorité qui nous oblige, c'est une révolte et un crime.

« La raison nous commande bien plus impérieusement qu'un maître, dit Pascal avec ironie ; car, en désobéissant à l'un, on est malheureux, et en désobéissant à l'autre on est un sot (1). » Etre un sot, c'est pire peut-être que d'être malheureux, mais c'est autre chose que d'être un malhonnête homme : dans un manquement à la raison, il n'y a rien qui donne l'idée d'un manquement à la loi morale. Quand je déclare qu'une chose est bonne ou mauvaise, juste ou injuste, conforme ou contraire à l'ordre, j'énonce une vérité qui peut être vraie pour toutes les intelligences, pour la raison de Dieu comme pour la mienne ; mais l'expression d'une vérité n'est pas un commandement, une loi imposée à la volonté. J'affirme ce qui est ou ce qui doit être ; mais le seul fait de l'affirmer n'est pas le commander. Qui expliquera comment une proposition, par cela seul qu'il est impossible de la nier, devient une règle pratique qu'on est moralement obligé de suivre ? Dira-t-on que Dieu nous impose l'obligation de nous conformer à certaines propositions qui subsistent éternellement dans sa raison, ou bien que l'homme, puisant dans la raison divine la connaissance de ces propositions, s'oblige lui-même à en faire les règles de sa conduite ? C'est alors la volonté de Dieu ou celle de l'homme, ce n'est plus la raison humaine ou la raison divine qui est la source de l'obligation. Enfin, supposera-t-on qu'en se représentant certaines actions, la raison reconnaît qu'elles sont obligatoires ? On ne lui laisse plus que la connaissance de l'obligation : elle cesse d'en être le principe.

La conclusion serait la même si l'on faisait dériver de l'expérience la connaissance de la loi morale. Connaître une

(1) *Pensées*, édition Havet.

loi, par l'expérience ou par la raison, c'est se la représenter telle qu'elle est, facultative si elle est facultative, obligatoire si elle est obligatoire ; ce n'est pas lui imprimer un caractère quelconque ; ce n'est pas surtout lui donner la valeur et l'autorité d'un commandement absolu. Commander est essentiellement l'acte d'une volonté. Toute la question est de savoir si c'est l'acte de la volonté même à laquelle s'impose l'obligation ou celui d'une volonté extérieure.

III

Nous avons déjà, en établissant l'indépendance de la morale, écarté toute intervention d'une volonté extérieure. Toute volonté est soumise à la loi morale. La volonté divine elle-même ne fait pas exception ; s'il n'y a pas proprement pour elle d'obligation, ce n'est pas qu'elle soit affranchie de toute loi, c'est que sa perfection même écarte toute contrainte dans l'accomplissement de sa loi. Nulle volonté n'a donc qualité pour commander à une autre volonté l'observation d'une loi qui, par sa nature, est antérieure et supérieure à toute volonté.

Il est certain que nos semblables peuvent quelquefois nous donner des ordres et nous demander compte de leur exécution ; mais ils n'ont sur nous aucun droit sans un devoir antérieur, qui nous oblige à leur obéir et dont l'accomplissement ou la violation nous est naturellement imputable. S'ils ne sont pas investis d'une autorité légitime, il faut que leurs ordres soient librement acceptés par nous et que nous nous engagions à les observer pour que nous ayons à en répondre. D'où vient donc, dans ce cas, notre responsabilité ? Du devoir qui nous oblige à tenir notre parole, à exécuter nos engagements. Si nous n'étions liés que par une promesse téméraire ou arrachée par la violence, à laquelle nous pourrions manquer sans crime, les commandements auxquels nos égaux prétendraient nous soumettre seraient dénués de toute valeur. Quant aux puissances légitimes qui réclament notre obéissance, comme la famille ou l'Etat, elles n'ont point sans doute à nous demander notre assentiment et les ordres qu'elles nous donnent engagent nécessairement notre responsabilité ; mais leur autorité vient d'un premier devoir qui nous oblige envers elles. S'il n'y avait pour nous aucune obligation naturelle de nous assujettir aux puissances humaines, les lois qu'elles nous imposeraient ne seraient qu'une tyrannie et le droit qu'elles s'arrogeraient de nous demander compte de notre conduite une usurpation injustifiable.

Quand nous devons obéir à quelques-uns de nos semblables, nous n'avons point ordinairement à discuter leurs commandements ; nous n'avons à considérer que l'obligation naturelle qui nous soumet à leur autorité. Dans la société et dans la famille, ce sont des hommes comme nous qui nous dictent des lois ; leur volonté est, comme la nôtre, imparfaite, arbitraire, sujette à faillir ; mais, tant qu'ils ne dépassent pas certaines limites où l'obéissance qu'ils réclament de nous irait contre d'autres devoirs, nous avons le devoir de leur obéir. Ce devoir ne vient pas des individus mêmes envers qui il existe et ils invoquent eux-mêmes le plus souvent une autorité supérieure pour en exiger l'observation : c'est envers ce devoir seul que nous nous sentons responsables.

Une théorie fort en faveur aujourd'hui ne voit dans l'idée de l'obligation que l'impression héréditaire de certains commandements, que l'autorité domestique et les autorités sociales ont attachée de tout temps à certaines actions. Nous ne pouvons désormais nous représenter ces actions sans les concevoir comme commandées et sans leur attribuer un caractère obligatoire. L'origine de l'obligation doit donc être cherchée dans le passé de l'humanité, dans des traditions qu'ont concouru à établir une série indéfinie d'actes particuliers plus ou moins arbitraires. Cette théorie ne ferait que constater et expliquer une illusion ; car les volontés réunies de tous nos ancêtres n'ont pas plus d'autorité que celles de nos contemporains. Or l'illusion une fois dissipée entraînerait avec elle la théorie même qui en aurait reconnu la véritable origine. « Ces idées et ces images, qui ne correspondent à rien de réel, dit très bien M. Guyau, n'ont rien qui les sépare de certaines hallucinations vulgaires ; elles tombent sous les mêmes lois ; comme elles, il me suffira de la parfaite conscience que ce sont de simples illusions pour les dissiper. Or, cette parfaite conscience, ne l'acquerrai-je pas du moment que je serai en quelque sorte parfaitement convaincu de votre système ? Ne serai-je pas alors affranchi de tout ce qui ressemble à une douleur, à une contrainte, à une obligation intérieure, de quelque façon que vous vouliez l'appeler (1) ? » L'obligation disparaît en effet, du moment qu'elle est reconnue pour une illusion de l'hérédité, et la théorie qui prétendait l'expliquer n'a réussi qu'à la supprimer. L'autorité des traditions a eu sans doute une part considérable dans l'évolution des idées morales ; mais cette part, si large qu'on veuille la faire, est toujours subordonnée à un principe antérieur et permanent, qu'aucune tradition n'a pu établir.

IV

Nous aurons aussi à faire la part d'une autre théorie, très décriée de tout temps parmi les philosophes et qui garde

(1) La *Morale anglaise contemporaine*, page 329. — M. Guyau vient de publier sur la morale un nouvel ouvrage, non plus historique, mais dogmatique, dans lequel, renonçant à expliquer l'obligation, il se résigne à la supprimer, en lui cherchant des « équivalents ». Cette *Esquisse d'une morale sans obligation ni sanction* est, comme tout ce qu'a écrit le jeune philosophe, une œuvre ingénieuse et distinguée, où des vues originales et profondes se mêlent à de très regrettables paradoxes. Ce qui y manque le plus, c'est la morale elle-même. L'auteur ne s'est fait, à cet égard, aucune illusion. Il reconnaît que ses « substituts » de la morale ne sont pas la morale. Il n'a prétendu qu'à se bâtir « une maisonnette au pied de la tour de Babel » et, dans cette maisonnette, il ne veut être qu'un « moissonneur », un collectionneur de faits positifs, laissant à d'autres le travail du « semeur », qui s'en va, « la main ouverte, l'œil tourné vers les moissons lointaines, jeter au vent le présent, le connu, pour voir germer un avenir qu'il ignore et qu'il espère ». Il ne s'attache qu'au réel, au *désiré* et se détourne de l'idéal et du *désirable*. Or la morale est tout entière dans le désirable et dans l'idéal, en un mot dans ce qui *doit être*, non dans ce qui *est* ; la plus riche moisson de faits ne constitue, suivant la très juste expression de M. Fouillée, que la « physique des mœurs ».

aujourd'hui moins de faveur que jamais, mais qui cependant n'a pas cessé de tenir la première place dans le langage et dans les arguments habituels de l'éducation et de la prédication morales lorsqu'elles s'adressent au commun des esprits. En dépit des systèmes philosophiques, quand on veut inviter les hommes à l'accomplissement d'un devoir, on fait encore le plus souvent appel à la volonté de Dieu. *Dieu le veut* est une formule simple et nette, qui réussit mieux près de la plupart des âmes que ces autres formules plus abstraites et plus savantes : *la raison* ou même *l'intérêt le commande*. C'est également au nom de Dieu qu'on enseigne partout la morale aux enfants, et les conseils maternels, comme les ordres paternels, ne se sentent jamais mieux assurés de se faire obéir que lorsqu'ils peuvent se faire accepter comme l'expression de la volonté toute bonne et toute puissante du père commun de tous les enfants et de tous les hommes. « Quand Dieu est annoncé à l'enfant, dit un philosophe chrétien, la vie humaine s'élève et prend un nouveau caractère... Elle dépend d'un supérieur, avec lequel la volonté entre en rapport et qui lui commande légitimement (1). »

Nous rechercherons plus tard jusqu'à quel point l'idée d'un commandement légitime appelle l'intervention d'une volonté supérieure. Une telle intervention ne peut se justifier, en effet, que comme principe dernier et comme couronnement de la morale, non comme son fondement et son premier principe. Au début de la morale, la volonté divine ne serait que la volonté arbitraire d'un maître absolu ; elle ne pourrait, sans un cercle vicieux, invoquer aucune raison morale, puisqu'il n'existerait encore aucune morale ; elle ne se ferait ni aimer pour sa bonté, ni respecter pour sa justice, elle n'agirait que par la crainte de sa toute-puissance.

La plupart des moralistes qui ont donné pour base à l'obligation morale la volonté du Créateur ont attribué la même origine au bien lui-même. Depuis le théologien du paganisme

(1) M. l'abbé Bautain, *Philosophie morale*.

Eutyphron, que Socrate réfute avec tant de bon sens et d'esprit dans l'ingénieux dialogue de Platon, jusqu'au théologien chrétien Crusius, des systèmes célèbres ont proclamé hautement qu'il n'y a de légitime que ce qui plaît à Dieu. Deux écoles fameuses au moyen âge, celle des nominaux et celle des mystiques, n'ont reculé devant aucune des conséquences de cette doctrine. Le sage et pieux Gerson les accepte sans restriction : « Dieu ne veut pas, dit-il, certaines actions parce qu'elles sont bonnes, mais elles sont bonnes parce qu'il les veut; de même que d'autres sont mauvaises parce qu'il les défend. » Et ailleurs : « Dieu ne se décide pas à donner des lois à la créature raisonnable pour avoir vu dans sa sagesse qu'il devait le faire ; c'est plutôt le contraire qui a lieu (1). » Les sensualistes modernes, lorsqu'ils n'ont pas fait profession d'irréligion, ont généralement adopté les mêmes principes. Comme ils n'admettent aucune vérité absolue qui se révèle naturellement à l'esprit, ils sont entraînés, s'ils ne veulent pas fonder la morale sur le plaisir ou sur l'intérêt personnel, à chercher dans la volonté arbitraire de Dieu l'origine de tous les devoirs (2). C'est encore aujourd'hui, parmi les doctrines *intuitionistes*, celle qui répugne le moins au positivisme anglais.

Les plus grands philosophes ont énergiquement répudié cette doctrine, d'après laquelle les préceptes du Décalogue pourraient, s'il plaisait à Dieu, devenir les maximes du vice et de l'immoralité, et elle n'a pas même l'appui unanime des théologiens et des jurisconsultes chrétiens. Leibnitz, dans sa *Théodicée*, oppose aux obscurs adeptes du commandement divin les noms les plus illustres dans la jurisprudence, dans la théologie, dans la philosophie : Grotius, qui a fondé dans les temps modernes la science du droit naturel ; Calvin, parmi les protestants ; saint Thomas d'Aquin, parmi les catholiques ; enfin, parmi les philosophes, Platon et Aristote (3).

(1) Ces textes sont cités dans l'excellent article de M. Jourdain sur Gerson (*Dictionnaire des sciences philosophiques*).

(2) Cf. Locke, *Essai sur l'entendement humain*, l. II, ch. II.

(3) *Essais de Théodicée*, 2e part., § 182.

La doctrine du « commandement divin » ne s'est pas toujours produite sous la forme absolue que lui ont justement reprochée ses adversaires. Pufendorf, contre lequel est surtout dirigée la polémique de Leibnitz, n'a jamais prétendu que le bien fût arbitraire et dépendît entièrement de la volonté divine... Il soutient seulement que, sans un commandement de Dieu, l'idée seule du bien ne suffit pas pour nous obliger. Telle est aussi la doctrine de son disciple Barbeyrac, dans la substantielle réponse qu'il a faite aux critiques de Leibnitz. Les théologiens et les philosophes que Leibnitz oppose à Pufendorf ne sont pas, au fond, très éloignés de faire aussi la part de la volonté divine dans la détermination du devoir. Saint Thomas rapporte l'origine de la loi morale à la raison humaine comme à sa cause seconde et à la raison divine comme à sa cause première ; il fait cependant intervenir la volonté de Dieu pour promulguer dans les âmes la loi de la raison (1). Si Grotius déclare expressément que le devoir subsisterait en quelque façon, quand on accorderait qu'il n'y a point de Dieu, il ajoute presque aussitôt qu'il y a une autre source du droit, « savoir la volonté libre de Dieu, à laquelle nous devons nous soumettre, comme notre raison même le dicte, de manière à ne nous laisser aucun doute là-dessus (2) ». Leibnitz lui-même, dans ses *Nouveaux Essais sur l'entendement humain*, discutant une proposition de Locke, qui n'admet point de devoir sans loi, ni de loi sans un législateur qui l'ait prescrite, avoue qu'il n'y aurait guère de précepte à qui on serait obligé indispensablement, s'il n'y avait pas un Dieu qui ne laisse aucun crime sans châtiment, ni aucune bonne action sans récompense (3). Enfin Kant, qui a aussi repoussé la doctrine du décret divin, prétend cependant établir que la

(1) « Lex est nihil aliud quam quædam rationis ordinatio ad bonum commune ab eo qui curam habet communitatis promulgata. » (*Prima secundæ partis*, questio XCI, art. 4).

(2) *Du droit de la paix et de la guerre*, discours préliminaires, § 12, traduction de Barbeyrac.

(3) *Nouveaux Essais*, l. I, chap. II, § 12.

morale conduit à la religion, c'est-à-dire à regarder tous les devoirs comme des commandements de Dieu (1).

Ainsi entendu, le commandement divin se présente comme une doctrine éminemment respectable et digne de la plus sérieuse discussion, s'il ne réclame qu'une place d'honneur ou, si l'on veut, la plus haute place parmi les développements de la morale; mais, placé à la base même de la morale, il n'évite le reproche d'arbitraire et de tyrannie que par le cercle vicieux le plus manifeste ; car obéir à Dieu parce que sa volonté ne peut être conçue autrement que comme parfaitement bonne, c'est admettre une distinction du bien et du mal antérieure à la volonté divine, c'est cesser par conséquent de considérer la volonté divine comme le premier et unique principe de la morale.

V

Si aucune volonté extérieure ne peut proprement et absolument nous obliger, il ne reste plus qu'à chercher en nous-mêmes, dans notre propre volonté, l'origine de l'obligation. Nous sommes ainsi ramenés au principe formel de « l'impératif catégorique ». Il se justifie à la fois par l'analyse même du concept de l'obligation et par l'exclusion de tous les autres principes; il répond seul, malgré son apparence paradoxale, à l'idée que la conscience se fait du devoir. Une âme heureusement douée sent qu'elle se doit à elle-même de faire le bien et d'éviter le mal. Elle se demande à elle-même un compte exact et sévère de toutes ses actions, bonnes ou mauvaises; elle s'approuve ou se condamne avec plus d'impartialité que n'en montrent communément les juges les plus équitables; elle en appelle, enfin, des jugements des hommes, au jugement de sa conscience, à ce témoin incorruptible que chacun porte en soi-même. Les criminels les plus endurcis, tant qu'ils n'ont pas entièrement abdiqué le gouver-

(1) *Critique de la raison pratique*, p. 340.

nement de leur conduite, savent, dans certains moments, s'interroger avec franchise et forcer leur conscience à l'inutile aveu de leurs crimes. Quand la justice humaine s'apprête à les punir, elle s'applique avant tout à les faire rentrer en eux-mêmes, à réveiller dans leurs âmes cette voix intérieure qui leur demande compte de leurs mauvaises actions avant qu'ils en répondent devant les hommes : elle sent que ses arrêts n'auraient pas la même valeur morale s'ils n'étaient pas ratifiés par la conscience même des coupables.

Cette responsabilité de l'homme devant lui-même est souvent le seul frein qui retienne dans le devoir certaines natures désordonnées. Il est des hommes qui ne croient pas en Dieu ou qui n'ont pour lui aucun respect, qui n'attendent rien après cette vie ou du moins détournent leur pensée de tout ce qui n'est pas la vie présente, qui enfin font beau jeu de tout principe moral et ne veulent écouter que leurs passions; et cependant ils rougiraient de commettre certains crimes; ils se les cacheraient à eux-mêmes, s'ils en étaient souillés, avec autant de soin qu'aux autres hommes; quelle que soit leur dégradation, ils croiraient se manquer à eux-mêmes s'ils n'exigeaient pas de leur volonté l'accomplissement de certains devoirs.

La conscience confirme la théorie de l'impératif catégorique sous la forme même que Kant lui a donnée, comme le commandement de la volonté à elle-même, dans le seul intérêt de sa propre autonomie. Telle est, dans cette théorie, la nature de la loi morale qu'une volonté vraiment libre se l'impose à elle-même, en repoussant le joug des passions et l'influence des objets extérieurs qui les excitent. Dès que la volonté se possède elle-même, dès qu'elle refuse d'être un instrument au service d'un but étranger, elle trouve en elle-même sa propre fin et sa propre loi; elle ne peut rien vouloir qui soit contraire à son indépendance; elle agit toujours par raison et toutes ses déterminations expriment des principes nécessaires, qui obligeraient également tout être raisonnable. Elle ne peut, en effet, vouloir être libre sans soumettre ses actions à la loi universelle qui assure sa liberté. Or il n'est pas une âme qui ne sache à certains moments se rendre maîtresse d'elle-même, qui ne prenne quelquefois la résolution d'arracher sa volonté aux passions qui la tyrannisent : il n'est donc pas une âme qui n'accepte librement, dans son principe fondamental, la loi destinée à lui garantir le gouvernement de ses propres actions. Si nous pouvons d'ailleurs, dans notre faiblesse, dans notre abandon de nous-mêmes, nous révolter contre nos devoirs, quand ils choquent nos penchants ou blessent nos intérêts, nous ne voudrions pas, du moins, dans nos plus grands emportements, que nos fautes ou nos vices devinssent la loi du genre humain ; « nous voulons bien plutôt que le contraire reste une loi universelle ; seulement nous prenons la liberté d'y faire une exception en notre faveur (1) ». Si nous repoussons pour nous-mêmes la sujétion du devoir, nous voulons cependant que nos semblables s'obligent à respecter notre liberté ; nous voulons par conséquent le maintien de la loi morale, lors même que nous ne savons pas la respecter. Lorsque nous négligeons nos devoirs, nous violons une loi que nous-mêmes avons acceptée, que nous voulons voir observée par tous les hommes et que nous imposons à notre propre volonté quand nos intérêts ne sont plus en jeu, quand nous avons repris notre empire sur nous-mêmes. C'est donc envers nous-mêmes que nous nous sentons réellement obligés ; c'est à nous-mêmes que nous manquons quand nous manquons à nos devoirs.

VI

Beaucoup de bons esprits répugnent cependant à placer dans la seule volonté de l'agent moral le principe de ses devoirs. Ils croient trouver ce principe dans l'ensemble des facultés qui constituent la nature supérieure, la nature vraiment humaine de l'homme. C'est la doctrine qu'a soutenue

(1) *Fondements de la métaphysique des mœurs*, p. 63.

de nos jours l'école spiritualiste française. Nulle doctrine n'est plus propre à éclairer les questions qui se rapportent à l'objet de la morale ; mais ici il ne s'agit encore que du principe premier d'où dérive l'obligation. Ce principe premier peut-il être un tout complexe formé par des facultés d'ordre différent ? Ce serait subordonner la morale à une psychologie raffinée, dont les théories seront toujours contestées parmi les philosophes et seront dans tous les cas difficilement accessibles au vulgaire. De quelles facultés parle-t-on d'ailleurs ? De facultés réelles ou de facultés idéales ? Les facultés réelles, dans la nature supérieure comme dans la nature inférieure de l'homme, varient suivant les individus. La loi dont elles seraient le principe ne pourrait prétendre à l'universalité. Des facultés idéales peuvent être conçues sous une forme universelle ; mais comment un commandement, c'est-à-dire un acte exprès, un acte catégorique, pourrait-il venir d'un idéal, c'est-à-dire d'un être de raison, sans existence propre en dehors de l'esprit qui le conçoit ? Il faudrait remonter, avec les platoniciens, jusqu'au principe suprême en qui résident et se réalisent toutes les idées ; il faudrait revenir à la théorie du commandement divin. Le commandement divin peut avoir, dans l'ensemble des doctrines morales, une place légitime ; mais ce n'est pas comme point de départ, c'est comme couronnement de ces doctrines. La métaphysique religieuse ne pourrait fonder la morale sans lui enlever toute son indépendance ; elle peut prêter à la morale une autorité nouvelle et plus efficace, mais c'est à la condition d'être elle-même éclairée et comme vivifiée par la morale. Quant à l'idéal considéré en lui-même, à l'état abstrait, si chacun le conçoit comme universel, chacun, au fond, a son idéal, approprié au degré de culture et d'élévation de son esprit. Chaque nation, chaque époque aussi a le sien. Le progrès de l'idéal est le signe le plus certain du progrès de la civilisation. La morale a précisément pour objet ce progrès, pour l'idéal qui lui est propre. Ce n'est donc pas dans cet idéal qu'elle peut trouver son premier principe.

VII

Le premier principe de la morale ne peut être un idéal de perfection, mais un idéal formel, un idéal nu pour ainsi dire, dont la conception et la réalisation soient indépendantes de toutes les conditions si complexes et si variables auxquelles est soumise la nature humaine dans l'ensemble de ses éléments et dans le cours de son évolution à travers les différentes phases de la vie individuelle et de la vie de l'espèce. La volonté autonome offre seule ce caractère. Dégagée, par sa définition même, de toute considération extérieure, elle ne demande, pour être conçue, qu'un effort d'abstraction et, avant même de se produire en une idée nette et distincte, elle se réalise sous une forme plus ou moins pure dans tout acte de vertu. Nul principe ne lui est supérieur; car elle est le type de toute volonté raisonnable dans l'humanité et en dehors ou au-dessus de l'humanité. Partout où elle se réalise, elle est l'accord d'une volonté particulière avec toutes les volontés qui peuvent être conçues comme possédant ou cherchant à posséder leur pleine autonomie. Elle s'identifie avec la volonté idéale elle-même, qui ne peut se concevoir que sous la forme de la plus haute et de la plus parfaite indépendance. Les ordres qu'elle se donne à elle-même expriment des lois universelles. La contrainte qu'elle exerce sur elle-même n'est pas, d'un autre côté, une contrainte extérieure et tyrannique, puisqu'elle ne se soumet qu'à une loi reconnue, acceptée, voulue par elle-même, en même temps qu'elle se soumet à la loi universelle de toute volonté. On peut appliquer très exactement à la volonté autonome ce que Descartes dit de « la liberté du franc arbitre, que j'expérimente en moi être si grande que je ne conçois point l'idée d'aucune autre si étendue; en sorte que c'est elle principalement qui me fait connaître que je porte l'image et la ressemblance de Dieu; car, encore qu'elle soit incomparablement plus grande dans Dieu que dans moi, soit à cause de la connaissance et de la puissance qui se trouvent jointes avec elle et qui la rendent plus ferme et plus efficace, soit à raison de l'objet, d'autant qu'elle se porte et s'étend infiniment à plus de choses, elle ne me semble pas toutefois plus grande si je la considère formellement et précisément en elle-même (1). »

Il ne s'agit ici, en effet, que de la volonté considérée en elle-même, dans son essence propre et formelle. Il faut un effort de réflexion et d'analyse pour la dégager des éléments de tout ordre qui entrent comme parties intégrantes dans tous ses actes, lorsqu'elle se manifeste à la simple conscience; mais, s'il est difficile de démêler exactement ce qui lui appartient en propre, il n'est pas besoin d'une profonde et subtile philosophie pour la reconnaître et pour lui faire sa part dans la responsabilité morale. La responsabilité, dans le sens vulgaire comme dans le sens philosophique du mot, suppose un commandement, c'est-à-dire un acte de volonté; elle ne prend un caractère moral que si le commandement d'où elle dérive est accepté à la fois par la raison et par la volonté de l'agent responsable.

Ce n'est pas, en effet, par une distinction quintessenciée entre les facultés de l'âme que nous faisons intervenir la volonté à côté de la raison dans l'acceptation du commandement moral. L'expérience psychologique a démontré depuis longtemps la fausseté de l'axiome socratique, reproduit trop facilement par Descartes, qu'il suffit de bien penser pour bien faire. La volonté a ses défaillances; elle a ses maladies, qui viennent d'être profondément étudiées par M. Ribot. Si nous ne pouvons souscrire à toutes les conclusions de cette étude, nous ne pouvons nous soustraire à l'évidence des faits qui servent de base à ces conclusions. Or, dans quelques-uns des cas cités par l'éminent psychologue, nous voyons la rectitude et la netteté de l'intelligence unies à l'impuissance de la volonté : « Vos conseils sont très bons, dit un magistrat dis-

(1) *Quatrième méditation.*

tingué, atteint d'*aboulie*; je voudrais suivre vos avis, je suis convaincu; mais faites que je puisse vouloir, de ce vouloir qui détermine et qui exécute (1). » Il faut remarquer la distinction, si nettement entendue par le malade, des deux actes du vouloir, la détermination et l'exécution. La détermination, c'est l'ordre que la volonté se donne à elle-même. Tant que l'exécution n'a pas suivi, deux déterminations, deux commandements peuvent se produire à la fois et soutenir une lutte plus ou moins violente. Je veux et je ne veux pas. Je veux des choses contraires, impossibles à concilier, dit-on communément. Je veux, d'une manière générale, faire mon devoir ou assurer mon bonheur, et toutes sortes de volontés particulières se mettent sans cesse à la traverse de mon bonheur ou de mon devoir. Dans ce conflit de déterminations, la responsabilité peut trouver ses conditions normales; mais elle ne subsiste plus, quel que soit l'état de santé de l'intelligence, si la volonté est malade, si elle est impuissante à donner aucun ordre, à prescrire aucun devoir. Le magistrat d'Esquirol et de M. Ribot n'avait plus évidemment la responsabilité, nous ne dirons pas de ses actes, mais de son inaction. D'autres volontés également malades, qui subissent une impulsion irrésistible, pourront perdre le vouloir autonome, le vouloir moral, sans perdre tout vouloir. Elles ne seront pas inertes, comme dans le cas précédent; mais elles seront également irresponsables. Enfin, sans qu'il y ait, pour la volonté, une altération profonde, elle a, suivant les individus, ses degrés de force et de fermeté, qui ne correspondent pas toujours aux états analogues de l'intelligence : autant de degrés dans la responsabilité morale. On louera, dans une volonté faible, un léger effort qui serait un acte de défaillance dans une volonté héroïque. La volonté autonome, considérée dans sa forme pure, est toujours identique à elle-même; mais chez les individus où elle se réalise, elle peut être absente ou présente et, lorsqu'elle est présente, elle peut s'exercer avec une énergie plus ou moins grande :

(1) Les *Maladies de la volonté*, librairie Germer Baillière et Cie, page 39. — Ce cas est cité d'après Esquirol.

absente, elle ne laisse place à aucune responsabilité; présente, elle engendre une responsabilité proportionnée à son degré d'énergie.

Le principe de la volonté autonome justifie la règle que les esprits éclairés observent aujourd'hui de juger les actions d'après l'état particulier des lumières dont elles portent la trace, non d'après des maximes uniformément constantes. Ce qui fait la valeur propre de l'acte moral, ce n'est pas sa conformité à un certain type de civilisation, de sagesse et de justice, c'est le bon vouloir de son auteur, suivant le degré de culture intellectuelle et morale auquel il lui a été possible de s'élever. La forme universelle de la vertu, dans ses manifestations les plus diverses et souvent les plus opposées, c'est la volonté de s'affranchir de toute sujétion extérieure ou intérieure et de se rendre maître de soi-même. L'obligation morale commence quand on se commande à soi-même certains actes, non par une volonté capricieuse, asservie à telle ou telle passion, mais par une volonté raisonnable, qui fait effort pour se gouverner d'après des maximes universelles, auxquelles toute volonté raisonnable devrait également conformer son propre gouvernement. Enfin l'obligation morale est proprement accomplie dans tout acte qui tend à réaliser ce libre gouvernement de la volonté par elle-même, quelque erreur qui puisse être commise dans l'appréciation des moyens de le réaliser.

VIII

Les adversaires d'une morale rationnelle se plaisent à énumérer tous les exemples d'actes immoraux, souvent même d'actes abominables, suivant nos idées, qui se produisent ou qui se sont produits, en toute sécurité de conscience, dans un milieu inculte ou sauvage. Plusieurs de ces actes ont revêtu incontestablement, pour ceux qui les ont accomplis, la forme du devoir et quelques-uns même ont exigé une sorte d'héroïsme. Loin d'infirmer la théorie formelle du devoir, ils la justifient, car ils montrent partout, chez les peuples les plus étrangers à toute civilisation et dans les aberrations les plus monstrueuses des idées morales, l'acte moral reconnu et poursuivi dans la victoire d'une volonté forte et maîtresse d'elle-même sur tous les obstacles intérieurs ou extérieurs qui peuvent s'opposer à ce qu'elle considère comme une obligation rigoureuse. Un indigène d'Australie, raconte Darwin, se croit obligé, d'après la loi traditionnelle de sa race, de venger la mort d'un des siens par le meurtre d'un membre d'une autre tribu. Le fermier anglais qui l'emploie fait de vains efforts pour le retenir. Les menaces les plus terribles, la surveillance la plus étroite sont sans effet. Il s'échappe et ne revient qu'après sa vengeance accomplie, pour s'offrir, Régulus sauvage, au châtiment qu'il a encouru par sa fuite. Une conscience éclairée ne peut, non seulement le condamner, mais lui refuser une certaine admiration. De tels exemples ne prouvent rien contre la valeur propre du principe de la volonté autonome; mais ils prouvent que la forme pure du devoir est insuffisante pour apprécier le véritable objet du devoir, dans tout l'ensemble des circonstances et des conditions qui concourent à le déterminer, et pour assurer, contre les influences de tout genre qui tendent à l'entraver ou à l'égarer, l'évolution théorique et pratique des idées morales.

L'analyse philosophique dégage le principe formel dans tout devoir et dans tout acte accompli par devoir; mais, ainsi isolé de tous les faits auxquels il est uni dans la vie réelle, il est comme le type formel de la machine à vapeur, qui seul, par sa simplicité, permet d'en concevoir clairement le mécanisme, mais qui ne suffirait ni pour construire, ni pour faire mouvoir aucune machine à vapeur. La morale formelle a besoin d'être complétée par trois ordres de considérations. En premier lieu, par des considérations subjectives. Il faut, soit pour agir soi-même, soit pour juger les actions d'autrui, rechercher dans quelles conditions se réalise la volonté autonome, quels éléments de la nature humaine lui prêtent un concours nécessaire ou l'obligent à lutter contre leur influence. La psychologie tout entière, dans le sens le plus large où l'entend la philosophie moderne, vient ici en aide à la morale; non pas une psychologie abstraite, réduite aux observations les plus générales sur la vie intellectuelle de l'homme fait dans un milieu civilisé, mais une psychologie concrète et vivante, qui ne sépare pas l'homme moral de l'homme physique et qui, pour l'homme moral, sait distinguer les âges, les sexes, les conditions sociales, les degrés de civilisation, en un mot tous les états divers, constatés soit par des observations directes, soit par les inductions de la philologie, de l'ethnographie et de l'histoire proprement dite. Et il ne faut pas, d'un autre côté, se renfermer dans une psychologie tout expérimentale ou historique. Il y a, en psychologie, des questions métaphysiques, dont la morale ne peut pas plus se désintéresser que des pures questions de fait et qui ne sont pas les moins importantes pour l'intelligence et pour la pratique du devoir. Il faut enfin, pour répondre à toutes les exigences de la morale, une psychologie idéale, une conception de la nature humaine dans toute la perfection dont elle est capable. L'étude de la nature réelle de l'homme peut seule sans doute fournir les éléments de cette conception; mais elle ne se forme et elle ne se développe progressivement qu'en s'élevant au-dessus de la réalité présente et en se donnant l'intuition anticipée, sinon de la perfection absolue, du moins de ce qui sera la réalité dans un avenir plus ou moins lointain.

Par la psychologie idéale, nous entrons déjà dans le second ordre de considérations qui doivent compléter la morale formelle. Ce sont des considérations objectives. La volonté autonome est l'objet immédiat de sa propre action; mais de même que, pour agir, elle ne se sépare pas des autres éléments de la nature humaine, de même aussi elle n'est pas pour elle-même un objet nu; elle s'offre à la détermination morale dans toute la complexité de la vie dont elle n'est qu'un des facteurs. Il faut donc reprendre, à ce nouveau point de vue, toute la psychologie; mais il faut surtout la reprendre dans ses conceptions idéales ; car l'objet de tout devoir est essentiellement un idéal ; ce qui *doit être* est toujours conçu comme supérieur à ce qui *est*. La volonté autonome, considérée comme principe formel, est déjà un idéal, mais un idéal abstrait et sans vie ; il faut, pour s'en proposer efficacement la réalisation, l'entourer idéalement de toutes les conditions les plus propres à l'élever au plus haut degré d'énergie, de fermeté et de puissance. Il faut, en un mot, pour reprendre une comparaison dont nous nous sommes déjà plusieurs fois servi, substituer au type formel de la machine à vapeur le type d'une machine également parfaite par l'excellence et par la durée de son fonctionnement et par la variété infinie de ses applications.

Enfin, par cet idéal de la nature humaine où s'achèvent à la fois la conception des conditions subjectives de la moralité et celle de son objet, nous touchons à un dernier ordre de considérations, destinées à donner à la morale son couronnement métaphysique. Il est impossible, en effet, de concevoir un idéal de perfection sans se demander si cet idéal, vers lequel nous devons tendre sans cesse et qui s'élève toujours plus haut à mesure que nos efforts semblent nous en rapprocher, ne trouve pas sa réalisation dans un être absolument parfait. Nous pouvons d'autant moins échapper à cette question qu'elle a reçu une solution affirmative, sous une forme plus ou moins pure, non seulement dans toutes les religions, mais dans la plupart des systèmes de morale, et qu'elle appartient, soit par les croyances qui ont prétendu la résoudre, soit par les controverses qu'elle a suscitées, aux traditions les plus constantes de l'humanité. Il faut donc à la recherche des principes humains de la morale joindre celle de ses principes divins.

LIVRE II

MORALE SUBJECTIVE

CHAPITRE PREMIER

LA PERSONNALITÉ HUMAINE

La responsabilité morale ; preuve morale du libre arbitre.—La personnalité et la conscience. — La personnalité et l'activité libre. — La personnalité et la raison. — La personnalité et l'unité métaphysique. — La personnalité physique ; la conscience du corps. — L'inconscient.

I

Nous avons déjà indiqué le fait général qui sert comme de lien entre la loi morale, conçue dans sa forme pure et abstraite, et la volonté humaine reconnue par la conscience dans tout l'ensemble de ses éléments et de ses conditions d'existence. Ce fait, c'est la responsabilité morale. Nous avons conscience de notre responsabilité à l'égard de certains actes et, par cela seul, nous reconnaissons que nous sommes obligés de les accomplir. Nous nous sentons responsables devant nous-mêmes et, par cela seul, nous reconnaissons que le commandement qui nous oblige est un acte de notre propre volonté. La responsabilité transporte ainsi l'autonomie de la volonté de l'ordre formel dans l'ordre réel, du domaine des idée pures de la raison dans celui des faits de conscience.

La responsabilité est un fait personnel, au même titre que tous les autres faits de conscience. Elle se rattache à tous ces faits, car elle suppose l'intelligence, qui nous éclaire sur la nature de nos actes, sur leurs mobiles et leurs conséquences, et la sensibilité, sans laquelle nos actes, bons ou mauvais, perdraient leur principal et peut-être leur seul stimulant; elle suppose aussi la volonté libre et elle est même la seule preuve décisive de la liberté. Les mots de détermination fatale et de responsabilité morale hurlent ensemble dans la conscience de tous les hommes. Nous prétendons dégager notre responsabilité quand nous affirmons, à tort ou à raison, que nous avons cédé à un entraînement irrésistible, et quand nous n'affirmons pas un tel entraînement dans son sens absolu, nous croyons que le degré de notre responsabilité se mesure exactement sur le degré de notre liberté.

La philosophie déterministe cherche par deux moyens à écarter cette démonstration de la liberté par la responsabilité. Le premier, le plus radical, consiste à nier le sentiment naturel de notre responsabilité. On l'explique par une illusion, née des conditions de l'état social. Dans toute société, il y a des individus qui commandent et des individus qui obéissent: les pères et les enfants, les maîtres et les serviteurs, les gouvernants et les gouvernés. Quiconque reçoit un ordre est responsable de son exécution devant celui qui le lui a donné, et cette responsabilité se traduit, en fait, par des éloges ou des reproches, une récompense ou un châtiment. Certains actes sont plus habituellement commandés que d'autres et il s'y attache insensiblement une responsabilité générale, que l'esprit, par un procédé d'abstraction qui lui est familier, s'accoutume à séparer de toute autorité particulière et à considérer comme une loi de la nature. Que si nous objectons que la responsabilité ainsi entendue se montre déjà dans les conceptions ou les sentiments de la première enfance, on répondra en rapportant l'illusion à une habitude héréditaire. Ainsi s'évanouit la conscience de la responsabilité morale; mais il subsiste toujours des faits particuliers de responsabilité, qui semblent encore exiger comme condition nécessaire la libre volonté. Voici par quel nouvel artifice on écarte cette condition importune. La responsabilité peut être effective sans qu'on soit libre ; il suffit qu'on soit sensible à certaines impressions physiques ou morales. L'éloge et le blâme, les récompenses et les châtiments sont des mobiles d'action ; on peut compter sur leur effet sans croire à la liberté, et on y comptera même d'autant mieux qu'on les supposera doués d'une force déterminante. La responsabilité implique si peu la liberté que les lois la reconnaissent dans les cas même où toute apparence de liberté est absente, en cas d'accident, par exemple. La négation de la liberté, dans tous les autres cas, ne porterait donc aucune atteinte à la responsabilité.

Les lois reconnaissent, en effet, une responsabilité purement civile, qui s'exerce en dehors de toute considération d'actes intentionnels. Quels sont cependant les seuls êtres civilement responsables ? Ce ne sont pas les *choses*, dont le concours fortuit a causé un accident; ce ne sont pas les animaux, chez qui on ne suppose pas la liberté morale ; ce ne sont pas les enfants, dont la liberté morale n'est pas encore suffisamment développée, ou les aliénés, chez qui elle s'est éteinte; ce sont les *personnes*, en peine possession de leur raison et de leur libre arbitre, à qui l'on peut reprocher, non sans doute d'avoir voulu l'accident, mais de n'avoir pas pris toutes les précautions nécessaires pour l'empêcher ou le prévenir. L'idée de liberté n'est donc pas étrangère à la responsabilité civile : elle fait le fond de cette autre responsabilité légale dont il faut aussi tenir compte quand on invoque l'exemple et l'autorité des lois : la responsabilité pénale. Ici on ne peut écarter la responsabilité morale : la peine infligée au nom des lois ne satisfait la conscience publique que si l'acte puni a été volontairement accompli dans une intention mauvaise. En vain dira-t-on que le châtiment, même en l'absence de toute liberté, fera une impression efficace, soit sur le coupable lui-même, auquel il inspirera une crainte salutaire, soit sur les autres, auxquels il servira d'exemple : la conscience saura toujours distinguer entre les moyens d'intimidation, qui peuvent avoir leur effet sur un animal, sur un enfant sans raison, sur un idiot ou un fou, et les moyens de répression, qui servent proprement de sanction à la loi pénale et à la loi morale. Cette distinction n'est-elle que le résultat de certaines habitudes d'esprit contractées depuis l'enfance ou reçues par héritage des générations antérieures ? Quelles habitudes, personnelles ou héréditaires, auraient eu le pouvoir de créer une telle distinction entre des actes de même nature, soumis également à des déterminations fatales ? Si nul acte n'est libre, comment aurait-on conçu, en dehors de cette responsabilité apparente, qui se réduit, pour les êtres privés de raison, à certaines impressions de plaisir ou de peine, d'espérance ou de crainte, la responsabilité proprement dite, telle que l'entendent le droit et la morale, qui a pour condition des volontés libres et dont le degré se mesure sur le degré même de leur liberté ? Nous pouvons accorder aux déterministes, avec M. Fouillée, qu'ils peuvent fonder « une science ou un art des mœurs sans un libre arbitre » ; mais cette science ou cet art, qui ne serait pas « une morale d'êtres libres », ne serait pas la morale de la conscience, car ce n'est pas seulement l'école spiritualiste, c'est la conscience du genre humain qui reconnaît et qui réclame la responsabilité morale fondée sur la liberté.

On objectera que la méconnaissance ou la négation du libre arbitre s'est rencontrée dans tous les temps avec une morale très pure, parfois même très sévère. On citera les stoïciens et les puritains. Nous répondrons que l'inconséquence et la contradiction, particulièrement dans tout ce qui touche à la morale, sont la loi des systèmes philosophiques ou théologiques. On veut, le plus souvent de très bonne foi, ne pas se séparer de la morale commune, alors même qu'on en méconnaît ou qu'on en renverse les bases. L'erreur toutefois porte toujours ses fruits. Epicure fut un sage : on sait ce qu'ont été, ce que sont encore ceux qui se déclarent ou qu'on appelle épicuriens. Le stoïcisme et le puritanisme aboutissent à une morale excessive, parce qu'ils ne savent pas tenir compte des conditions de la nature humaine et qu'ils attendent beaucoup trop, le premier de la toute-puissance de la raison et de la vertu, le second de la toute-puissance de la prédestination et de la grâce. Le déterminisme est professé aujourd'hui par les âmes les plus élevées et les plus honnêtes ; mais il ne séduit la masse des esprits que par les excuses qu'y peuvent trouver les faiblesses humaines, et ces excuses se font d'autant mieux accepter qu'elles n'ont plus le contrepoids de la fierté stoïque ou de la foi puritaine.

La responsabilité est le meilleur argument en faveur de la liberté ; elle est aussi la plus forte preuve de l'existence de la raison, car elle implique un idéal moral universellement obligatoire. Elle implique ainsi cette intuition de l'universel et de l'idéal, qui est l'objet propre de la raison. La liberté unie à la raison est la base de la responsabilité comme de la personnalité. Aussi la personnalité trouve-t-elle dans la responsabilité son caractère le plus manifeste. L'enfant est déjà une personne, une « petite personne », comme on dit familièrement, parce que, s'il n'a pas encore la responsabilité légale, il a déjà, au moins en germe, les attributs qui lui conféreront par degrés la responsabilité morale. Le dément reste encore, dans une certaine mesure, une personne, et ce serait un crime de le traiter comme une chose, parce que, si l'on doit lui refuser la responsabilité légale, nul ne peut affirmer jusqu'à quel degré il a perdu ou est incapable de recouvrer toute responsabilité morale. L'adulte sain d'esprit a seul, dans leur plénitude, tous les caractères d'une personne ; il peut en revendiquer tous les droits et il est obligé d'en remplir tous les devoirs, parce que sa conscience, sa raison et sa liberté lui en imposent, dans l'ordre légal et dans l'ordre moral, toute la responsabilité.

II

La personnalité est, dans l'homme, la condition générale de la responsabilité. Elle est constituée essentiellement par les deux attributs de la liberté et de la raison, sans lesquels la réalisation d'une volonté autonome serait impossible; mais elle comprend, dans la complexité de la nature humaine, bien d'autres éléments, qu'il importe de démêler pour se rendre un compte exact des éléments propres de la vie morale.

La question de la personnalité humaine n'a jamais été plus controversée que de nos jours. La transformation de la psychologie en une science positive n'a eu pour effet que de jeter le discrédit sur les vieilles conceptions du *moi* ou de l'âme, sans leur substituer des définitions exactes et incontestées. Dans une brillante étude sur la *Nouvelle Philosophie en France* (1), M. Vacherot racontait, en 1870, que Michelet, à la lecture du livre de M. Taine sur l'*Intelligence*, laissa échapper cette exclamation : « Il me prend mon moi ! » Si Michelet, vivait encore, il serait forcé de reconnaître que, depuis quinze ans, son moi ne lui a pas été rendu. Nous dépasserions les limites propres d'un livre de morale si nous discutions ici toutes les questions de psychologie ou, comme on dit aujourd'hui, de psycho-physique, auxquelles donnent lieu l'existence et la nature du *moi* personnel. Nous devons seulement essayer de dégager, entre les théories rivales des anciennes et des nouvelles écoles, non sans doute les conquêtes définitives de la psychologie ou de la métaphysique (ni l'une ni l'autre de ces sciences n'est en possession de telles conquêtes), mais quelques points que la morale et le droit peuvent réclamer comme leurs postulats nécessaires.

La personnalité se manifeste par la conscience; mais la conscience ne suffit pas pour constituer la personnalité. Nous

(1) Dans la *Revue des Deux Mondes*, 1er août 1870.

traitons les animaux comme des choses et cependant il paraît impossible de leur refuser la conscience. L'auteur d'une étude très estimable sur *l'Homme et l'Animal*, M. Henri Joly, distingue deux consciences : l'une inférieure, commune à tous les êtres doués de sensibilité et de mouvement ; l'autre supérieure, qui serait le propre de l'homme et ferait de lui une personne. La conscience vraiment humaine serait la conscience réfléchie, qui seule s'élèverait à l'idée du *moi*. M. Paul Janet, dans son *Traité de philosophie*, fait la même distinction et, pour mieux la marquer, il appelle *sens intime*, chez l'homme et chez l'animal, la conscience inférieure, et réserve le nom de *conscience* pour cette conscience de soi, où se révèle à elle-même la personne humaine. M. Bouillier, dans sa *Vraie conscience*, repousse le nom de sens intime et, loin qu'il limite le champ propre de la conscience aux actes réfléchis, la *vraie conscience* est pour lui la simple conscience, antérieure à toute réflexion ; c'est cette connaissance intime et immédiate que nous avons, et que tout animal a comme nous, de tout fait de sensibilité, d'intelligence ou d'activité, au moment même et par cela seul qu'un tel fait se produit. Cette connaissance n'est pas l'objet d'une faculté spéciale ; elle est inhérente à l'exercice de toutes les facultés : « Nulle analyse psychologique, si subtile qu'elle soit, ne peut faire que penser et se savoir penser, que vouloir ou sentir et se savoir voulant ou sentant ne soient pas une seule et même chose, l'acte le plus indivisible, le plus un qui se puisse concevoir. J'ai conscience d'une sensation, d'une idée, ou bien j'ai cette sensation, cette idée, sont des expressions absolument tautologiques. » M. Bouillier est tellement convaincu que la conscience est toujours de même nature, à tous les degrés de l'existence humaine ou animale, qu'il fait commencer la conscience avec la vie, dès ses premières manifestations, non seulement après la naissance, mais chez l'embryon à peine formé. Il croit cependant, avec M. Janet et M. Joly, que la conscience de soi n'appartient qu'à la conscience réfléchie, dont l'homme seul est capable à un certain degré de son développement. Je ne puis voir, dans une telle distinction, chez des philosophes spiritualistes, qu'une inconséquence, sinon de pensée, du moins de langage.

C'est, en effet, la doctrine classique du spiritualisme français, depuis Maine de Biran, que la conscience n'atteint pas seulement des phénomènes, mais leur sujet, c'est-à-dire le *moi* sentant, pensant ou voulant. Que signifient, en effet, ces mots : avoir conscience? Impliquent-ils seulement une connaissance quelconque de certains faits, comme la connaissance que l'on peut avoir d'un phénomène physique ou d'un événement de l'histoire ancienne? Non, les faits de conscience sont ceux qu'on ne connaît qu'en les rapportant à soi-même. Sentir, penser ou vouloir, ce n'est pas savoir qu'il se produit quelque part un sentiment, une pensée ou un acte volontaire, c'est se dire à soi-même : Je sens, je pense ou je veux. La conscience de soi est donc impliquée dans tout fait de conscience. M. Janet le reconnaît implicitement dans le passage même où il refuse aux animaux et aux tout jeunes enfants la conscience de soi. « Dans la conscience confuse ou conscience simple, dit-il, le moi sujet ne se distingue pas du moi objet ; le moi affecté se confond avec le moi connaissant ou, pour mieux parler, il n'y a pas encore de moi ; le moi ne s'est pas dégagé des phénomènes où il est enveloppé (1). » Nous reconnaissons sans peine que chez l'animal, chez l'enfant et même chez beaucoup d'hommes faits, le moi ne se dégage pas de ses phénomènes ; mais il n'est que plus réel et plus réellement senti. La conscience n'est pas une faculté d'abstraction. Elle perçoit directement la réalité vivante et concrète. Or, il en est du moi comme de tout autre être : il n'est qu'une abstraction si on le sépare de la série de ses phénomènes, de même que, séparés de lui, ses phénomènes sont aussi de pures abstractions. « La conscience réfléchie ou conscience de soi, dit encore M. Janet, commence avec le premier JE ; elle se détermine, elle se précise, elle se complète avec la différence du JE et du ME,

(1) *Traité élémentaire de philosophie.*

lorsque l'on dit : *Je me connais moi-même.* » Rien de plus exact. Le langage articulé est un instrument de réflexion, d'analyse et d'abstraction. Il sépare, il oppose entre eux, il combine, dans une synthèse artificielle, les rapports divers naturellement confondus dans un même fait de conscience ; mais le *je* et le *me* de la pensée réfléchie et de la phrase bien faite ne sont que deux aspects d'un seul et même être, de ce moi qui, avant toute analyse et en dehors de tout langage, se sent tout entier dans tout fait de conscience La réflexion ne crée rien ; elle n'ajoute à la simple conscience aucun élément nouveau ; elle ne fait que rendre plus clairs, en les distinguant, les divers points de vue qui s'offrent à elle ; elle peut aussi égarer l'esprit en oubliant le lien réel et le fond concret de ces points de vue. De là ces abstractions réalisées, ces entités vides, qui ont compromis l'idée du moi, comme tant d'autres idées philosophiques.

M. Janet ne tombe pas dans ce défaut. Dans ses traités élémentaires comme dans ses écrits plus scientifiques, il a le sentiment vif et précis de la réalité. Les termes dont il se sert dépassent donc certainement sa pensée quand il dit qu'avant la réflexion « le moi n'existe pas encore », et quand il se fait un argument du langage enfantin, qui ne connaît pas le pronom personnel. « L'enfant, dit-il, s'objective lui-même ; il s'appelle de son nom extérieur, comme les autres l'appellent lui-même ; il dit : Pierre veut ceci ; Pierre fait cela. » Sans doute, le pronom personnel, de même que les autres pronoms, est étranger au vocabulaire de la première enfance; mais quand le plus petit enfant parle de Pierre ou de Paul, il sait très bien s'il parle de lui-même ou de toute autre personne, et si vous affectiez de ne pas le comprendre, il trouverait bien vite des signes éloquents pour vous faire lire dans sa petite conscience. Des signes pareils ne manquent pas à l'animal, qui n'a la ressource ni des noms ni des pronoms. Il montre clairement, en toute circonstance, qu'il se connaît lui-même et qu'il ne se confond avec aucun autre être. Le sentiment de la jalousie, si violent chez quelques animaux domestiques, en serait la meilleure preuve. Cette conscience de soi, que M. Janet et M. Bouillier font naître de la réflexion, ne peut donc être, pour ces éminents psychologues comme pour le sens commun, que l'idée abstraite du moi, telle que les philosophes cherchent à en donner la théorie ; ils ne sauraient, sans contredire à la fois l'expérience et leurs propres doctrines, retirer à la simple conscience, à la conscience de l'animal et de l'enfant comme de l'homme fait, le sentiment du moi, tel qu'il est impliqué dans toutes les sensations, dans toutes les connaissances, dans tous les mouvements instinctifs ou volontaires. La conscience et le moi n'appartiennent donc pas moins à l'animal qu'à l'homme ; la réflexion ne suffit pas pour en transformer la nature et pour y ajouter l'élément distinctif, le caractère propre de la personnalité humaine.

Les adversaires du spiritualisme n'ont aucune répugnance à douer les animaux d'une conscience de même nature que celle de l'homme ; mais le *moi* les embarrasse. Pour écarter cette idée importune, quelques-uns semblent croire qu'il suffirait d'un artifice de langage : l'emploi de locutions impersonnelles, pour exprimer les faits de conscience. L'auteur d'une des plus récentes études sur la personnalité, M. Paulhan, s'excuse de tomber dans une inconséquence apparente en se servant des mots : *je* ou *moi*, alors qu'il n'admet que des séries de faits de conscience. Il ne fait, dit-il, que céder à l'usage, comme lorsqu'on continue, après Copernic et Galilée, à parler du lever et du coucher du soleil. Pour éviter toute équivoque, « il n'y a, dit-il, qu'à remplacer l'expression : *je vois*, par exemple, par celle-ci : Un fait de conscience a lieu dans lequel est représenté, etc.; ce fait se rattache aux faits précédents, etc. (1). » La périphrase ne servirait de rien. Comme nous l'avons reconnu pour le langage enfantin, ce n'est pas le pronom personnel qui crée la conscience de soi. Parler d'un fait de conscience, c'est parler d'un fait immédiatement connu et rapporté à soi-même par l'être vivant et sensible en qui ce fait se produit ; c'est affirmer un *moi*. Non

(1) *La Personnalité*, par M. Paulhan, *Revue philosophique de la France et de l'étranger*, juillet 1880.

pas sans doute le moi abstrait des métaphysiciens, déterminé par tel ou tel attribut, à l'exclusion de toutes les autres formes de son être, mais le moi concret et complexe, qui se sent lui-même dès le premier éveil de la conscience, et qui s'affirme lui-même dès le premier balbutiement de la parole.

C'est la crainte du moi abstrait, de l'entité métaphysique, qui inspire toutes ces tentatives pour se passer de l'idée du moi. On ne s'aperçoit pas qu'on lui substitue une autre entité non moins abstraite et non moins vaine : des séries de phénomènes, c'est-à-dire d'apparences, qui se suffiraient à elles-mêmes, qui resteraient suspendues dans le vide sans laisser supposer ni un objet dont elles seraient la manifestation, ni un sujet auquel elles pourraient apparaître. « La science concrète, dit Auguste Comte, se rapporte aux êtres et aux objets ; la science abstraite, aux événements. » Le fondateur du positivisme reconnaît donc le caractère abstrait des événements séparés de tout objet ou de tout être. Tous les philosophes qui se rattachent plus ou moins à son école sont forcés comme lui de le reconnaître, alors mêmes qu'ils professent ou paraissent professer le pur phénoménisme. Ces séries de phénomènes, dans lesquelles ils résolvent le moi, sont pour eux quelque chose de plus que de simples collections ; ils ne peuvent s'empêcher d'y voir les transformations successives d'un même être. En vain M. Taine nous dit-il que « le moi, la personne morale, est un produit dont les sensations sont les premiers facteurs », le moi s'impose à lui dès la première sensation de la statue de Condillac, dont il fait revivre l'hypothèse. La statue qui se dirait à elle-même, si elle pouvait parler : *Je suis odeur de rose*, aurait déjà, en un degré quelconque, la conscience de soi.

Un autre philosophe de la même école, M. Ribot, l'interprète autorisé et l'habile disciple des psychologues anglais contemporains, a écrit, sur les *Maladies de là mémoire*, un livre qui débute par une théorie générale de la mémoire, où l'idée du moi n'a aucune place. Cette idée n'intervient dans le cours de l'ouvrage qu'à propos de certains états pathologiques, où elle se trouble et s'altère. Pour mieux faire comprendre ces états, M. Ribot croit nécessaire de définir le moi et il ne le fait consister d'abord qu'en une « somme d'états de conscience » ; mais il s'aperçoit bientôt que « ce serait, par une réaction mal entendue contre les entités, ne voir qu'une partie de ce qui est : sous ce composé instable qui se fait, se défait et se refait à chaque instant, il y a quelque chose qui demeure ; c'est cette conscience obscure qui est le résultat de toutes les actions vitales, qui constitue la perception de notre propre corps et qu'on a désignée d'un seul mot : la cénesthésie. » Le mot importe peu, et, soit qu'on parle de cénesthésie ou de conscience de soi, on affirme autre chose qu'une simple somme de phénomènes, quand on reconnaît « quelque chose qui demeure », un sentiment, dit encore M. Ribot, qui, « toujours présent, toujours agissant, sans repos ni trêve, ne connaît ni le sommeil, ni la défaillance » (1). Peu importe encore qu'on réduise ce sentiment à la perception constante de notre propre corps. Le moi n'existerait pas moins alors même que le corps le contiendrait tout entier. On pourra rechercher plus tard si l'hypothèse matérialiste répond bien à toutes les conditions d'existence du moi ; ce que nous voulons retenir pour le moment, c'est cet aveu qu'à travers toute la série des faits de conscience un être permanent, que ce soit un corps ou une âme, ou un composé de l'un et de l'autre, s'apparaît sans cesse à lui-même. En vain, M. Ribot nous dira-t-il, dans le même passage, que ce sentiment de la vie reste au-dessous de la conscience et qu'il ne fait que « servir de support au moi conscient » ; ce n'est, dans son langage, qu'une contradiction de plus, car il a lui-même appelé ce sentiment une « conscience obscure ». Tout obscure qu'elle est, elle existe et elle est, chez l'animal et chez l'homme, la forme primitive et constante de la conscience de soi.

(1) *Les Maladies de la Mémoire*, p. 81-85. — M. Ribot a développé la même théorie dans ses deux derniers ouvrages : *Les Maladies de la Volonté* et *les Maladies de la Personnalité*. Librairie Félix Alcan.

III

La personnalité ne commence pas avec la conscience de soi; elle ne commence pas davantage avec l'activité individuelle, qui est partout, dans toute la série animale, la condition essentielle de la conscience.

L'activité du moi a été méconnue par les philosophes qui ont négligé l'observation intérieure pour l'observation extérieure ou pour des conceptions métaphysiques. Le moi individuel et personnel des métaphysiciens n'est le plus souvent que le sujet abstrait de certains groupes de phénomènes. Il pourrait logiquement être supprimé pour faire place à la *substance unique* de Spinoza, au *moi absolu* de Fichte, au *sujet-objet* de Schelling, à l'*idée* de Hegel. Chez Leibnitz lui-même, l'activité attribuée au moi, comme à toutes les monades, n'est qu'une activité tout intérieure, dont les effets ne peuvent avoir un retentissement au dehors qu'en vertu d'une harmonie préétablie de toute éternité. La monade suprême agit seule en réalité : « Dieu est un océan dont nous n'avons reçu que des gouttes. » L'emploi exclusif ou prédominant de l'observation extérieure a conduit les adversaires de toute métaphysique à des conséquences semblables. Considérés du dehors, les faits intérieurs ne paraissent que les suites des faits extérieurs. On ne voit, dans la nature entière, qu'une succession indéfinie de phénomènes liés les uns aux autres par des rapports constants. Ces rapports semblent les seules causes, soit pour les faits physiques, soit pour les faits de conscience. La conscience elle-même n'est qu'un effet particulier de l'enchaînement de certains phénomènes ; le moi n'est qu'un mot pour exprimer cet enchaînement. Quand on parle des propriétés ou des pouvoirs du moi, dit M. Taine, on veut dire seulement que, tel fait étant donné, tel autre s'ensuivra nécessairement. L'individu, le moi n'est qu'un « polypier d'images ». M. Taine parle encore d'individus et même de personnes ; mais, logiquement, ce ne sont pour lui que des composés instables, sans unité propre, sans action d'aucune sorte sur les phénomènes dont ils se composent. Le moi, l'individu, la personne ne servent, en réalité, suivant une autre théorie de M. Taine, qu'à « substituer », dans notre esprit, pour la commodité de la pensée, un terme unique et d'apparence simple à un grand nombre d'images. Une telle façon de concevoir l'unité vivante et consciente de l'animal et de l'homme lui-même justifie bien le cri de Michelet : « Il me prend mon moi! »

Telle est l'idée que se font du moi l'école sensualiste du XVIIIe siècle, l'école positiviste et l'école *associationiste* du XIXe. Cependant, dans ces écoles, l'observation intérieure, négligée plutôt que dédaignée, a plus d'une fois repris ses droits et retrouvé dans la conscience le caractère actif de l'individu ou de la personne. Stuart Mill, qui a très heureusement défendu l'observation intérieure contre Auguste Comte, rappelle que Laromiguière a transformé le sensualisme en reconnaissant dans l'esprit un élément actif, et il fait honneur à son compatriote, M. Alexandre Bain, d'une transformation semblable des doctrines associationistes. L'éloge est mérité des deux parts ; mais cette activité de l'esprit, chez M. Bain, comme chez Laromiguière et Destutt de Tracy, est plutôt supposée, comme la condition nécessaire de certains phénomènes, qu'elle n'est directement observée dans ses caractères propres. Les idéologues ont eu le mérite de mieux étudier les faits d'attention que ne l'avait fait leur maître Condillac ; M. Bain a parfaitement mis en lumière les dispositions du cerveau, des nerfs et des muscles qui servent de base à l'activité mentale ; mais, de part et d'autre, nous n'avons que les effets ou les formes extérieures de l'activité : c'est une autre école, l'école de Maine de Biran, qui a su reconnaître, en lui-même et dans son développement intrinsèque, l'élément actif de tous les faits de conscience. On peut reprocher à cette école l'abus des hypothèses métaphysiques ; mais, sur ce point spécial de l'activité consciente, jamais l'observation intérieure n'avait été pratiquée avec plus de bonheur et avec plus de fruit. Il faut lire surtout l'article *Conscience* du *Dictionnaire des sciences philosophiques*, où M. Vacherot a admirablement résumé les découvertes de Maine de Biran, car le mot de découvertes n'est pas trop fort pour cet univers en raccourci que nous portons en nous-mêmes et qu'il nous est si difficile de bien connaître, précisément parce que tout nous y est présent à la fois dans la plus confuse complexité (1).

L'activité qui fait le fond de tous les états de conscience n'est point un principe abstrait ; elle est la vie même du moi sous toutes ses formes : non seulement ce qu'on appelle, dans un sens restreint, la vie active, c'est-à-dire tous les mouvements instinctifs, habituels ou volontaires que nous imprimons à notre corps, mais la vie intérieure, la vie de la sensation et du sentiment, de l'imagination et de la pensée. Dans ses manifestations de tout ordre, l'activité appartient à l'animal comme à l'homme. C'est se payer de mots que d'appeler *instinct* l'activité de l'animal et d'attribuer à l'homme seul une activité intelligente. Le nom d'instinct ne prend un sens que s'il exprime, chez l'homme comme chez les animaux, certains actes qui ne s'expliquent ni par l'intelligence ni par la volonté. Nous ne prêtons des instincts aux animaux que par analogie avec nos propres instincts et, par une analogie aussi légitime, nous ne pouvons leur refuser une activité intelligente et volontaire. « Partout, dit un éminent naturaliste, M. Blanchard, l'intelligence se montre unie à l'instinct : pas d'instinct possible sans une intelligence pour le diriger et le dominer. » La philosophie spiritualiste ne tient pas un autre langage. M. Janet reconnaît dans l'animal une certaine intelligence, toute sensitive, il est vrai, « constituée presque exclusivement par la sensation, la mémoire et l'imagination », mais à laquelle cependant ne font pas défaut les opérations

(1) Dans son beau livre intitulé : *De la Science et de la Conscience*, M. Vacherot a tiré de sa théorie de la conscience une excellente réfutation de toutes les erreurs dans lesquelles sont tombées les sciences expérimentales, les sciences historiques et les sciences métaphysiques pour avoir méconnu l'activité propre du moi. Voir aussi la *Psychologie de l'association*, de M. Louis Ferri, et, dans les *Comptes rendus de l'Académie des sciences morales et politiques* (octobre-novembre 1882), une solide étude de M. Franck sur la volonté.

intellectuelles proprement dites; « car l'animal est capable d'attention et, par conséquent, de perception ; il est capable de quelque degré d'abstraction et de généralisation, de quelque degré de raisonnement ; enfin, il est capable de langage ». Or, si l'animal a une certaine intelligence, il a, par là même, une certaine volonté ; car la seule différence entre l'acte volontaire et l'acte instinctif est que le premier est intelligent et que le second ne l'est pas.

Si les animaux ont la volonté, ont-ils aussi le libre arbitre? Il est difficile de répondre négativement quand on admet, avec M. Janet et la plupart des spiritualistes, l'identité de la volonté et de la liberté. On peut nier le libre arbitre pour des raisons métaphysiques ou au nom de certaines théories scientifiques ; mais ceux qui le reconnaissent ou qui croient le reconnaître dans les actes volontaires de l'homme ne peuvent lui refuser une place semblable dans les actes volontaires de l'animal. Il s'y manifeste par les mêmes signes: par les preuves d'intelligence et d'une certaine délibération que donne l'animal au moment de l'action. Un savant belge, qui a appliqué à la psychologie d'éminentes facultés d'observation et de raisonnement, M. Delbœuf, vient de tenter une démonstration nouvelle du libre arbitre sur laquelle nous aurions à faire plus d'une réserve, mais qui, sur un point, nous paraît incontestable ; c'est l'impossibilité de séparer la cause de la liberté humaine de celle de la liberté animale (1). On se flattera sans doute d'échapper à cette impossibilité en renfermant le libre arbitre dans la morale et en ne s'appuyant, avec Kant, comme nous l'avons fait nous-même, que sur l'intérêt du devoir pour démontrer son existence ; mais le libre arbitre n'intéresse pas seulement la morale ; il appartient à la psychologie ; il a des caractères qu'il porte partout avec lui-même et qui ne changent pas de nature alors même qu'aucun devoir n'est en cause. Or, si ces caractères se retrouvent dans les actes de l'animal comme dans

(1) Cette démonstration a été publiée dans les livraisons de mai, juin et août 1882 de la *Revue philosophique*.

ceux de l'homme, de quel droit opprait-on les premiers aux seconds dans l'affirmation de la liberté (1).

IV

Dans un brillant chapitre de ses *Problèmes de morale sociale*, M. Caro rappelle cette « loi de continuité » dont Leibnitz, après Aristote, a fait la base du système du monde et qui rattache entre eux tous les êtres de la nature par « une suite de nuances et d'intermédiaires entre les extrêmes de chaque série et entre les séries extrêmes de chaque

(1) M. Delbœuf est si éloigné de faire une telle distinction qu'il prend de préférence ses exemples dans le monde animal et même parmi les animaux inférieurs. Flourens avait fait dans l'araignée la part de l'instinct et celle de l'intelligence: « Tout le monde connait l'araignée des jardins dont la toile est le modèle des rayons qui partent d'un centre. Je l'ai vue bien souvent, à peine éclose, commencer à tisser sa toile ; ici l'instinct agit seul ; mais si je déchire sa toile, l'araignée la répare; elle répare l'endroit déchiré ; elle ne touche point au reste , et cet endroit déchiré, elle le répare aussi souvent que je le déchire. Il y a, dans l'araignée, l'instinct machinal qui fait la toile et l'intelligence (l'espèce d'intelligence qu'il peut y avoir dans une araignée), qui l'avertit de l'endroit déchiré, de l'endroit où il faut que l'instinct agisse. » M. Delbœuf fait dans le même animal la part de l'instinct et celle de la volonté libre : « Un corps étranger vient-il à tomber dans le filet de l'araignée, elle saute dessus : c'est là un acte instinctif. Mais voici où elle agit librement : c'est quand l'insecte qui ébranle son réseau étant ou trop gros, ou redoutable, ou d'une espèce dont elle ne se soucie pas, elle cherche à se rendre compte de la situation, se demande si elle l'aidera à s'échapper, ou si elle l'entortillera dans ses mailles étroites et de plus en plus serrées. Il suffit de l'observer. Elle avance, recule, se tient coite ; ses allures indiquent l'hésitation, la réflexion, la détermination. » M. Delbœuf reconnalt également chez le plus humble des vertébrés, un poisson, des preuves non moins évidentes de délibération et de libre arbitre. Un brochet enfermé dans un aquarium essaie pendant plusieurs semaines de happer des goujons dont il est séparé par une barrière de verre. Il finit par y renoncer, après s'être maintes fois écrasé le museau contre la paroi transparente, et il y renonce si bien qu'il s'abstient de toucher aux goujons, alors même que l'obstacle a été enlevé. Il avait d'abord obéi à un instinct aveugle et il s'impose par un excès de prudence une habitude non moins aveugle ; mais, dit M. Delbœuf, « entre les deux manières, l'ancienne et la nouvelle, sont venues s'intercaler des étapes dont la liberté est la caractéristique. La liberté y joue le rôle capital. L'animal résiste à une sollicitation, suspend momentanément son activité et ne se résout qu'après un débat contradictoire. La volonté sape sans relâche le vieil instinct pour élever à sa place une habitude diamétralement opposée. »

ordre ». Dans cette échelle des êtres, chaque degré, à partir du plus bas, contient en soi tout ce que possèdent les degrés inférieurs et marque en même temps sa place par un attribut qui lui est propre. Le végétal a toutes les qualités du minéral et il a de plus la vie. L'animal joint la conscience individuelle à la vie végétative et aux propriétés générales de la matière. L'homme a tout ce qui constitue l'individualité consciente et active, le *moi* de l'animal; mais il s'élève plus haut par la personnalité. Il faut donc à la personne d'autres attributs que ceux qui suffisent à l'individu : ces attributs, suivant M. Caro, se manifestent « dans le grand phénomène qui s'appelle la réflexion » ; mais la réflexion ne les crée pas; elle ne fait que les mettre en lumière; elle les reconnaît et les résume dans l'activité libre et raisonnable. « Liberté, raison, voilà bien les deux conditions de la personnalité. Voilà les traits fondamentaux par où la personne s'oppose aux autres êtres. »

En réunissant ainsi, dans sa définition de la personnalité, la liberté et la raison, M. Caro entend, par le nom de liberté, non le simple libre arbitre, tel que nous l'avons reconnu avec M. Delbœuf, chez les animaux eux-mêmes, mais l'activité raisonnable, l'activité transformée par cette lumière supérieure de la raison, « qui s'empare de la force spontanée, la ravit aux impulsions de la nature et la dirige à son gré, dans le sens où il lui plaît, vers le but qu'elle-même a fixé ». En un mot, des deux termes proposés par M. Caro, un seul est à retenir, comme le caractère propre et distinctif de la personne humaine : c'est la raison. La définition classique de l'homme n'est-elle pas en effet animal raisonnable? Cette définition a été développée en termes admirables par Cicéron au début du *De Officiis*. Après avoir passé en revue les caractères communs à l'homme et à l'animal, il montre l'homme, par la force de la raison, reconnaissant l'enchaînement des causes et des effets, la marche et l'ordre des choses; unissant, dans ses prévisions, l'avenir au passé; unissant aussi, dans ses actions, sa vie à celle des autres hommes, non seulement dans son intérêt, mais dans celui de sa famille et de tous ceux auxquels il est lié par l'affection ou par le devoir; sachant enfin, quand il peut échapper aux soucis des affaires, placer son objet propre dans la recherche désintéressée du vrai, dans la conception et la réalisation d'un idéal de beauté et de vertu. M. Bouillier, qui cite et commente cette belle page, rattache à la conscience ces parties élevées de la nature humaine. Elles sont l'objet de la *conscience morale*, de cette « immortelle et céleste voix », que Rousseau, d'accord avec le langage ordinaire, appelle simplement « la conscience ». La conscience morale n'est en effet qu'une forme de la conscience de soi-même. C'est la conscience de nos idées, de nos sentiments, de nos actes au point de vue moral ou, en d'autres termes, la conscience de ces éléments supérieurs de notre nature qui font de nous, tout ensemble, les interprètes et les exécuteurs de la loi morale; c'est la conscience de notre nature raisonnable, c'est-à-dire de ce qui nous distingue proprement des animaux et nous fait vraiment hommes. La conscience ainsi entendue n'est autre chose que la raison.

Les animaux sont-ils entièrement étrangers à toutes les fonctions de la raison énumérées par Cicéron? Comme le dit très bien M. Janet, l'animal « ne pourrait pas même vivre », s'il n'avait aucune prévision, aucun sentiment de l'ordre et de l'enchaînement des choses. On ne peut non plus lui refuser des sentiments souvent très vifs de sociabilité et d'altruisme. Il semble enfin manifester quelquefois un certain sentiment du beau, et peut-être même, comme les petits enfants, un certain sentiment du juste et de l'injuste. Ces sentiments, à leur plus bas degré, chez l'animal et chez l'homme lui-même, attestent l'intelligence; mais ils ne s'élèvent pas jusqu'à la raison, dans le sens propre et vrai du mot. La raison est essentiellement la conception de l'universel et de l'idéal. Elle n'est pas seulement la reconnaissance d'un certain enchaînement, d'une certaine causalité, d'une certaine finalité, d'une certaine beauté ou d'une certaine justice, qui peuvent se manifester dans les choses; elle rapporte cet enchaînement, cette causalité, cette finalité, cette beauté, cette justice à des lois nécessaires et universelles et à un ordre idéal, dont la réalité la plus parfaite n'est jamais qu'une image affaiblie. Voilà ce que reconnaît proprement la raison et ce que les plus hardis paradoxes n'ont jamais attribué à l'animal.

On se fait une fausse idée de la conscience et de la raison quand on ne les considère que comme des facultés intellectuelles. « La conscience, dit très justement M. Bouillier, n'est pas seulement coexistante, comme le dit Hamilton, à toutes les facultés de l'intelligence, mais à toutes les facultés de l'âme sans exception. » La raison, dans une sphère moins étendue, embrasse également, sinon la totalité des faits psychologiques, du moins leurs manifestations les plus élevées dans tous les ordres de facultés. Elle est, à tous les points de vue, la forme supérieure de la vie consciente. Elle a non seulement ses idées, mais ses sentiments propres, qui peut-être précèdent ses idées : les sentiments esthétiques, les sentiments moraux, les sentiments religieux. Elle revendique au même titre le plus haut degré d'activité : la volonté responsable de ses actes, la liberté morale. La meilleure classification des faits de conscience consisterait, non à les distribuer en des compartiments séparés, affectés à des facultés distinctes, mais, comme l'a tenté à plusieurs reprises Maine de Biran, à y reconnaître les étages superposés d'une sorte de pyramide (1). L'étage supérieur serait occupé par la raison, par cette vie supérieure de l'esprit, comme l'appelle Maine de Biran, qui en aurait donné la vraie théorie, s'il n'y avait malheureusement introduit les exagérations et les illusions du mysticisme.

Les doctrines évolutionnistes, qui tendent à renouveler à

(1) M. Bouillier a vengé les facultés de l'âme du dédain excessif qu'affectent pour elles les nouvelles écoles de philosophie. Elles n'ont jamais été, pour ceux qui les ont reconnues et qui en ont entrepris l'étude, des entités métaphysiques ; mais on a trop souvent établi entre elles des démarcations trop tranchées, en les déclarant irréductibles les unes aux autres. Chacune d'elles n'est qu'un aspect d'un être unique et invisible, et les domaines divers qu'on leur assigne, pour la commodité du langage psychologique, sont perpétuellement confondus.

la fois la philosophie des sciences et la philosophie pure, se prêteraient très bien à cette façon de considérer les faits de conscience. Elles expliquent en effet tous les phénomènes de la nature par l'ascension des êtres depuis la matière inorganique jusqu'à l'animalité consciente et, dans l'animalité elle-même, elles reconnaissent ou elles attendent une ascension du même genre depuis les animaux inférieurs jusqu'à l'humanité idéale, en possession de la civilisation la plus parfaite et de la plus haute moralité. L'apparition de la raison dans l'homme peut donc être l'effet de l'évolution animale, et le perfectionnement de la raison elle-même peut être une dernière application de la loi d'évolution.

L'erreur des écoles expérimentales qui ont cherché un point d'appui dans les doctrines évolutionnistes est de ne voir dans la raison qu'un développement de l'expérience et un produit indirect de la sensation ; c'est, en un mot, suivant la forte expression de M. Ravaisson, d'expliquer le supérieur par l'inférieur. L'évolution veut sans doute que la vie propre de l'homme, la vie de la raison, sorte de la vie animale, comme la vie animale sort elle-même de la vie végétative ; mais, pour que le passage d'un degré inférieur à un degré supérieur devienne possible, il faut au moins qu'il y ait dans le premier un germe latent, destiné à se développer dans le second. C'est ce germe qu'a toujours nié la philosophie de la sensation, chez ses nouveaux représentants comme chez leurs maîtres au XVIIIe siècle et leurs précurseurs dans l'antiquité. Non seulement on le nie, mais on ne se donne pas la peine de justifier un tel renversement des lois de la logique. L'ancien axiome « qu'il n'y a rien dans l'entendement qui n'ait été auparavant dans les sens » est accepté comme une vérité *à priori* par des philosophes pour qui l'existence de toute vérité *à priori* n'est qu'une illusion. S'ils en demandent la confirmation à l'analyse de la pensée, ils s'arrêtent complaisamment sur les connaissances dont l'origine sensible n'est pas douteuse ; ils entrent dans les détails les plus minutieux pour expliquer la filiation de ces connaissances et ils s'arrêtent à peine sur celles qui sont l'objet du débat, sur les idées que les plus grands esprits de l'antiquité et des temps modernes refusent d'expliquer par la sensation seule. Ils ressemblent à ces commentateurs qui accumulent les notes sur les passages relativement faciles de leurs auteurs et qui n'en ont aucune sur les passages vraiment difficiles (1). M. Ribot, si partial envers cette école, a reconnu sa répugnance à s'expliquer sur certaines conceptions de la raison, telles que l'idée de Dieu, et son impuissance à rendre compte des autres conceptions, qu'elle a vainement essayé de soumettre aux conditions de la méthode expérimentale ; car on peut généraliser ce qu'il dit d'un des maîtres de la psychologie anglaise, et non le moins pénétrant, M. Bain : « Sa méthode expérimentale, très bonne quand elle s'applique aux simples phénomènes psychiques, ne nous paraît pas aussi heureuse ici, où il s'agit moins des faits que d'un idéal, moins de ce qui *est* que de ce qui *doit être* (2). »

Tel est, en effet, le véritable objet de la raison. Elle s'appuie sur ce qui est pour dépasser toute réalité observable, pour embrasser l'universalité de toutes les choses possibles et, dans cette universalité, non seulement ce qui peut être, mais ce qui doit être : l'idéal sous toutes ses formes. Notre conception de l'idéal se développe et s'épure à mesure que la réalité, transformée par l'industrie, par l'art ou par la vertu, nous offre elle-même des modèles de plus en plus parfaits ; mais le propre de cette conception et des sentiments de désir ou d'amour qui s'y rattachent est de s'élever toujours au-dessus de la plus haute et de la plus parfaite réalité, d'en reconnaître ou d'en sentir les imperfections, de s'exalter sans cesse vers un but plus élevé. Notre idéal est toujours plus ou moins notre œuvre ; mais ce que nul ne peut créer,

(1) M. Taine a écrit deux volumes sur l'*Intelligence :* les observations les plus exactes et les plus précises, les plus fines analyses, les inductions les plus ingénieuses y abondent, et quelques paradoxes dont elles sont entremêlées n'en infirment pas la valeur ; mais quel est l'objet à peu près constant de cette théorie qui prétend embrasser l'intelligence entière ? C'est la connaissance sensible. Un seul chapitre traite de la connaissance idéale ; il contient à peine deux pages sur l'idéal vraiment rationnel : l'idéal du beau et du bien ; l'idéal divin n'a pas une seule ligne.

(2) *La Psychologie anglaise contemporaine*, 3e édition, p. 276.

c'est la conception même d'un ordre idéal et le besoin incessant, pour l'intelligence et pour la sensibilité, de rapporter à cet ordre idéal tout ce que nous connaissons et tout ce que nous aimons. Voilà la part de la raison, et elle ne peut lui être disputée sans méconnaître l'origine et la nature de tout véritable idéal.

Ce n'est pas ici le lieu d'exposer une théorie complète de la raison. Pour ne citer qu'un ouvrage récent, cette théorie a été faite de main de maître dans le beau livre de M. Magy : *la Raison et l'Ame* (1). Nous ne voulons que rappeler ce qui fait le couronnement de cette théorie, chez M. Magy comme chez tous les grands idéalistes. L'ordre universel et l'ordre idéal ont leur plus haute expression dans l'ordre divin. Concevoir ou sentir le divin dans les choses, c'est concevoir ou sentir tout ce qui porte un caractère éminent de beauté, de vertu, d'harmonie, tout ce qui peut exciter en un haut degré des sentiments d'admiration, de vénération, d'enthousiasme. La raison peut donc se définir la conception et le sentiment du divin. Ainsi comprise, la raison éclaire et complète la définition de la personnalité. La personne humaine n'acquiert vraiment la conscience et la possession d'elle-même qu'autant qu'elle s'associe, sciemment et volontairement, à l'ordre universel et qu'elle tend à réaliser son idéal en se rapprochant du type de perfection, du type divin, sous lequel elle se représente le plus entier épanouissement de toutes ses facultés. Aussi M. Paul Janet a pu dire, sous une forme paradoxale qui cache un sens très profond, que « la personnalité, c'est en quelque sorte la *conscience de l'impersonnel* ». « En effet, ajoute M. Janet, ce n'est pas en tant que je suis capable de sensation, c'est-à-dire de plaisir et de douleur physiques, que je suis une personne : c'est en tant que je pense, que j'aime et que je veux ; c'est en tant que je pense le vrai, que j'aime le bien et que je veux l'un et l'autre. Ce qu'il y a d'inviolable dans les autres hommes, ce n'est pas la sensibilité animale, ce n'est pas l'instinct machinal ni les fonctions vitales ; ce n'est évidemment ni leur estomac, ni

(1) Un volume, Durand et Pédone-Lauriel, 1879.

leur sensualité, ni leurs vices : c'est l'étincelle du divin qui est en eux ; c'est la capacité de participer comme moi-même à ce qui n'est ni tien ni mien, au soleil commun des esprits et des âmes, à la vérité, à la justice, à la liberté, à tout ce qui est impersonnel (1). »

V

La question de la personnalité peut-elle se dégager de toute considération métaphysique ? Nous ne le croyons pas, soit au point de vue théorique, soit au point de vue pratique. Une théorie de la personnalité est nécessairement incomplète si elle ne sait pas ou si elle ne cherche pas à savoir ce qu'est l'être même que nous appelons une personne. Quant aux applications pratiques de l'idée de personnalité, elles sont l'objet de la morale et du droit ; or, ces deux sciences n'ont jamais pu jusqu'à présent se constituer solidement en dehors d'une base métaphysique, alors même qu'elles ont renoncé, dans le sentiment bien compris de leur indépendance, à chercher cette base hors d'elles-mêmes. Nous avons écarté, d'ailleurs, la principale objection du positivisme en reconnaissant en nous cette faculté de l'universel, de l'idéal et du divin, qui, d'un seul mot, peut se définir la faculté métaphysique.

Invoquer une telle faculté, c'est, disent les positivistes, prouver la métaphysique par la métaphysique elle-même. Nous répondrons que la distinction, dans la conscience humaine, des sens et de la raison est une question de fait et qu'elle ne se résout que par l'observation et par l'analyse des données de la conscience. L'un des plus illustres adversaires de la raison pure et des intuitions *à priori*, Stuart Mill, le reconnaît expressément. Il ne refuse pas de voir dans l'expérience intérieure « la base commune » du système qu'il combat et de son propre système. « La différence fondamen-

(1) M. Paul Janet, *Morale*, avant-dernier chapitre.

tale entre les deux écoles, dit-il très bien, réside moins dans leur manière d'envisager les phénomènes que dans celle d'expliquer leur origine. En peu de mots et sans prétention, nous pourrions dire qu'une école considère les phénomènes les plus complexes de l'esprit comme essentiels, tandis que l'autre les considère comme des résultats de l'expérience ou, en termes plus précis, que les philosophes de l'*à priori* admettent l'intervention, dans chaque opération mentale, de la plus simple à la plus complexe, d'un élément que l'esprit ne *subit* pas, mais qu'il *apporte*, et qui lui est inhérent (1). » Nous sommes de ceux qui reconnaissent dans la conscience cet élément inhérent à l'esprit humain, qu'il ne subit pas comme la sensation, mais dont il porte en lui le germe et qu'il développe à l'occasion de ses perceptions sensibles. Nous nous appuierons sur cet élément rationnel, attesté par l'expérience elle-même, pour élever la théorie de la personnalité au-dessus de cette « psychologie sans âme » dans laquelle se renferment les écoles purement expérimentales (2).

Nous ne repousserions pas aussi absolument que le fait M. Bouillier la « psychologie sans âme ». Elle a sa place

(1) *La Psychologie d'Alexandre Bain* (*Revue des cours littéraires*, 14 août 1869).

(2) Ces écoles sont loin d'être fidèles dans la pratique à la haine qu'elles professent ou qu'on professe en leur nom contre toute métaphysique. M. Ribot, qui nous a fait connaître les représentants les plus célèbres de la « psychologie sans âme » en Angleterre et en Allemagne, et qui traite si sévèrement dans ses préfaces les psychologues métaphysiciens de la France, ne peut s'empêcher d'avouer qu'il y a plus d'un métaphysicien chez ceux qu'il nous propose pour modèles. Et, si l'on veut aller au fond des choses, on trouvera beaucoup plus de métaphysique qu'il ne veut en convenir chez ceux mêmes dont il proclame la rigoureuse fidélité aux méthodes scientifiques ; on n'en trouvera pas moins chez les savants eux-mêmes, qui ne se refusent pas toujours aux professions de foi spiritualistes, matérialistes, idéalistes ou panthéistiques. Il est difficile de se dégager entièrement, non seulement du langage, mais des idées reçues. Il est surtout difficile de se soustraire à ses propres opinions. Il est impossible enfin, dans l'emploi le plus sévère de la méthode expérimentale, d'écarter certaines hypothèses, qui ouvrent, quoi qu'on fasse, une perspective sur le monde métaphysique. Ce qu'il faut demander aux philosophes et aux savants, ce n'est pas de bannir la métaphysique, c'est de l'accepter franchement pour ce qu'elle est et de ne pas la dissimuler sous une livrée faussement scientifique.

légitime, non seulement dans les sciences naturelles, qui ont le droit de répudier toute considération métaphysique, mais dans les sciences philosophiques elles-mêmes. Le spiritualisme français a toujours proclamé aussi hautement que ses adversaires étrangers ou nationaux la distinction de la psychologie expérimentale et de la psychologie rationnelle et la nécessité de fonder la seconde sur la première. Jouffroy poussait même si loin cette distinction qu'il ajournait indéfiniment, jusqu'à l'achèvement de la psychologie expérimentale, toute recherche métaphysique sur l'âme. Ni les besoins spéculatifs ni surtout les besoins pratiques de l'esprit humain ne s'accommoderaient de cet ordre rigoureux, qui attendrait, pour toucher à une science, que les sciences antécédentes fussent entièrement achevées. Ce qu'on doit seulement exiger, c'est qu'aucune science n'oublie de prendre son point d'appui dans l'état actuel des sciences antécédentes ; c'est, pour ne pas sortir du sujet particulier de cette étude, qu'il ne soit rien tenté, dans la psychologie métaphysique ou rationnelle, qui ne s'accorde pleinement avec les résultats acquis de la psychologie expérimentale.

Le spiritualisme classique prouve l'existence d'une âme distincte du corps par l'unité du moi, telle qu'elle se manifeste dans tous les états de conscience. « Nous ne pouvons nous connaître, dit M. Bouillier, sans par là même être et nous savoir un, sinon toute connaissance serait impossible. » Cette unité, on l'entend comme une simplicité absolue, excluant toute composition, toute combinaison de parties. L'unité indivisible du moi, qui est la condition générale de son existence et de la conscience qu'il a de lui-même, se montre particulièrement dans les attributs les plus élevés du moi : la liberté et la raison. La liberté ne peut appartenir qu'à une force simple, car une force composée est nécessairement déterminée par sa composition même. La raison implique également la simplicité, car une de ses principales fonctions, comme M. Magy l'a très fortement établi, est d'introduire l'unité et l'harmonie dans la complexité et la confusion de nos connaissances.

Nous acceptons pleinement cette théorie de la simplicité du moi ; nous trouvons même qu'elle est surabondante. Ce n'est pas seulement le moi, c'est tout être quelconque qui se conçoit naturellement sous la condition de l'unité. La vie, à son plus bas degré, réclame cette condition. Ceux qui se refusent à reconnaître, dans le végétal ou dans l'animal, un principe unique et indivisible de vie, font du végétal ou de l'animal un assemblage de cellules ou d'éléments anatomiques, doués chacun d'une vie propre ; en un mot, ils transportent la vie là où ils trouvent ou croient trouver l'unité. Dans la matière inorganique elle-même, ce que nous appelons un corps n'est pas un être, mais plusieurs êtres ; nous le décomposons par la pensée en atomes, en monades ou en forces simples : là seulement où s'arrête toute possibilité de division, nous reconnaissons l'individualité naturelle et distincte de l'être. Et ces éléments indivisibles, auxquels nous ramenons toute réalité, nous les considérons également comme indestructibles. La mort, dans la nature, n'est que dissolution ou changement d'état. Il est impossible de la concevoir pour des éléments indivisibles et toujours identiques par l'effet même de leur indivisibilité. La spiritualité et l'immortalité de l'âme, si elles se réduisaient à une unité indivisible et indestructible, ne s'élèveraient donc en rien au-dessus des conditions du dernier degré de l'être. Est-ce là ce que nous entendons par ce double privilège que nous attribuons à la personne humaine ? Hegel a raison : l'être pur, dans sa simplicité nue, est tout près du néant. L'évolution des êtres y introduit une complexité, une richesse croissante d'attributs et de phénomènes de toute sorte. Quand nous nous représentons la dignité et l'excellence de la nature humaine, ce n'est pas dans la simplicité nue de son être que nous en trouvons les marques, c'est au contraire dans le développement le plus complet et le plus varié de la sensibilité, de la raison et de la liberté. Le plus bel éloge que l'on fera d'un homme de génie, d'un Shakespeare par exemple, c'est de reconnaître en lui, non une seule âme, mais plusieurs âmes. Il ne faut pas sans doute, même dans la personnalité la plus complexe et la plus riche, méconnaître l'unité ; nous devons, au contraire, reconnaître en nous une double unité : la simplicité métaphysique et l'unité vivante, dont l'idéal est la plus parfaite harmonie de toutes les manifestations de l'être physique et de l'être moral ; la première est à la base, la seconde se poursuit jusqu'au sommet de l'être. Or, quand nous parlons de l'âme spirituelle, c'est le sommet que nous considérons, c'est ce qui élève la personne humaine au-dessus des autres êtres. Le vrai spiritualisme n'est donc pas dans la conception abstraite et banale d'une substance absolument simple ; il est dans la foi à l'idéal, au devoir, à la responsabilité morale et à toutes les conditions dont l'homme ne peut se passer pour le développement de sa nature propre et l'accomplissement de sa destinée.

VI

L'auteur d'une thèse très distinguée sur la *Parole intérieure*, M. Victor Egger, prétend trouver une antipathie invincible entre la conscience du moi et toute idée d'étendue. C'est par cette antipathie qu'il explique la perception extérieure : « Elle consiste dans un jugement, jugement constant, perpétuel, incessamment porté par l'esprit, par lequel, niant de nous-mêmes une partie de nos états de conscience, les rejetant hors de nous, nous les refusant, nous les déniant, les aliénant en quelque sorte, nous traçons une ligne de démarcation dans la totalité des phénomènes présents à notre conscience (1). » Et quels sont ces objets que nous rejetons hors de nous ? Ce sont, suivant M. Egger, ceux « qui nous paraissent posséder la qualité de l'étendue. L'étendue semble leur vice rédhibitoire et la raison de leur exclusion ; on dirait que l'âme est venue au monde avec une haine innée contre l'étendue. »

Cette « haine innée contre l'étendue », que M. Victor Egger prête à l'âme, est-elle plus réelle que l'horreur du

(1) Victor Egger, *la Parole intérieure. Essai de psychologie descriptive*, 1881 ; Germer Baillière.

vide, que l'ancienne physique prêtait à la nature? Remarquons que, lorsqu'il parle de l'âme et de ses instincts, le jeune philosophe se défend de faire de la métaphysique; il prétend se renfermer, comme le dit le sous-titre de son livre, dans la « psychologie descriptive ». Il ne s'agit donc que d'un sentiment dont nous aurions une claire conscience et que chacun pourrait reconnaître en lui-même. Or, loin d'exclure l'étendue de l'idée qu'ils se font de leur propre moi et de la rejeter avec horreur hors d'eux-mêmes, tous les hommes, excepté quelques métaphysiciens, sont portés à placer leur moi, leur personne, dans cette portion d'étendue qu'ils appellent leur corps, et c'est de même le corps d'autrui qui représente le plus ordinairement pour nous la personnalité d'autrui. Les métaphysiciens spiritualistes font-ils tous exception? Quelques mois avant la thèse de M. Victor Egger, la Sorbonne entendait la soutenance d'une autre thèse de philosophie dont les conclusions sont bien différentes. M. Alexis Bertrand s'attache à prouver que nous avons par la conscience l'aperception directe de notre propre corps (1). Et il n'entend pas par là que la conscience enveloppe la connaissance de notre corps, comme elle enveloppe toutes nos autres connaissances; il affirme hautement que la connaissance du corps est un élément essentiel de la connaissance de nous-mêmes et il ne craint pas de dire que « le corps est dans l'âme ». Si l'expression peut paraître forcée, la thèse de M. Bertrand, dans ce qu'elle a de plus hardi, ne doit pas être prise pour un de ces paradoxes dans lesquels se complaît une audace juvénile. La même doctrine a été soutenue, avec certaines réserves qui n'en altèrent pas le fond, par les spiritualistes les plus orthodoxes, Maine de Biran, Albert Lemoine, M. Bouillier, M. Janet. Elle avait été très ingénieusement exposée et très fortement défendue en 1848 par un médecin philosophe, M. Peisse, qui, sans appartenir à l'école spiritualiste, lui a toujours été sympathique et qui est mort, il y a quelques années, membre de la section de phi-

(1) Alexis Bertrand, *l'Aperception du corps humain par la conscience*, 1881. Germer Baillière.

losophie de l'Académie des sciences morales et politiques (1).

Chose singulière ! cette doctrine se montre à peine chez les philosophes qui, au nom de l'expérience, sont le plus opposés à la séparation absolue de l'âme et du corps. Ils reconnaissent bien une « cénesthésie », une « conscience obscure de la vie », comme dit M. Ribot ; mais ils semblent craindre de se laisser entraîner sur le terrain de la métaphysique dès qu'il s'agit d'aller au-delà de vagues affirmations. Quelques-uns même voudraient ramener la conscience de notre corps à la connaissance indirecte que nous avons des corps étrangers. M. Alexis Bertrand, dans le développement de sa thèse, a surtout à combattre M. Taine, qui accumule les comparaisons et les métaphores pour établir que les faits de conscience et les faits concomitants de la vie physique, bien que formant peut-être un même tissu d'événements, sont « condamnés à paraître toujours et irrémédiablement doubles », comme les deux faces d'un même objet ou deux versions d'un même texte en deux langues différentes. La répugnance ou le peu de goût de l'école dite expérimentale pour la conscience du corps n'est pas inexplicable. Cette école préfère l'observation extérieure à l'observation intérieure. Elle aime à étudier du dehors, dans les signes qui les manifestent, les faits mêmes qui forment le domaine propre de la conscience. A plus forte raison étu-

(1) M. Peisse distingue deux connaissances de notre corps : l'une objective, semblable à celle que nous avons des corps étrangers ; l'autre subjective, comprise dans la conscience même que nous avons de notre *moi*. « A ce point de vue subjectif, dit-il, le corps n'est plus vu, ni touché, ni perçu, il est simplement senti ; il n'est pas connu par le *moi* comme chose extérieure et étrangère, comme objet sensible, mais comme sujet ou siège de modifications qui sont celles du *moi* lui-même, en tant qu'il est sentant et vivant. Les mouvements intestins de cet organisme, que la perception externe ne peut se représenter que sous forme d'images, se traduisent à la conscience sous forme d'impressions, de sensations, d'états divers du *moi*, et entrent ainsi dans la sphère psychique. Le sujet n'est plus ici simple spectateur de l'exercice des fonctions organiques ; il n'est pas obligé, pour les connaître, de sortir de lui-même, comme s'il s'agissait d'un organisme autre que le sien ; il en a la conscience immédiate, comme modes spéciaux de sa propre existence, et cette conscience est précisément la conscience de cette vie qu'on dit inconnue au *moi*. » (*Liberté de penser* du 15 mai 1848. *Rapports du physique et du moral*, par M. Peisse.)

diera-t-elle du dehors les faits physiologiques et verra-t-elle, entre ces faits et ceux qui peuvent être connus du *dedans*, « un abîme infranchissable », comme dit l'illustre physicien Tyndall. Il est certain que c'est seulement par l'observation extérieure qu'on peut prendre une connaissance complète et vraiment scientifique des faits, de leur enchaînement et de leurs lois. Il ne faut pas toutefois dédaigner cette connaissance du corps que nous pouvons acquérir par le dedans, par l'observation intérieure, comme celle de l'âme elle-même; car, sans cette conscience de notre corps, rien ne le distingue pour nous des corps étrangers et ne nous le fait connaître comme un élément intégrant de notre personne.

M. Janet, qui admet la conscience du corps, a raison de faire remarquer qu'elle n'équivaut pas à la science du corps; mais il fait une réserve excessive quand il ne veut pas qu'on dise : « J'ai conscience de mon corps en tant que corps. » Comment notre corps se manifesterait-il à notre conscience si ce n'est comme une masse étendue et résistante et, par conséquent, comme un corps? La première conscience que nous en avons est ce sens vital, si bien étudié par Albert Lemoine et par M. Bouillier, ce sens de notre vie, qui s'éveille avec notre vie elle-même et qui entre en jeu par des sensations distinctes chaque fois que le cours de notre vie est modifié ou troublé, soit par une cause interne, soit par une action extérieure. Ces sensations se localisent comme celles des cinq sens, c'est-à-dire que nous ne pouvons pas les éprouver sans les situer quelque part, à droite ou à gauche, en haut ou en bas, dans un ensemble de points dont la réunion représentera pour nous tout ce que nous savons directement de nos organes. La faim, la soif, la migraine, la colique, nous donnent la première idée de nos organes intérieurs, de même que nos organes extérieurs nous sont connus par les impressions des cinq sens à la surface de notre corps. Les organes du toucher nous sont le mieux connus, parce que nous pouvons produire d'une façon continue les impressions qu'ils reçoivent. C'est ainsi que nous nous donnons, en y portant successivement la main, une représentation étendue et suivie de la configuration de notre corps. Adolphe Garnier et M. Taine font honneur de la connaissance distincte de notre corps à cette méthode du « double toucher » ou du « toucher explorateur »; mais ces doubles sensations, localisées à la fois dans l'organe qui touche et dans les organes qui sont touchés, comment les rapportons-nous, non seulement d'une manière générale à notre moi, mais à une surface nettement délimitée, que nous déclarons nôtre et que nous distinguons de tout ce qui n'est pas nous? « N'est-il pas vrai, dit très bien M. Janet, que si j'attribue à un corps l'épithète de mien, c'est parce que je sens qu'il est le mien et non pas celui d'un autre? La vie de ce corps n'est-elle pas ma vie et ne dis-je pas : Je vis, tout aussi bien que : Je pense? » Or, ce sentiment de notre vie, ce sentiment de notre corps, nous n'attendons pas pour l'éprouver que le « toucher explorateur » l'ait fait naître; nous l'avons chaque fois qu'une sensation se localise en un point quelconque de nos organes intérieurs ou extérieurs.

On a voulu expliquer par l'habitude, par l'association des idées, la localisation des sensations. M. Taine a repris cette explication, très en faveur près des philosophes écossais de l'époque classique; mais, comme le remarque M. Alexis Bertrand, elle recèle « un véritable cercle vicieux ou tout au moins une grave pétition de principe ». De bonnes habitudes d'esprit et des associations bien faites, à la suite des expériences du toucher explorateur, peuvent bien rectifier des localisations imparfaites et corriger certaines erreurs nées elles-mêmes de l'habitude, comme celle qui nous fait rapporter une douleur à un membre que nous n'avons plus; mais s'il n'y avait jamais eu des localisations naturelles et spontanées, jamais il n'y en aurait d'acquises et d'habituelles (1). S'il y a des erreurs, des illusions, des hallucinations dans l'attribution de chaque sensation à un siège déterminé, n'y en a-t-il pas aussi dans les faits de sensibilité, d'intelligence,

(1) Voir, dans les comptes rendus de l'Académie des sciences morales et politiques (janvier 1883), une récente et lumineuse étude de M. Janet sur la *Localisation des sensations*.

de volonté, que l'on considère comme les objets propres et directs de la conscience? Ce qui nous est le plus intime, notre moi lui-même, ne semble-t-il pas quelquefois nous échapper, non seulement dans le délire du rêve, de l'ivresse ou de la folie, mais dans un état relativement sain, dans l'agitation d'une passion violente ou dans la prostration qui suit une grande douleur? Nous corrigeons ces défaillances de la conscience par un examen plus attentif, par une comparaison exacte des circonstances, par des inductions légitimes. La vérité définitive n'est souvent, conformément à la théorie de M. Taine, qu'une « hallucination rectifiée »; mais, pour la connaissance du corps comme pour celle de l'âme, la nécessité même d'une rectification suppose une perception directe, une représentation dans la conscience.

On objecte contre la conscience du corps que le corps nous apparaît comme notre propriété, non comme notre personne. Nous disons qu'il est nôtre, nous ne disons pas qu'il est nous-mêmes. — Nous disons en réalité l'un et l'autre, pour notre corps, comme pour nos facultés morales; nous nous dédoublons sans cesse, soit que nous affirmions notre autorité sur les différentes parties de notre être, soit que nous les accusions de résistance et de révolte.

Tout beau, ma passion!

disent les héros de Corneille. Notre corps est à nous, comme notre sensibilité ou notre intelligence, et il nous faut souvent moins d'efforts pour lui imprimer le mouvement le plus difficile que pour comprimer une passion ou pour évoquer une idée rebelle. Tous les éléments de notre moi, dont il ne dispose que dans des limites toujours très restreintes, ne sont pas moins, au même titre les uns que les autres, notre moi lui-même. « L'enfant, dit avec raison M. Bertrand, ne fait pas ces distinctions subtiles et ne sépare pas son moi de son corps. On ne le ferait pas rire, mais on l'étonnerait fort en lui demandant si, quand il dit *je* ou *moi*, il entend parler d'un être séparé de son corps. » L'homme fait, s'il ne s'est pas nourri d'une certaine métaphysique, manifesterait le même étonnement.

La seule objection spécieuse qu'on puisse faire à la conscience du corps est la difficulté de la concilier avec le caractère d'unité qui semble inhérent à toute conscience et qui est la forme essentielle du moi. Nous ne voudrions recourir, pour lever cette difficulté, à aucune hypothèse métaphysique. Nous ne rechercherions ni si l'âme est le principe de la vie du corps, comme le croit M. Bouillier, ni si le corps est composé d'âmes, de petites unités conscientes, comme l'affirme M. Bertrand ; nous n'alléguerions que notre ignorance de la nature propre et intrinsèque de toute substance, soit matérielle, soit spirituelle (1). Nous croyons, dans l'intérêt nécessaire de la morale, que notre personne est une substance spirituelle, une âme et non un corps, en ce sens que la vie du corps ne contient pas sa destinée tout entière; mais nous ne savons ce qu'est en soi ni le corps ni l'âme. C'est par une hypothèse invérifiable qu'on définit le corps une substance composée ; on peut tout aussi bien le définir, comme l'âme elle-même, une substance simple se manifestant par une diversité infinie de phénomènes. Qu'est-ce que l'étendue et qu'est-ce que le moi, dans la seule connaissance positive et certaine que nous puissions en avoir ? L'étendue n'est qu'un phénomène ou un groupe de phénomènes perçus par les sens. Quand on veut pénétrer sa nature, on n'y trouve, avec Leibnitz et plusieurs psychologues contemporains, que l'ordre dans lequel nous nous représentons certains faits simultanés, ou bien, avec M. Magy, qu'une réaction du moi contre les impressions dont il subit l'effet dans ses

(1) On tend aujourd'hui, parmi les physiologistes et même parmi les psychologues, à considérer tout corps vivant comme une collection ou une *association* d'individus distincts. Cette hypothèse ne saurait exclure, au moins chez l'homme et chez les animaux supérieurs , un principe unique de vie, attesté par la *cénesthésie*. Ce principe unique est-il une simple résultante, le *consensus*, soit de forces inconscientes, soit, suivant la thèse de M. Bertrand, de forces conscientes? Se réalise-t-il dans un élément supérieur, étroitement uni à l'âme, ou se confond-il avec l'âme elle-même? Ces diverses solutions ont été soutenues et elles peuvent se soutenir. Nous ne nous prononçons pas entre elles, non plus que sur l'hypothèse qui leur sert de base. Un seul point importe et il est hors de discussion : c'est l'unité de la personne, sous son double aspect, physique et moral, dans la conscience qu'elle a d'elle-même.

diverses sensations. Nous ne voulons pas prendre parti entre ces théories. Nous ne retiendrons que ce qui leur est commun, à savoir que l'étendue est perçue du dedans avant d'être perçue du dehors, et qu'elle est un fait de conscience, au même titre que toutes nos sensations. Nous en dirons autant et à plus forte raison du mouvement, car la première perception de la conscience est peut-être le sentiment de notre activité motrice. Nous ne concevons le mouvement au dehors que sur le type des mouvements que nous produisons dans notre corps et dont nous avons conscience dans notre effort pour les produire. Or, c'est surtout par le mouvement que nous nous faisons une idée claire de l'étendue, et les définitions des figures géométriques reposent sur les mouvements qu'il faudrait faire pour les tracer (1). Le moi, de son côté, quelque unité qu'on reconnaisse ou qu'on sente en lui, ne se manifeste à lui-même que dans la plus grande complexité de phénomènes simultanés ou successifs. La multiplicité des phénomènes se retrouve donc et dans le corps étendu et dans le moi un et simple. Il n'y a entre eux, à ce point de vue, aucune opposition de nature.

Le corps change sans cesse et il paraît se renouveler entièrement au bout de quelques années : le moi, au contraire, a conscience de son identité. Que faut-il entendre par ce renouvellement du corps et cette identité du moi ? Chaque corps vit d'emprunts à la nature extérieure ; mais il a en lui un principe de vie qui ramène tous ces emprunts à l'unité d'une même forme. Chaque moi, chaque individu conscient vit de même, en grande partie, de sensations et d'idées dont la cause est hors de lui. Elle est dans toutes les impressions que subit son corps ; elle est particulièrement dans la conformation de son cerveau et dans toutes les influences que la nourriture, l'air ambiant, le climat, l'hérédité peuvent exercer sur cette conformation. Elle est aussi dans les

(1) C'est là une théorie classique dans l'école spiritualiste, et les écoles rivales se la sont appropriée. M. Ribot lui a consacré, il y a peu d'années, une excellente étude qu'il n'a pas hésité à résumer dans l'expression de *Psychologie des mouvements* (*Revue philosophique*, octobre 1879, *les Mouvements et leur importance psychologique*).

sensations et les idées d'autrui, dans l'éducation qu'il reçoit, dans la communauté de sentiments, de croyances, de manières de penser qui s'établit nécessairement entre les individus d'un même pays, d'un même siècle, d'une même civilisation. Elle est enfin dans l'hérédité intellectuelle et morale, dont les effets ne sont pas moins sensibles dans les races, dans les peuples, dans les familles, que ceux de l'hérédité physique. Le moi sent en lui un principe actif qui réagit plus ou moins contre toutes ces influences et qui tend à les ramener à l'identité d'une même personne. Il peut, jusqu'à un certain point, s'en rendre maître, les diriger et les gouverner; mais si l'on fait, chez les mieux doués et les plus forts, la part de l'action personnelle et celle des actions subies, la disproportion sera infinie en faveur des dernières. Les plus fins moralistes reconnaissent plusieurs hommes en un seul homme, non seulement dans ces maladies mentales où la personnalité semble se dédoubler et s'opposer à elle-même, mais à l'état normal, dans la pleine jouissance de nos facultés (1). Ne sommes-nous pas, en effet, l'homme de notre éducation et de notre milieu social, l'homme de nos habitudes, l'homme de notre profession et du rôle qu'elle nous oblige à jouer, l'homme enfin de nos passions diverses et contraires? Cette unité même, qui s'établit et se maintient entre toutes ces personnalités distinctes dans une même personne, n'est le plus souvent que celle de notre caractère, et notre caractère lui-même n'est que l'effet le plus général de nos habitudes héréditaires ou acquises. « L'habitude, dit l'habile psychologue Albert Lemoine, établit, pour les êtres qui sont capables de l'acquérir, entre les différentes parties de la durée, qui ne font que se succéder pour les autres êtres, une relation sans laquelle la vie même la plus haute est incompréhensible et impossible... Fixer ce perpétuel devenir, constituer un présent positif avec ces éléments négatifs, faire demeurer le présent; d'un point mathématique faire une ligne ou un

(1) Voir, sur les *Variations de la personnalité à l'état normal*, une étude curieuse, bien qu'excessive dans ses conclusions, de M. Paulhan. (*Revue philosophique*, juin 1882.)

solide ; résoudre cette difficulté d'arrêter le temps que rien n'arrête, telle est l'œuvre de l'habitude et le service qu'elle rend aux êtres vivants (1). » L'habitude ne crée pas sans doute l'unité des êtres vivants ; mais elle lui donne sa forme générale et constante, soit dans le développement de la vie physique, soit dans celui de la vie morale. Or, le moi, par son action propre, n'a qu'une part très limitée dans l'acquisition de ses habitudes. La plupart lui viennent de causes extérieures et plusieurs même sont antérieures à sa naissance. Héréditaires ou acquises, elles entretiennent entre tous les êtres vivants cette solidarité qu'un des représentants les plus distingués de notre jeune génération philosophique, M. Marion, a étudiée au point de vue moral et qui ne se manifeste pas moins, soit dans l'ordre physique, soit dans l'union des deux ordres (2). Il y a, par cette loi même de l'habitude, une étroite analogie entre la vie du corps et la vie du moi. Des deux côtés, un principe d'unité et de permanence ; des deux côtés aussi une complexité, une mobilité, un renouvellement perpétuel, un *devenir*, comme dit très bien Albert Lemoine, qui se fixe en un certain sens par l'habitude et qui, dans un autre sens, se dissout sans cesse en mille éléments disparates et souvent contradictoires, par l'effet de toutes les influences auxquelles est soumis le moi moral aussi bien que le moi physique. Ainsi se justifie l'expression hardie de M. Alexis Bertrand : « Le corps est une habitude de l'âme. »

VII

Il y a toutefois une différence essentielle entre les phénomènes corporels et les faits de conscience, c'est-à-dire les

(1) Albert Lemoine, *l'Habitude et l'Instinct*, 1875. Germer Baillière.

(2) Henri Marion, *la Solidarité morale*, 1879. Germer Baillière. — M. Marion a publié deux autres ouvrages : des *Leçons de psychologie appliquée à l'éducation* et des *Leçons de morale* (1882. Armand Colin), dans lesquelles il montre la même originalité de bon sens, libre de tout préjugé d'école.

faits qui constituent le moral de l'homme ou le domaine propre de l'âme. Les premiers se ramènent à l'étendue et au mouvement, qui peuvent être l'objet de la conscience, mais qui peuvent aussi se concevoir en dehors de toute conscience; les seconds ne se conçoivent pas, au contraire, sans la conscience d'eux-mêmes. Un mouvement inconscient a un sens très clair ; une pensée inconsciente n'en a aucun. C'est cette différence qui peut justifier la distinction métaphysique de deux substances : l'esprit, où la conscience règne seule ; la matière, qui appartient proprement à l'inconscience, mais qui peut s'ouvrir à la conscience par son union avec l'esprit. Nous ne voulons pas prendre parti pour ou contre cette distinction. Nous ne connaissons aucun moyen de pénétrer dans la nature des substances. Nous devons toutefois reconnaître que l'unité du moi paraît bien en péril, s'il réunit en lui deux substances distinctes. Il ne serait pas, en effet, possible d'identifier le moi avec une seule de ces substances et de réduire l'autre au rôle d'un simple instrument. Les philosophes qui affirment le plus hautement la distinction de la matière et de l'esprit déclarent cependant, avec Bossuet, que « le corps n'est pas un simple instrument appliqué du dehors, ni un vaisseau que l'âme gouverne à la façon d'un pilote », mais que « l'âme et le corps ne font ensemble qu'un tout naturel et qu'il y a entre les parties une parfaite et nécessaire communication ». Tel est, en effet, le témoignage de la conscience lorsqu'elle embrasse, dans l'unité du même moi, le physique et le moral, la vie du corps et la vie de l'âme. Aussi nous préfèrerions une théorie qui ne verrait, dans la matière et dans l'esprit, dans le corps et dans l'âme, que deux modes, ou plutôt deux degrés du développement d'une seule et même substance (1). Ce serait le matérialisme si l'on faisait de l'âme une fonction du corps ; mais c'est le spiritualisme le plus élevé si l'on fait du corps, avec M. Bertrand, un état, une habitude de l'âme. Le matérialisme explique le supérieur par l'inférieur; le spiritualisme explique l'inférieur

(1) C'est la théorie que M. Vacherot, dans son *Nouveau spiritualisme*, opposé à « la vieille psychologie, qui sépare l'âme du corps ».

par le supérieur ; il ne voit dans le premier qu'une diminution du second. Si nous descendons de la personne humaine à l'animal, de l'animal au végétal, du végétal au minéral, nous ne voyons pas apparaître des substances de nature entièrement différente ; nous voyons disparaître successivement les attributs dont la réunion forme le plus haut degré de l'être : la raison, la conscience, la vie. « L'homme, dit M. Caro, contient en lui deux univers : l'univers physique, dans lequel il plonge par ses racines, et l'univers moral qui l'attire sans cesse. » Ces racines physiques de la personnalité ne sont pas seulement la vie consciente de l'animal, mais la vie inconsciente du végétal et l'existence sans vie du minéral. L'individualité consciente, soit qu'elle forme le simple moi de l'animal, soit qu'elle s'élève, avec la raison et l'idéal moral, jusqu'à la personnalité de l'homme, ne peut consister uniquement dans une succession d'états de conscience. Il y a trop de lacunes et trop d'incohérences dans la conscience pour former le tout complet, le « tout naturel » d'un individu ou d'une personne. Aussi beaucoup de philosophes, dans toutes les écoles, ont-ils fait la part de cet « inconscient », qu'il ne faut pas, sans doute, avec M. de Hartmann, ériger en loi suprême du monde, mais qui a sa place nécessaire dans la nature animée et dans l'être raisonnable lui-même, comme dans le monde inorganique. Or l'inconscient ne se conçoit bien que dans les phénomènes corporels et, s'il doit entrer dans la définition de la personne, il faut y faire entrer le corps lui-même. L'inconscient est, en effet, non seulement inconcevable, mais contradictoire dans tous les faits que l'on rapporte proprement à l'âme et dont la conscience est un élément essentiel. Parler de sensations, d'idées, de volitions inconscientes, c'est accoupler des mots qui jurent entre eux. « N'hésitons pas à affirmer, dit M. Bouillier, que l'inconscient n'est pas de l'ordre psychique, ou bien que, s'il en est, il n'est pas le véritable inconscient. »

On entend souvent, par le nom d'inconscient, ces perceptions sourdes et comme insensibles qu'aimait à supposer Leibnitz et dont M. Taine fait les éléments dans lesquels il décompose la simplicité apparente des sensations. « Entre la conscience et l'inconscience, dit M. Fouillée, il y a différence de degré et non de nature. L'inconscience est la conscience sourde, diffuse, à l'état naissant. » Il est certainement plus conforme à une saine psychologie de reconnaître dans la conscience une infinité de degrés que d'opposer, comme le fait M. de Hartmann, une conscience sans degrés à l'inconscience absolue ; mais ces petites consciences suffisent-elles à tout expliquer dans l'existence individuelle ou personnelle du moi ? La plus faible conscience suppose une modification du moi, un état plus ou moins différent d'un état antérieur ou coexistant, en un mot, comme le dit M. Herbert Spencer, une « différentiation ». Le moi réel, comme le dit très justement M. Alexis Bertrand, ne peut donc commencer avec le moi psychologique, avec le moi conscient, ni lui être absolument identique. Il lui faut une base inconsciente. S'il ne peut sans contradiction trouver cette base dans la conscience, la trouvera-t-il dans la substance même de l'âme, dans ces « facultés inconnues » dont M. de Rémusat a cherché à établir l'existence ? Ce serait à la fois faire intervenir l'âme comme une substance distincte et ruiner l'argument le plus solide sur lequel repose la conception d'une telle substance, car l'âme ne se conçoit et ne se définit que comme le sujet de tous les faits dont la conscience est un élément nécessaire. Si la définition même de l'âme ne peut se passer de l'idée de conscience, à quel titre l'inconscient pourrait-il entrer dans l'âme ?

Le nouveau spiritualisme, qui renonce à l'opposition radicale des deux substances, l'une purement étendue, l'autre purement pensante, et qui les réunit par l'attribut commun de l'activité, peut seul reconnaître, dans l'unité complexe de l'homme ou de l'animal, une activité psychique, analogue à l'activité organique et, comme celle-ci, tour à tour inconsciente et consciente. On sait, il est vrai, ce que c'est que l'inconscient dans la vie organique, car il tombe sous les sens et il peut être objet d'expérience. On ne sait pas, au contraire, ce que peut être l'inconscient dans la vie psychique ; on ne s'en fait aucune idée, mais on ne le connaîtrait pas mieux quand on le réduirait à un état nerveux, car aucun état nerveux ne donne l'idée d'un fond inconscient de l'intelligence ou de la sensibilité. L'imagination se représente mieux, sans doute, l'activité nerveuse ou cérébrale qu'une activité immatérielle : mais ce n'est qu'une illusion. Derrière l'activité organique comme derrière l'activité psychique, il y a une substance inconnue, dont la recherche est réservée à la métaphysique, et reste absolument étrangère à toute science expérimentale. On pourrait dire aussi que l'hypothèse matérialiste rend mieux compte des faits, car si l'activité psychique ne se confond pas nécessairement avec l'activité organique, elle en paraît inséparable. Il faut, en effet, tenir compte des conditions organiques de tous les faits psychiques, conscients ou inconscients ; mais autre chose est d'affirmer ces conditions quand on les connait, ou de les rechercher quand on les ignore, antre chose de leur rapporter exclusivement des faits dont elles ne paraissent être que l'accompagnement et qu'elles sont par elles-mêmes impuissantes à expliquer.

Si les phénomènes corporels ne sont pas les seuls où l'inconscient puisse avoir sa place légitime, le corps seul manifeste clairement l'union du conscient et de l'inconscient. Il n'exclut pas la conscience puisqu'il est connu par elle, mais il ne la suppose pas nécessairement puisqu'il peut se concevoir sans elle. Il complète donc, pour former notre moi réel, les données de la pure conscience et il les rectifie au besoin ; car il comporte également et l'observation intérieure, toujours imparfaite et confuse, et l'observation extérieure, qui seule se prête aux procédés les plus exacts et les plus sûrs des méthodes scientifiques. Aussi les inductions tirées de l'observation extérieure jouent un grand rôle dans la reconnaissance de l'identité personnelle ou individuelle. Elles ne jouent pas un rôle exclusif, car la ressemblance physique la plus parfaite ne suffirait pas pour affirmer l'identité si elle était manifestement contredite par des témoignages de l'ordre moral ; mais ces témoignages eux-mêmes sont rarement assez concordants ou assez concluants pour n'avoir pas besoin d'être confirmés par l'examen corporel. Ils réclament cette confirmation quand ils sont altérés par des mensonges; ils la réclament également quand ils sont pervertis par une maladie mentale. M. Alexis Bertrand oppose avec raison les preuves physiques de l'identité personnelle aux faits de double ou de multiple personnalité que l'on a cru observer chez quelques malades et dont on s'est fait un argument contre l'idée naturelle du moi. Ces faits sont loin, d'ailleurs, d'être établis scientifiquement. M. Ribot reconnaît qu'un seul semble attester un dédoublement absolu de la personnalité. C'est celui que cite M. Taine, d'après l'Américain Mac Nish, d'une dame qui passait alternativement par la conscience de deux existences distinctes, entièrement étrangères l'une à l'autre. Dans tous les autres cas, le nouveau moi garde quelque chose de l'ancien et, par cela seul qu'il sent qu'il n'est plus le même, il a le sentiment au moins partiel de son identité. Le cas isolé qu'a fait connaître Mac Nish n'aurait peut-être pas fait exception s'il avait été constaté par deux ou plusieurs observateurs dont les témoignages se seraient complétés ou contrôlés. A plus forte raison, quand M. Paulhan trouve à l'état normal plusieurs personnes dans un même moi, il ne faut pas prendre ses distinctions dans un sens absolu, car elles supposent, dans son langage même, un moi unique sentant en lui cette multiplicité de personnes. Quoi qu'il en soit, si le témoignage intérieur ne peut être allégué avec certitude, même dans les cas les plus exceptionnels, contre l'identité personnelle, on ne peut nier que cette identité ne gagne en évidence quand elle est confirmée par les témoignages extérieurs. Ce serait donc mal servir la cause de la personnalité humaine que d'en exclure les considérations de l'ordre physique.

CHAPITRE II

CONDITIONS SUBJECTIVES DE LA MORALITÉ

Qualités propres de la personnalité : la santé de l'âme et du corps. — Bases et degrés de la responsabilité morale ; l'hérédité et le milieu. — La personnalité collective. — Réaction de la personnalité individuelle dans les actes mêmes qui semblent hors de sa sphère. — Le mérite et le démérite ; les récompenses et les peines. — Les vertus et les vices. — Le dévouement. — Le mérite et le démérite collectifs.

I

La personnalité, comme la responsabilité, dont elle est la condition essentielle, se manifeste parmi les hommes et dans la vie de chaque homme aux degrés les plus divers. On en réserve souvent le nom pour ses degrés les plus élevés. On dit de certains hommes qu'ils manquent de personnalité. A quelques-uns, au contraire, on fait honneur d'une personnalité seule et éminemment digne de ce nom. On dit avec emphase : « C'est quelqu'un ! » — « Vous êtes un homme ! » dit Napoléon à Gœthe, lorsqu'il se fit présenter à Erfurth l'auteur de Werther. Qu'entend-on par ce titre d'*homme* ou de *quelqu'un* dont on salue une personnalité bien douée ? Ce n'est pas la supériorité intellectuelle, ce n'est pas le génie, c'est, avant tout, la possession de soi-même, l'autonomie de la volonté. L'idéal formel de la morale se retrouve tout entier dans la plus haute personnalité. Il s'y retrouve avec des conditions que le concept abstrait n'a pu donner et que l'observation psychologique va nous découvrir.

Ces conditions sont la force et la fermeté de la volonte, la clarté et la justesse de l'esprit, la paix et la pureté du cœur.

Celui que Napoléon appelait « un homme » disait de lui-même : « Je suis devenu un homme, et cela veut dire un combattant,

Ich bin ein Mann gewesen
Und das heisst ein Kämpfer seyn. »

Il disait encore : « De cette puissance extérieure qui enchaîne tous les êtres, l'homme s'affranchit qui sait se vaincre lui-même,

Von jener Macht, die alle Wesen bindet,
Befreit der Mensch sich der sich überwindet. »

Ces combats continuels, cette série de victoires sur soi-même qui font l'homme, dans le sens le plus élevé du mot, ne doivent pas s'entendre comme des luttes violentes, désordonnées, comme une vie perpétuellement agitée et troublée. Il y faut la sérénité dans la force, la conscience de son pouvoir sur soi-même, la résolution constante de ne jamais ni l'abandonner ni le laisser faiblir, une attention toujours en éveil pour ne se laisser surprendre par aucune de ces influences qui, au dedans ou au dehors, tendent sans cesse à nous asservir. Voilà l'œuvre de la volonté et elle ne l'accomplit que si elle est à la fois assez forte pour égaler sa résistance à tous les assauts, assez ferme pour faire face à tous les obstacles et pour s'épargner la nécessité de les vaincre, en travaillant résolument et constamment à les écarter.

Ni la force ni la fermeté ne suffisent si l'on ne sait pas discerner l'adversaire. Il faut voir clair et il faut voir juste pour soutenir le bon combat. L'intelligence dirige la volonté; mais, à son tour, elle a besoin de la volonté pour se maintenir toujours attentive, pour envisager tous les aspects des questions, pour écarter toutes les chances d'erreur. La clarté et la justesse de l'esprit sont des dons naturels, mais ce sont aussi des qualités qui se développent et se perfectionnent par l'étude et qui se perdent aisément si l'on ne fait aucun effort pour les préserver de toute altération et de toute défaillance.

Aux qualités de l'esprit se joignent celles du cœur pour assurer à la volonté la possession d'elle-même. Un stoïcisme intempérant ne reconnaît l'autonomie de la volonté que dans l'asservissement des passions. C'est mutiler l'homme. Ces noms de facultés : volonté, intelligence, sensibilité, n'expriment pas ces entités distinctes et séparables, entre lesquelles la psychologie classique, suivant une psychologie nouvelle, aurait découpé l'âme humaine; ils n'expriment que les divers aspects sous lesquels l'être conscient se manifeste à lui-même. Bossuet n'avait pas attendu la nouvelle psychologie pour dire, avec sa précision ordinaire : « Toutes ces facultés ne sont au fond que la même âme, qui reçoit divers noms à cause de ses diverses opérations. » Non seulement la volonté ne se sépare pas des autres facultés; mais, suivant la définition très exacte de M. Ribot, « elle est la réaction propre d'un individu, dans la totalité de ses états de conscience (1) » et, comme dit encore l'auteur des *Maladies de la volonté*, « l'acte volontaire... suppose la participation de tout ce groupe d'états conscients ou subconscients qui constituent le moi à un moment donné (2) ». Parmi ces états, ceux qu'on appelle les sentiments ou les passions peuvent être également le stimulant le plus efficace ou l'obstacle le plus redoutable à la perfection de l'acte volontaire. Leur concours sera d'autant plus utile qu'il sera assuré par la plus complète harmonie, soit entre chacun d'eux, soit d'une manière générale, entre eux et les autres états de conscience. Cette harmonie se réalise par la modération des sentiments, par la paix du cœur, qui est en même temps la paix de l'âme tout entière. Elle s'achève par la subordination hiérarchique des sentiments entre eux, suivant leur degré d'étendue et d'élévation. On a souvent remarqué que la sensibilité forme

(1) *Les Maladies de la volonté*, page 23.
(2) *Ibid*, pages 32-33.

comme une série de cercles concentriques, dont le plus étroit est le pur amour de soi ; mais à chacun de ces cercles en correspondent d'autres, non plus dans le sens d'une extension plus ou moins grande, mais dans celui d'un ordre de dignité ou d'excellence de plus en plus élevé, par rapport aux mêmes objets. On peut s'aimer dans ce qu'on a de plus grossier et de plus bas ; on peut s'aimer aussi dans ce qui fait la grandeur et la perfection de la nature humaine. Il y a également dans les attachements altruistes, dans l'amour proprement dit, dans l'amitié, dans le patriotisme, dans les sentiments esthétiques et jusque dans les sentiments religieux, dans l'amour de Dieu lui-même, des degrés de bassesse et des degrés d'élévation. Ces deux ordres de cercles se rapprochent à leurs degrés extrêmes. Le mysticisme sensuel de qui « fait la bête » en voulant « faire l'ange », s'identifie avec l'égoïsme sensuel ; l'amour de soi, quand il est l'aspiration vers la plus haute perfection que puisse concevoir l'être humain, s'identifie avec l'amour de Dieu. Subordonner toujours les sentiments les plus étroits aux plus larges, les plus bas aux plus nobles, c'est posséder la pureté du cœur, c'est assurer en même temps à l'autonomie de la volonté sa meilleure garantie ; car l'homme n'est jamais moins maître de lui-même que lorsqu'il ramène tout à soi et à ce qu'il y a en soi de moins élevé.

La force et la fermeté de la volonté, la clarté et la justesse de l'esprit, la paix et la pureté du cœur sont la santé de l'âme. Il faut y joindre la santé du corps. On admire avec raison le mot de Bossuet : « Une âme guerrière est maîtresse du corps qu'elle anime. » Ce n'est pas seulement dans les combats et parmi les hommes de guerre qu'on peut citer de beaux exemples d'une volonté énergique et sûre d'elle-même dans un corps débile, brisé par l'âge, par la maladie, par de cruelles infirmités ; la vie civile a offert dans tous les temps des exemples non moins admirables. Ce genre d'héroïsme semble même si naturel à l'homme qu'il est l'objet d'une sorte d'ostentation chez les sauvages et, parmi les civilisés, chez des hommes que leur culture d'esprit et leurs qualités morales n'élèvent guère au-dessus des sauvages. Ce peut être le suprême effort d'une vertu sublime ; ce peut être aussi un jeu puéril et méprisable. Ce n'est pas moins, dans les deux cas, une violence faite à la nature, et une telle violence n'est jamais qu'un acte exceptionnel, qui non seulement ne peut servir de règle pour tous les hommes, mais ne peut se maintenir, d'une manière suivie et constante, dans toute la vie de l'homme le plus courageux et le plus stoïque. Il faut glorifier l'héroïsme utile, mépriser l'héroïsme de vanité et de forfanterie et ne compter, pour l'ensemble de la vie morale, suivant l'antique maxime, que sur l'alliance d'une âme saine et d'un corps sain.

II

Nous tenons notre corps et notre âme elle-même de nos parents et de toute la série de nos ancêtres. Nous venons au monde avec une constitution physique et morale, que nous pourrons modifier plus tard, en bien ou en mal, par l'action propre de notre volonté ; mais déjà, au moment où nous voulons, consciencieusement et résolument, nous en rendre maîtres, elle n'est plus telle que nous l'avons reçue en naissant. Mille influences de toutes sortes, le climat, l'habitation, la nourriture, l'éducation domestique, les discours et les exemples du dedans et du dehors, les mœurs et les préjugés qui dominent autour de nous, l'état social du pays où nous vivons, les circonstances particulières au milieu desquelles se sont passées nos premières années, les habitudes que nous nous sommes faites par des actes personnels où la volonté consciente n'a encore qu'une faible part, ont contribué à façonner, pour toute la suite de notre vie, notre nature physique et notre nature morale, et nous ne pourrons plus réagir que dans une mesure très imparfaite contre le pli qu'elles ont contracté aussi bien que contre leurs dispositions héréditaires. Dans le temps même où nous pouvons le mieux agir par nous-mêmes, toutes ces influences agissent sur nous et il n'est aucun âge, aucun état de la vie, chez les plus forts, chez les meilleurs, où la part de l'action personnelle soit la plus considérable.

L'autonomie absolue de la volonté, dans la santé également parfaite de l'âme et du corps, n'est donc qu'un idéal dont la personnalité et la responsabilité réelles n'approchent que dans un degré toujours très éloigné. Les lois religieuses et les lois civiles fixent, d'une manière générale, l'âge où est censée commencer, soit la responsabilité morale, soit la possibilité d'exercer des droits civils ou politiques. Ce sont des déterminations nécessairement arbitraires, que les tribunaux sont appelés à corriger dans des cas particuliers, sans que leurs décisions puissent prétendre jamais à une exactitude rigoureuse. La conception de l'idéal moral, quelque distance qui la sépare de la réalité, n'est pas moins nécessaire pour donner aux règles morales et aux jugements moraux leur seule base légitime. Dans la pratique comme dans la théorie, toutes les questions de responsabilité morale se ramènent aux deux chefs suivants :

Jusqu'à quel point telle action a-t-elle été accomplie sciemment et volontairement, en conformité ou en violation d'une loi qui, dans les mêmes circonstances et toutes choses égales d'ailleurs, vaudrait universellement pour toute volonté ?

Jusqu'à quel point l'auteur de l'action a-t-il voulu que toute volonté se conformât à cette loi, alors même qu'il se laissait entraîner, dans sa propre conduite, à une volonté contraire ?

Ces questions se posent pour les plus jeunes enfants comme pour les hommes faits. Dès que l'enfant manifeste une volonté, elle ne recherche que la satisfaction du besoin présent ou le retour d'un plaisir déjà éprouvé. On sait toutefois que l'enfant montre de bonne heure un certain sentiment de justice. Il se révolte, au témoignage de Rousseau, contre un châtiment immérité, avec une intensité de passion qui ne saurait s'expliquer par la seule sensation de la douleur physique (1). Il n'a encore aucune idée d'un devoir pour lui-même ; mais il sent déjà qu'il y a des devoirs pour les autres et dès qu'il sait parler, dès qu'on peut raisonner avec lui, on peut lui faire comprendre sans trop d'effort que les devoirs qu'il exige des autres, les autres peuvent aussi les exiger de lui-même. Les deux maximes fondamentales : « Ne fais pas à autrui ce que tu ne voudrais pas qu'on te fît à toi-même » et: « Fais à autrui ce que tu voudrais qu'on te fît, » ne signifient pas autre chose que cette application à soi-même d'une volonté morale que l'on a déjà, d'une façon plus ou moins consciente, pour l'universalité des autres hommes.

Il est aisé d'éveiller dans les plus jeunes âmes l'idée générale du devoir et la volonté générale du devoir. Cette idée et cette volonté sont naturelles chez l'homme ou, si l'on se refuse à y reconnaître une innéité absolue, elles sont l'objet d'un prédisposition héréditaire, dont l'origine est antérieure à toutes les traditions historiques. Nous avons réfuté les théories d'après lesquelles la conscience morale se réduirait à cette prédisposition, c'est-à-dire à l'habitude héréditaire d'obéir à certains commandements, qui n'auraient été primitivement que les ordres positifs des pères de famille, des chefs de tribus ou des prêtres, et qui se seraient fixés dans les cerveaux, à travers toute la série des générations, comme des règles idéales. Comme nous l'avons montré, cette explication de l'origine du devoir n'aurait pour effet que de lui ôter toute autorité ; car, dans aucun temps et de nos jours moins que jamais, les hommes n'ont été disposés à confondre

(1) Je n'oublierai jamais d'avoir vu un de ces incommodes pleureurs ainsi frappé par sa nourrice. Il se tut sur-le-champ; je le crus intimidé. Je me disais : ce sera une âme servile dont on n'obtiendra rien que par la rigueur. Je me trompais ; le malheureux suffoquait de colère ; il avait perdu la respiration ; je le vis devenir violet. Un moment après vinrent les cris aigus ; tous les signes du ressentiment, de la fureur, du désespoir de cet âge étaient dans ses accents. Je craignis qu'il n'expirât dans cette agitation. Quand j'aurais douté que le sentiment du juste et de l'injuste fût inné dans le cœur de l'homme, cet exemple seul m'aurait convaincu. Je suis sûr qu'un tison ardent tombé, par hasard, sur la main de cet enfant, lui eût été moins sensible que ce coup assez léger, mais donné dans l'intention manifeste de l'offenser. (*Emile*, livre Ier.)

la volonté d'un supérieur quelconque, même la volonté présumée du supérieur divin, avec l'idée que leur conscience se fait du devoir. Bien loin de n'être qu'un acte de soumission à une puissance extérieure, le devoir naît dans chaque âme d'un acte d'indépendance et d'affranchissement. Il n'en faut pas moins reconnaître que les commandements extérieurs ont eu, dès le principe, et qu'ils ont conservé dans tous les temps, par les sentiments de respect et de crainte qui s'y sont attachés, une influence considérable sur la formation des idées morales. L'hérédité n'est pas tout dans l'acte moral, mais elle est tout peut-être dans la prédisposition universelle de la raison à concevoir l'acte moral et de la volonté à le produire. L'idée d'une loi morale et toutes les idées qui s'y rapportent : devoir, droit, justice, responsabilité, mérite et démérite, n'auraient peut-être jamais pris dans les esprits une forme précise, si elles n'avaient trouvé une sorte d'équivalent positif dans les lois promulguées et appliquées par les autorités humaines en leur nom ou au nom des dieux. Et s'il est impossible de contester cette influence héréditaire des lois positives sur la forme même de la loi morale, on ne saurait davantage mettre en doute la part immense que se sont faite dans le contenu de la loi morale les lois de toutes sortes auxquelles les hommes ont accoutumé d'obéir, en comprenant sous ce nom les traditions, les coutumes, les mœurs, aussi bien que les lois civiles ou les lois religieuses. Ce contenu de la loi morale varie suivant le degré de culture des consciences ; car la culture que chaque conscience a su se donner à elle-même y est pour infiniment peu, même dans les natures les mieux douées, en comparaison de la culture générale du milieu où la naissance les a placées et de toutes les causes qui, depuis l'origine de l'humanité, ont contribué à former l'état intellectuel et moral de ce milieu.

La volonté morale, la volonté du devoir n'est donc, pour la plus grande partie, que la résultante d'une série incalculable de forces dont les racines se perdent dans le passé le plus lointain et dont l'action s'étend dans un espace également indéfini. La volonté immorale, la volonté contraire au devoir n'est pas moins imputable au concours de toutes les forces qui, directement ou indirectement, dans la vie présente ou dans les vies antérieures dont la vie présente est l'effet héréditaire, ont agi sur les idées, sur les sentiments, sur les tendances de chaque individu. Il faut donc faire deux parts dans la responsabilité de tout acte bon ou mauvais : la première, la plus considérable, appartient à l'espèce et à toutes les divisions plus ou moins générales de l'espèce, races, nations, familles, sociétés particulières de toute nature ; la seconde, plus restreinte en ses degrés divers, très importante encore dans certains cas, presque nulle dans d'autres, est celle de l'agent individuel ou personnel. La conscience que nous avons, dans l'état normal, de notre responsabilité, proteste contre un déterminisme absolu, qui ne laisserait plus même subsister une responsabilité collective, car la collectivité ne se compose que d'individus, dont aucun, dans aucun de ses actes, n'échapperait au déterminisme. Nous avons le droit de revendiquer notre responsabilité personnelle, comme nous avons le devoir d'en subir les conséquences ; mais nous avons aussi le droit et le devoir d'en reconnaître les bornes. Chaque conscience a le sentiment plus ou moins net de ces bornes, alors même qu'elle les exagère pour se disculper, ou qu'elle les diminue pour ajouter à son mérite. Elles sont l'un des objets sur lesquels doit se porter avec le plus de soin l'attention du psychologue, du moraliste, du criminaliste et de l'historien.

III

Cette responsabilité collective, que nous ne saurions méconnaître à côté de la responsabilité individuelle, a-t-elle pour condition une personnalité également collective ? Les lois positives reconnaissent une telle personnalité. Elles attribuent des droits et des devoirs à des associations, qu'elles appellent des personnes morales ou des personnes civiles. Les nations elles-mêmes, pour le droit des gens, ont le caractère de personnes morales. En dehors des règles étroites du droit positif, national ou international, nous personnifions volontiers des collectivités de toute sorte. Nous leur attribuons toutes les conditions, soit de la vie physique, soit de la vie intellectuelle et morale. Nous les voyons naître, se développer et mourir, comme des individus. Elles ont leurs différents âges, comme chaque individu, une enfance, une jeunesse, une maturité, une vieillesse et une décrépitude. Elles ont aussi leurs caractères, leurs idées, leurs passions, leur volonté tour à tour ferme et vacillante. Ce n'est pas par de pures métaphores que nous leur prêtons à la fois et un corps, avec une tête et des membres, et une âme, avec toutes les facultés de l'âme individuelle, et que ce corps et cette âme nous apparaissent avec les mêmes maladies ou dans le même état de santé que nous déplorons ou que nous bénissons en chacun de nous.

Il est même certaines collectivités, mal définies autrement, que nous ne pouvons bien concevoir que sous la forme de la personnalité morale, avec tous les attributs de la personnalité individuelle. Nous avons appris à distinguer les nations des Etats qui les personnifient ou qui prétendent les personnifier pour le droit positif. Or, qu'est-ce qu'une nation ? s'est demandé M. Renan dans une récente et brillante conférence. Où en trouver l'origine et comment en expliquer l'unité persistante, à travers tous les actes de violence qui tendent ou qui réussissent à la mutiler, si l'on n'y voit pas la formation et la vie propre d'une âme personnelle?

Nous prêtons, enfin, la personnalité à une collectivité fortuite et passagère, à une foule par exemple qui, sur une place publique ou un théâtre, rassemblée le plus souvent par la seule curiosité, manifeste à un tel degré des passions communes et une volonté unique qu'il paraît difficile de n'y voir que la simple résultante des passions et des volontés de chaque individu. Quel critique dramatique n'a constaté l'unanimité des exigences vertueuses dans un public de théâtre, où se rencontrent, comme partout dans l'humanité, avec un petit nombre de nobles âmes, tous les degrés de l'indifférence morale et du vice? Et quel historien politique n'a pu également constater la facilité avec laquelle, dans une émeute, les simples curieux et, parmi eux, les plus pacifiques, épousent souvent les passions des insurgés ?

Les sciences naturelles tendent aujourd'hui à considérer tout corps vivant comme une association de cellules, dont chacune a son organisation propre et sa vie individuelle. L'unité apparente de la vie, dans chacun des êtres que nous appelons une plante ou un animal, ne serait qu'une unité collective, comme la personnalité idéale des sociétés humaines. L'assimilation complète des sociétés aux individus pourrait donc se prendre en un sens tout à fait littéral, puisque les individus eux-mêmes ne seraient autre chose que des sociétés.

Une telle assimilation n'a rien que de légitime dans l'hypothèse matérialiste. Si l'unité de l'individu n'est qu'une unité de composition, s'il ne possède aucune activité propre, nulle différence essentielle ne sépare les sociétés humaines des agrégats de cellules. Il n'y aurait également aucune différence entre les deux ordres de collectivités dans l'hypothèse ultra spiritualiste de M. Alexis Bertrand. Si chaque cellule possède l'activité consciente, tout corps vivant est vraiment une société, dans le sens humain du mot. Et si, comme trait d'union entre toutes ces petites consciences cellulaires, on suppose une conscience centrale, une âme indivisible investie du gouvernement de l'association, rien n'empêche de supposer également, dans les sociétés humaines, au-dessus de toutes les âmes dont elles se composent, une âme supérieure où se concentre leur vie commune et qui assure l'unité de leur personnalité collective.

Il faudrait toutefois pousser bien loin l'hypothèse pour qu'elle suffise à tous les cas de personnalité collective. Ce ne serait pas assez de supposer pour toute nation, pour toute communion religieuse, pour toute société permanente, une âme commune, en possession d'une vie plus ou moins durable; il faudrait que les agglomérations passagères, qui manifestent pendant quelques instants une si merveilleuse communauté de sentiments, de pensées, de volontés, fussent animées aussi par une même âme, inopinément créée au moment où se rassemblent leurs éléments hétérogènes et prompte à rentrer dans le néant aussitôt qu'ils se dispersent. Il n'est pas besoin de telles hypothèses pour expliquer la communauté de la vie morale dans une association permanente ou accidentelle. Dans toute réunion d'individus, les actes collectifs ne sont jamais que la somme d'actes individuels et ils ont pour conséquence des états déterminés dans l'organisme ou dans la conscience de chaque individu. Les consciences semblent, il est vrai, se fondre en une conscience unique; mais ce n'est qu'un effet de l'action morale que chaque individu exerce naturellement sur ceux qui l'entourent. Cette action va, dans certains cas, jusqu'à dépouiller un individu de sa volonté propre pour le soumettre aux suggestions impérieuses d'une volonté étrangère. Les âmes, soit qu'on entende par ce nom des êtres métaphysiques ou un ensemble d'états de conscience, ne sont pas impénétrables les unes aux autres comme les corps. Les faits de communication entre les imaginations, entre les sensibilités, entre les volontés, ont été observés de tout temps par les psychologues de toutes les écoles, sans attendre les récentes théories du magnétisme et de l'hypnotisme (1). Et si la communication, dans certains cas extraordinaires, peut aller jusqu'à l'absorption, comment s'étonner qu'il s'établisse, entre des individus réunis, même fortuitement, une remarquable communauté de sentiments et de pensées? Comment s'étonner surtout que les membres d'une société constituée, soumise aux mêmes lois, aux mêmes mœurs, aux mêmes croyances, aux mêmes influences héréditaires, manifestent cette communauté en un degré tel qu'ils paraissent animés d'une même âme dans une grande partie de leurs actes, à travers toutes

(1) Voir, en particulier, les curieux chapitres de la *Recherche de la vérité* sur la communication contagieuse de imaginations fortes.

les différences où se reconnaît leur personnalité individuelle. Il n'y a rien, dans la personnalité collective des sociétés ou des groupes humains, qui suppose autre chose qu'une simple résultante d'actions tout individuelles; mais en est-il ainsi de la personnalité propre de chaque individu? Ici, nous l'avons reconnu, les états de conscience ne sont aussi, pour la plus grande partie, que des résultantes. L'autonomie n'est jamais absolue. La responsabilité n'est jamais entière. Mais n'y a-t-il, en aucun degré, aucune autonomie, aucune responsabilité personnelle? La conscience proteste contre une telle supposition, que contredisent les observations mêmes où disparaît toute responsabilité avec toute possession de soi-même. S'il y a des cas où l'individu n'est plus responsable de ses actes, c'est qu'il y en a où la responsabilité s'accuse en un degré plus ou moins manifeste et ce degré lui-même est déterminé par la part personnelle qui lui appartient ou qui semble lui appartenir dans ses actes. On peut se tromper dans l'appréciation de la responsabilité, pour soi-même comme pour autrui; mais on ne se trompe pas sur le principe. Toute conscience sait distinguer, d'une manière générale, entre le conscient et l'inconscient, le volontaire et l'involontaire, le responsable et l'irresponsable. Toutes les idées morales sont liées à cette distinction : elles seraient renversées, s'il n'y avait nulle part, dans aucun acte, que la résultante, soit des forces extérieures dont l'agent subit l'influence, soit même des forces internes dont son individualité n'exprimerait que la combinaison et le concours.

La responsabilité, pour une personnalité collective, est en réalité encourue par ses membres. Ils sont atteints individuellement dans leurs personnes et dans leurs biens, pour les fautes de la communauté ou de ceux qui la représentent:

Quidquid delirant reges plectuntur Achivi.

La responsabilité sociale peut sans doute, dans certains cas, être supportée exclusivement par le capital social, mais ce capital lui-même représente une somme d'intérêts individuels et ses brèches ne peuvent être réparées, directement ou indirectement, que par des sacrifices individuels. L'assimilation complète de l'individu à une société exigerait que sa responsabilité se partageât également entre ces petites individualités cellulaires dont il ne serait que l'agrégat ou la résultante. Rien dans l'observation psychologique ou physiologique, rien dans la conscience que nous avons de notre responsabilité, rien dans l'expérience de ses sanctions de toute sorte, naturelles ou sociales, ne justifie une telle hypothèse et ne lui donne même la moindre vraisemblance. Nous rejetons, avec plus ou moins de raison, une grande partie de notre responsabilité sur les causes extérieures ou intérieures qui concourent à la détermination de nos actes ; si nous ne pouvons pas la faire retomber entièrement sur autrui, nous la renvoyons volontiers à telle ou telle partie de notre être moral, à notre mauvaise tête, à notre cœur trop bon ou trop ardent, à notre manque de mémoire ; mais, lors même que, plus éclairés, nous pourrions y reconnaître la part de chacune de nos cellules, les conséquences qu'elle entraîne ne laisseraient pas de se faire sentir dans tout notre être par une impression unique et indivisible. Que nos cellules soient des organismes tout physiques ou qu'elles soient douées de conscience, la personnalité individuelle est attachée nécessairement à une conscience centrale, à un principe propre d'activité et de responsabilité dont rien n'atteste l'existence dans la personnalité collective.

IV

La responsabilité individuelle tient une place très restreinte au milieu de toutes les forces naturelles et de toutes les influences humaines qui la limitent de toutes façons et qui souvent la réduisent à néant. Elle disparaît dans les maladies mentales ; elle subit chaque jour l'interruption du sommeil ;

elle n'est jamais entière dans la veille. Elle s'agrandit toutefois singulièrement si nous considérons que l'individu, par l'échange constant de l'action et de la réaction, rend au dehors l'équivalent de ce qu'il a reçu du dehors et à l'avenir ce qu'il doit au passé. Nul ne sait jusqu'où s'étend, dans le temps et dans l'espace, la part que les autres hommes, soit par des actes individuels, soit par des influences sociales, peuvent revendiquer dans chacune de nos actions ; mais nul ne sait aussi la part que nos discours et nos exemples peuvent avoir aux actions des autres hommes. L'hérédité accumulée d'un nombre infini de générations nous a faits ce que nous sommes ; un nombre également infini de générations recevra de nous ce dépôt héréditaire, modifié, transformé par la façon personnelle dont nous aurons vécu. Nous sommes façonnés, dans tout le cours de notre vie, par l'action irrésistible du milieu ambiant, par notre famille, par la société dont nous faisons partie, par tous les hommes avec lesquels le hasard ou notre choix nous met en rapport, et, en subissant ces diverses influences, nous subissons par ricochet l'action de toute la série des causes qui ont concouru à les produire ; nous sommes nous-mêmes un des éléments de cette série de causes et, par un semblable ricochet, notre influence ira bien au-delà du petit cercle où se passe notre vie individuelle. Nous avons ainsi une part de responsabilité dans la vie de tous les autres hommes, de même que tous les autres hommes ont une part de responsabilité dans la nôtre. On peut dire, à la naissance de chacun de nous, bien que l'application en soit plus cachée, ce que Massillon, d'après l'évangéliste saint Luc, disait d'un enfant royal : « Cet enfant vient de naître pour la perte comme pour le salut de plusieurs... »

Notre responsabilité s'étend indéfiniment autour de nous ; elle s'étend aussi en nous-mêmes jusque dans les actes où elle semble disparaître. Le fou n'est pas responsable des actes qu'il accomplit dans un accès de démence ; mais il a pu être, dans son passé, responsable des actes qui l'ont conduit à la folie. L'ivresse, la colère et, en général, toute passion violente ôtent la responsabilité directe des actes accomplis dans un état où l'on n'a plus la possession de soi-même ; mais cet état même, par les actes qui l'ont précédé et dont il n'est que la conséquence, peut engager au plus haut degré la responsabilité de celui qui s'est exposé à en subir les déplorables entraînements. Dans ce livre exquis qu'il a intitulé modestement : *Études familières de psychologie et de morale* (1), M. Bouillier s'est demandé s'il y a une responsabilité dans le rêve. Non, dit-il, si l'on entend par là une responsabilité directe; oui, dans la plupart des cas, si l'on remonte aux causes personnelles du rêve pendant la veille, aux pensées dans lesquelles on s'est complu, aux imaginations, aux sentiments dont on s'est nourri ou qu'on n'a pas cherché à combattre, aux actes enfin qu'on a accomplis ou dont on a poursuivi l'accomplissement.

M. Bouillier nous invite avec raison à faire porter notre examen de conscience sur nos rêves eux-mêmes : « Pour la médecine de l'âme comme pour celle du corps, le rêve contient plus d'un indice que ne doit pas négliger quiconque tient à se bien connaître et à s'étudier lui-même. » Cette médecine ou plutôt cette hygiène de l'âme et du corps est, au fond, ce qui engage le plus directement et le plus constamment notre responsabilité morale. Il est impossible de faire, dans chaque action, le départ exact de toutes les responsabilités; mais nous savons qu'une âme saine et un corps sain sont les conditions nécessaires de la perfection morale et qu'il dépend de nous, sinon de nous donner entièrement ces deux biens, du moins de mettre notre attention et nos efforts à les entretenir et à les développer. Il y a donc là une responsabilité générale et à celui qui saura la comprendre et en faire la règle de sa vie, « le reste sera donné par surcroît ».

(1) Hachette, 1881.

V

La responsabilité morale a pour conséquence le mérite ou le démérite. L'agent moral mérite quand il a rempli son devoir, il démérite quand il l'a violé. Au mérite est attachée l'approbation ; au démérite, la désapprobation. L'approbation et la désapprobation se produisent dans la conscience même de l'agent, par le seul fait de l'accord ou du désaccord entre son acte particulier, suivant qu'il est conforme ou contraire au devoir, et sa volonté générale de faire son devoir, c'est-à-dire de maintenir sa propre autonomie. L'approbation ou la désapprobation extérieure s'ajoute naturellement à l'approbation ou à la désapprobation intérieure, comme conséquence et comme consécration de l'universalité de la loi morale ; mais celui qui ne se sentirait en aucun degré responsable devant lui-même n'aurait aucune responsabilité devant les autres. Tout jugement extérieur est sans caractère moral, s'il n'est pas la confirmation du jugement intérieur ou s'il n'a pas pour but ou pour effet de le provoquer. De là ces appels pressants que les éducateurs ou les magistrats font à la conscience de ceux qu'ils croient coupables. Ils les adjurent de rentrer en eux-mêmes, comprenant bien que c'est en eux-mêmes, dans leur propre raison et dans leur propre volonté, que se trouve leur véritable juge.

L'approbation et la désapprobation appellent les récompenses et les peines, que l'on considère comme la sanction de la morale. Nous ne voulons pas nous occuper ici des questions de droit public ou de métaphysique religieuse que soulève l'idée d'une sanction extérieure ; nous ne recherchons que le principe moral des récompenses et des peines. Ce principe est tout intérieur. C'est en nous-mêmes, dans la désapprobation de notre conscience, dans notre repentir, dans nos remords, que nous trouvons notre premier châtiment. Nous sentons, en effet, qu'en manquant à nos devoirs, nous renonçons à notre liberté, à notre empire sur nos passions, au gouvernement de notre conduite. Or, cet abandon de nous-mêmes n'est jamais complet. Il y a une infinité de degrés dans notre déchéance morale. Tantôt nous ne songeons pas même à lutter pour rester fidèles à nos devoirs; tantôt nous faisons quelques efforts pour arracher notre volonté à la tentation victorieuse d'une passion coupable; tantôt, enfin, nous ne reculons que devant la grandeur des sacrifices qu'eût exigés l'accomplissement du devoir. Notre défaite varie ainsi en proportion des combats qu'il eût fallu soutenir et c'est dans ces degrés de notre abaissement que consiste notre démérite; il exprime, à proprement parler, la diminution qu'a subie notre liberté. Nous avons naturellement conscience de cette diminution, de cette dégradation de notre âme et nous ne pouvons la sentir sans qu'elle nous soit pénible et douloureuse, comme tout mal qui est en nous. De là les reproches de la conscience; de là les angoisses du remords; de là ces châtiments intérieurs, qui sont une conséquence naturelle de notre faiblesse et que nous nous infligeons réellement à nous-mêmes. C'est, en effet, notre volonté qui, en abdiquant le gouvernement de ses actes, détermine notre démérite et commence notre punition.

Ces premiers châtiments, qui naissent pour notre âme du sentiment de nos fautes, sont la condition de tous les autres. D'où vient que le mépris public est quelquefois une punition suffisante? C'est qu'il confirme et corrobore le témoignage de la conscience. Nos remords ne sont pas complets, quand nous pouvons leur opposer l'approbation de ceux qui nous entourent. Quelle raison se sent assez ferme, quelle conscience assez sûre d'elle-même pour condamner sans hésiter ce qu'on voit absous par la plupart des hommes? N'est-ce pas l'opinion, à défaut des lois positives, qui est la mesure ordinaire des jugements que nous portons soit sur nos propres actions, soit sur celles de nos semblables? Quand elle s'élève contre nous, qui oserait soutenir son arrêt sans une humiliation déchirante? N'est-ce pas pour le coupable, s'il n'est pas mort à l'honneur, une véritable expiation? Mais si nous sommes innocents ou si notre conscience est muette, verrons-nous autre chose, dans cette flétrissure de l'opinion, qu'une injustice révoltante? Nous fera-t-elle courber la tête comme un juste châtiment? Le jugement d'autrui ne fait loi pour nous que s'il est devenu notre propre jugement. Il a pu avoir pour effet, soit d'éclairer ou de redresser, soit de fausser notre conscience; mais, quelque influence qui pèse sur elle, en bien ou en mal, c'est toujours notre conscience qui rend pour nous l'arrêt définitif.

Les mêmes réflexions s'appliquent aux peines infligées par les tribunaux. Elles ne sont pour celui qui les subit qu'une souffrance sans valeur morale, si elles n'éveillent pas dans sa conscience le sentiment de leur justice. Elles ne sont également, pour les autres hommes, qu'un spectacle plus ou moins effayant si le jugement de leur conscience ne vient pas les confirmer.

Les éloges, les marques de distinction, les récompenses matérielles ne seraient aussi que des avantages accidentels, si la conscience n'y trouvait la confirmation du jugement d'approbation qu'elle a prononcé. La récompense extérieure est un mal quand elle peut donner l'illusion du mérite contre le témoignage que la conscience, livrée à elle-même, inclinerait à porter. Elle peut blesser, dans une âme fière, un légitime sentiment de susceptibilité, en lui offrant une sorte de paiement pour un acte de vertu qui a tout son prix en lui-même. Elle n'est directement utile que si le témoignage du dehors vient en aide au témoignage du dedans, s'il sert à le fortifier, soit contre un excès de modestie, qui est un mérite de plus dans une belle âme, soit contre les sentiments d'humiliation ou de découragement dont les âmes les meilleures ont peine à se défendre devant les injustices des hommes ou de la fortune.

Le mérite et le démérite ont leurs degrés, auxquels doivent se proportionner les récompenses et les peines. Ces degrés ne dépendent pas du résultat produit par l'acte moral ou immoral; ils se mesurent sur l'effort de la volonté pour maintenir son autonomie ou sur son abandon aux mobiles contraires qui tendent à l'asservir. Ils sont par conséquent tout subjectifs et tout relatifs. Pour un même acte, le mérite peut être différent, suivant qu'il a coûté plus ou moins d'efforts. Il peut même y avoir du mérite dans un acte coupable, s'il n'a été accompli qu'après une longue et courageuse résistance et si l'effort de la volonté, impuissant à l'empêcher entièrement, a réussi du moins à en atténuer la gravité. Il peut y avoir, par contre, du démérite dans un acte innocent, s'il trahit une défaillance dans une volonté qui s'était élevée à un assez haut degré de vertu pour avoir la force de mieux faire.

Il faut distinguer, d'ailleurs, le mérite ou le démérite de l'acte et le mérite ou le démérite de la personne. Le premier n'est déterminé que par les circonstances particulières dans lesquelles l'acte a été accompli ; le second est l'expression de toute la vie antérieure, de toutes les habitudes acquises par une série d'efforts ou d'actes de faiblesse.

VI

Les habitudes d'où naît, au point de vue moral, le mérite personnel, sont les vertus. Les habitudes contraires sont les vices. Les vertus ne doivent pas se confondre avec les qualités qui constituent les bases subjectives de la moralité. La santé de l'âme n'est pas par elle-même une vertu, non plus que la santé du corps. La vertu commence avec la série des efforts qui tendent à conserver et à développer cette double santé. Se bien porter n'est pas une vertu ; mais c'est une vertu ou, si l'on veut, une demi-vertu que la propreté, condition essentielle d'une bonne santé. Ce ne sont pas non plus des vertus qu'un esprit juste ni même qu'une volonté ferme ou un cœur pur ; mais la prudence, le courage, la tempérance, la justice, la bienfaisance, toutes les dispositions, en un mot, qui ont pour objet direct l'accomplissement des diverses classes de devoirs et pour effet indirect l'entretien de la santé de l'âme, voilà ce que nous appelons des vertus.

VII

Le mérite et la vertu naissent du devoir accompli ; mais, à leurs degrés supérieurs, ils tendent à dépasser le devoir, ils s'élèvent jusqu'au dévouement. Le dévouement, dans le sens étymologique du mot, semble un principe objectif. On se dévoue pour une personne ou pour une chose, pour sa famille, pour ses amis, pour sa patrie, pour sa foi, pour son honneur. En réalité, le dévouement est tout subjectif. Il ne se mesure pas sur l'effet produit ou ressenti ; il est déterminé tout entier par un effort supérieur au simple devoir, tel que la loi universelle l'exigerait du commun des hommes. Il n'y a pas seulement dévouement dans un grand bienfait ou dans un grand sacrifice. L'accomplissement d'un devoir strict, de caractère purement négatif, peut, dans certaines circonstances, atteindre à la hauteur d'un acte de dévouement. Respecter un dépôt, c'est, dans les cas ordinaires, le plus rigoureux et le moins méritoire des devoirs. S'abstenir de toucher à un dépôt confié à notre seule bonne foi et qui n'est exigible que dans un temps éloigné, lorsque l'emprunt que nous lui ferions pourrait sauver notre famille de la ruine ou de la mort à bref délai, ce peut être l'acte d'un héroïque et admirable dévouement.

VIII

Le mérite et le démérite, la vertu et le vice, le dévouement lui-même appartiennent aux personnalités collectives comme aux personnalités individuelles. L'esprit de corps, la solidarité dans la poursuite d'un même but et parfois même dans la rencontre de sentiments communs, peuvent avoir pour effet des actes héroïques comme des actes criminels. Toutefois, dans les cas les plus ordinaires, la responsabilité s'affaibit à mesure qu'elle se partage. Quand on veut se représenter le plus haut degré du mérite, de la vertu, du dévouement, le plus bas degré du démérite, du vice ou du crime, il faut toujours penser à des individus. Les collectivités n'appellent sur elles

> Ni cet excès d'honneur ni cette indignité.

LIVRE III

MORALE OBJECTIVE

CHAPITRE PREMIER

LE BIEN

Idée générale du bien ; distinction du bien formel et subjectif et du bien objectif. — Formules diverses du bien moral dans les systèmes philosophiques : 1° le bien considéré comme une propriété naturelle des actions ; 2° l'idée de l'ordre ; 3° la nature humaine ; 4° la destinée humaine ; 5° les éléments supérieurs de la nature humaine ; 6° l'idée de la perfection ; 7° l'idée du juste ; 8° l'idée de l'utile.

I

Un seul mot, dans la langue usuelle comme dans la langue philosophique, résume l'objet de la morale : c'est le bien. Agir moralement, agir par devoir ou par dévouement, c'est *bien faire* et c'est aussi *faire du bien*. On fait bien et on fait du bien par cela seul qu'on s'abstient de mal faire et de faire du mal :

> Virtus est vitium fugere et sapientia prima
> Stultitia caruisse.

Tout se ramène donc à l'idée du bien dans les préceptes négatifs comme dans les préceptes positifs de la morale ; mais nous voyons par ces deux expressions : *bien faire* et *faire du bien*, que cette idée, sous l'unité du mot, enferme un double sens. *Bien faire* ne se rapporte qu'à l'action elle-même. C'est la forme même de l'acte moral. Ce n'est donc encore qu'un principe formel. C'est aussi un principe subjectif, si l'on considère l'acte moral, non dans sa définition abstraite, mais dans l'ensemble des conditions qu'il emprunte à la nature concrète de l'agent. Bien faire, c'est mettre au service de la loi morale tout son être, son corps aussi bien que son âme, c'est employer tous ses efforts, non seulement à bien agir, mais à bien penser, à bien sentir, d'un seul mot à bien vivre. *Faire du bien* se rapporte à l'objet de l'action. C'est doublement un principe objectif ; car il suppose, d'une part, un effet produit, lequel est qualifié un *bien*, par exemple le plaisir, la santé, la richesse, la culture intellectuelle ou morale, et, de l'autre, une ou plusieurs personnes en qui cet effet est produit. On fait du bien à soi-même ou aux autres. Quand on se sert de l'expression générale et indéterminée : *faire du bien*, on s'abstient seulement d'indiquer les personnes qui sont l'objet de la bonne action ; mais elles sont nécessairement sous-entendues.

Ces deux sens, l'un formel et subjectif, l'autre objectif d'un même mot sont-ils réellement opposés ? Le bien objectif peut conserver sa valeur propre sans être d'accord avec le bien subjectif et formel. On peut *faire du bien* sans *bien faire*, sans obéir à une intention morale, parfois même dans une intention immorale. On peut, par vanité ou par ambition, ou même pour le seul plaisir de frustrer ses héritiers naturels, donner tout ou partie de sa fortune pour une fondation excellente en elle-même, pour un hôpital, pour une école, dont le bienfait s'étendra à toute une population. On peut, comme l'Alidor de Boileau, « rendre à Dieu ce qu'on a pris au monde », se faire, du produit de ses vols, un mérite de sa bienfaisance. L'action n'est morale que si elle réunit les deux pôles de l'idée du bien, si elle est formellement et subjectivement bonne, en même temps qu'elle tend à la production d'un bien. D'un autre côté, l'idée formelle et subjective du bien réclame un contenu objectif. Bien faire, c'est faire *quelque chose* dont *quelqu'un* est appelé à profiter. Si l'acte moral n'est pas bienfaisant pour autrui, il l'est pour l'agent lui-même. La forme pure de l'acte moral, l'autonomie de la volonté, est elle-même, au sens objectif, un bien. Ses conditions subjectives, la santé du corps et de l'âme, sont des biens. Nous appelons *bonnes* les habitudes que nous contractons par la répétition des bonnes actions et nous leur donnons le premier rang parmi les biens sous le nom de *vertus*. Dans la théorie formelle de la morale, les deux points de vue se confondent : la volonté autonome est à la fois le principe du devoir et son objet le plus immédiat. Tous les développements qu'appelle la morale, dans l'ordre spéculatif et dans l'ordre pratique, exigent à la fois la distinction et la réunion du bien subjectif et du bien objectif. Non seulement un bienfait n'est moral que s'il est l'objet d'un acte moral; mais faire moralement du bien à autrui, c'est toujours s'en faire à soi-même, c'est appliquer, pour leur plus grand bien, ses facultés de penser, de sentir et d'agir; c'est, avant tout, réaliser en soi-même le bien formel de la volonté : l'autonomie.

M. Janet reproche avec raison à la morale de Kant de se renfermer dans le bien formel et de méconnaître la nature propre du bien objectif. Non seulement le bien objectif ne se réduit pas au bien formel, mais il lui est antérieur. Les hommes pourraient encore se faire du bien entre eux et chacun pourrait s'en faire à soi-même, alors même qu'ils ne se seraient pas élevés à la conception morale du bien. Cette antériorité du bien objectif sur le bien formel est-elle une raison toutefois de placer, dans un traité de morale, l'étude du premier avant celle du second? M Janet, qui a adopté cet ordre, semble en avoir reconnu le vice dès les premières pages de son excellent ouvrage. Il ne peut, en effet, poursuivre l'analyse de l'idée du bien, considérée en elle-même, sans lui opposer l'idée de la loi morale et sans rechercher si la première peut dériver de la seconde. Une telle recherche est manifestement impossible si l'on ne sait pas ce que c'est que la loi morale et si l'on ne fait par conséquent un emprunt anticipé aux chapitres ultérieurs où l'on a prétendu renvoyer l'étude de la morale formelle. L'étude objective du bien n'intéresse la morale qu'autant que le bien peut être l'objet du devoir. Otez l'idée du devoir, une telle étude peut être revendiquée par toutes les sciences qui traitent des divers objets de l'activité humaine. La santé, objet de l'hygiène, la richesse, objet de l'économie politique, le beau, objet de l'esthétique, sont également des biens, qui peuvent être l'objet d'actes immoraux comme d'actes moraux. Pour que la morale puisse s'approprier ces différentes catégories de biens, il faut qu'elle commence par prendre conscience d'elle-même, dans sa nature propre et formelle. Elle ne peut donc donner la première place aux considérations objectives, alors même qu'elle reconnaît l'antériorité naturelle et logique du bien sur le devoir.

II

Nous avons cherché à établir, dans les deux livres précédents, les principes formels et les principes subjectifs de la morale. Le bien objectif nous occupera seul ici. Nous le considérerons en lui-même, mais sans perdre de vue sa destination morale.

Certains moralistes regardent le bien moral et le mal moral comme des propriétés de nos actions, directement perçues par la raison, et qu'on ne peut pas plus définir que les qualités simples de la matière, directement perçues par les sens. C'est la morale « intuitive » de Price et des Ecossais. On peut lui opposer l'argumentation pressante de Jouffroy. Une telle théorie supprime toute discussion sur la valeur morale des actions et des personnes, puisqu'elle ne laisse subsister aucun principe général, auquel puissent se ramener les cas particuliers; elle conduit même, si l'on est conséquent, à nier toute divergence, toute contradiction entre les opinions humaines sur le bien et le mal; car comment pourrais-je savoir qu'une idée conçue par moi est contraire à une idée conçue par un autre esprit, si je ne puis ni la définir ni l'analyser à cause de sa simplicité? Enfin, on confond par cette théorie le bien subjectif et le bien objectif, ou plutôt on ne considère que le premier. Ni l'un ni l'autre, d'ailleurs, n'échappent à l'analyse. Nous avons ramené le bien subjectif à un principe formel, qui s'explique lui-même par l'idée pure d'une volonté. Le bien objectif n'est pas davantage une qualité tellement mystérieuse qu'on ne puisse ni en reconnaître la valeur ni remonter à son origine.

III

La plupart des philosophes qui ont fondé la morale sur les principes de la raison ont cherché dans l'ordre l'expression la plus générale du bien. « On appelle légitime et loi, dit Platon, tout ce qui met de l'ordre et de la règle dans l'âme, d'où se forment les hommes justes et réglés (1). » Telle est également la doctrine de Leibnitz lorsqu'il donne pour base à nos devoirs certaines règles d'égalité et de proportion, qui ne sont pas autre chose que la réalisation de l'ordre. Enfin, on sait le rôle que joue l'idée de l'ordre dans le système moral de Malebranche et l'importance que lui a attribuée dans notre siècle l'auteur du *Cours de droit naturel*.

Toutes les conceptions de la raison, au point de vue pratique, sont en effet résumées dans cette idée de l'ordre universel. Elle comprend tous les rapports dont l'expérience atteste l'existence et dont la raison reconnait la nécessité : l'enchaînement des genres et des espèces, des causes et des

(1) *Gorgias*, traduction Cousin.

effets, des moyens et des fins, des principes et des conséquences. Elle s'applique également aux relations nécessaires qui constituent la justice et qui proportionnent les devoirs aux droits, les récompenses au mérite et au démérite. L'ordre est, enfin, pour la métaphysique religieuse, la manifestation la plus immédiate et la plus générale de la sagesse divine. Aussi on ne peut agir par raison sans agir par ordre et tout ce qui est contraire à l'ordre choque en même temps la raison.

L'idée de l'ordre se précise à la lumière de l'expérience. Quand nous observons la nature, nous voyons partout une admirable harmonie ; chaque chose est à sa place et tend à sa fin par les moyens les mieux appropriés ; tous les êtres forment une vaste chaîne dont nous ne connaissons pas encore tous les anneaux, mais dont les progrès des sciences nous font de jour en jour mieux comprendre la merveilleuse unité, alors même qu'elles cherchent à expliquer cette unité en dehors de toute cause finale; leurs fins particulières consistent également, soit en vertu d'un plan préétabli, soit par l'effet d'une évolution toute mécanique, à réaliser une fin unique, et chacun d'eux peut être considéré comme un des facteurs de l'ordre universel. Enfin si nous consultons en philosophes une autre expérience, l'expérience historique, les destinées accomplies par les peuples, leurs révolutions successives, assujetties en quelque sorte à des lois invariables, nous donnent l'idée d'un ordre non moins admirable que celui de la nature.

L'ordre est certainement, dans toutes les sphères où il peut apparaître, une forme du bien ; mais est-il tout le bien? Il n'exprime que des rapports entre les personnes ou les choses ; il n'exprime pas les qualités inhérentes à chaque chose ou à chaque personne. C'est un bien que j'établisse en moi-même, entre mes diverses facultés, une constante harmonie ; mais chacune de mes facultés a aussi son bien propre, que je puis poursuivre directement. Il est contre l'ordre de cultiver l'intelligence aux dépens de la sensibilité ou sans souci de la santé ; mais les jouissances de l'intelligence, considérées en elles-mêmes, ne sont pas moins des biens, au même titre ou à un titre plus élevé que les satisfactions de la sensibilité ou le bon état de la santé. « Le savoir a son prix », et il a son prix en lui-même, indépendamment de toute idée d'ordre ou d'harmonie dans l'âme humaine.

L'ordre dans la société et la paix entre les nations sont aussi de grands biens ; mais chaque individu dans la société, chaque nation dans l'humanité a aussi ses biens propres, et ces biens peuvent être poursuivis, ils peuvent être l'objet d'actes moraux sans préjudice de l'ordre social ou de la paix internationale.

On peut enfin considérer comme la plus haute et la plus complète expression du bien l'ordre universel de la nature ; mais cet ordre universel ne se réalise que par l'accord, dans le tout, des biens propres à chaque partie. Le bien général a pour éléments des biens particuliers et il n'est rien sans eux. C'est par eux qu'il existe et c'est par eux qu'il se développe. Le même ordre, également parfait en lui-même, peut être conçu entre des biens de valeur différente. Il peut représenter un bien plus ou moins élevé suivant le degré d'élévation de ses éléments. L'idée d'ordre ne suffit pas à elle seule pour déterminer la nature et le degré d'excellence du bien.

Plus étroite en elle-même que l'idée du bien, l'idée de l'ordre est, d'un autre côté, trop indéterminée pour offrir au devoir un objet déterminé et distinct. L'idée du bien embrasse tout, mais elle se subdivise suivant chacun des objets auxquels elle s'applique. Elle permet ainsi des conceptions toutes particulières, qui peuvent servir de base à autant de devoirs spéciaux. L'idée de l'ordre est l'expression de rapports généraux, qui enveloppent toujours un nombre plus ou moins étendu d'objets, et l'idée complète de l'ordre, l'idée de l'ordre universel, embrasse tous les rapports qui unissent entre eux, à travers tous les espaces et tous les temps, tous les êtres de la nature. L'ordre de la nature et l'ordre de l'histoire échappent, pour la plus grande partie, à notre connaissance et ils échappent bien plus encore à l'action de notre volonté. Rien ne nous est plus obscur et rien ne dépend moins de notre choix éclairé ou capricieux que notre participation même soit aux grands événements, soit à la série des petits faits qui influent en bien ou en mal, dans l'univers ou dans l'humanité, sur le cours des choses. Il faudrait réaliser la célèbre hypothèse de Laplace pour apercevoir, dans l'avenir comme dans le présent, tout l'enchaînement des faits humains et pour y remplir, sciemment et volontairement, notre rôle. Et, dans cette hypothèse même, l'omniscience ne laisserait plus aucune place à la morale. Notre volonté n'aurait sur les autres rouages de la machine universelle que le privilège de connaître exactement son rang parmi eux et sa part dans l'ensemble des effets produits ; elle n'aurait ni choix ni responsabilité propres.

Nous avons fait, depuis deux siècles, de merveilleux progrès dans la connaissance des lois de la nature et nous croyons mieux connaître que nos devanciers certaines lois de l'histoire. L'industrie repose tout entière sur les premières de ces lois et la politique devrait reposer sur les secondes ; mais ni les unes ni les autres ne sont l'équivalent de la loi morale. Nous ne pouvons rien ni sans elles ni contre elles. Les seules leçons de morale qu'elles pourraient nous donner seraient des leçons de fatalisme, la résignation aux faits accomplis, la glorification du succès, une confiance aveugle et inerte dans un progrès indéfini (1). L'ordre qui doit servir de but à nos efforts, ce n'est pas l'ordre réel, auquel nous ne pouvons que nous soumettre, c'est un ordre idéal. Il est beau, il est utile de se représenter un tel ordre, dans sa plus grande généralité ; mais cette conception même dépasse la moyenne des intelligences et, pour les plus hautes, elle restera toujours très imparfaite. L'idée de l'ordre, ainsi conçue, est la forme suprême de l'idée du bien ; mais elle ne

(1) On trouvera dans le *Devoir* de M. Jules Simon (3e partie, ch. III), et dans tout le livre de la *Science* et de la *Conscience*, de M. Vacherot, une réfutation aussi solide que brillante des systèmes de morale fondés sur nature et sur l'histoire.

saurait être, comme objet de la morale, la détermination exacte et précise de l'idée du bien.

IV

La plupart des philosophes, quand ils donnent pour fin à la morale la réalisation de l'ordre, n'ont en vue que l'ordre dans l'âme humaine, dans l'exercice et le développement de ses facultés. Jouffroy lui-même, pour qui l'ordre universel est synonyme du bien en soi, s'appuie, quand il veut s'en faire une idée précise, sur les penchants primitifs de notre nature, qui nous indiquent notre destinée, soit en elle-même, soit dans ses rapports avec la fin particulière assignée aux autres hommes. Ce n'est donc plus la science universelle, c'est la psychologie, qui doit éclairer, pour la morale, les idées de l'ordre et du bien. Le macroscome doit faire place au microscome.

Pour la nature humaine, comme pour la nature en général, il y a le réel et l'idéal et, dans le réel, des lois inflexibles, dont la connaissance est infiniment précieuse pour la conduite de la vie, mais qui n'ont, en aucune façon, le caractère de lois morales. Il y a aussi, dans le réel, des faits, toujours régis, quoi que nous fassions, par les lois nécessaires de notre nature, mais qui, au point de vue moral, peuvent être bons ou mauvais, conformes au contraires, soit au bien général de notre être, soit à notre devoir. Le malheur est dans la nature comme le bonheur, le vice comme la vertu, le crime le plus horrible comme l'acte le plus sublime de dévouement et d'héroïsme. Aussi ce n'est jamais la nature humaine tout entière qu'on peut donner pour règle à la morale. Il faut nécessairement y introduire des distinctions et, par ces distinctions, faire appel à d'autres principes.

Qui ne connaît la fameuse formule des stoïciens : *sequere naturam ?* Mais qui ne sait qu'ils n'entendaient par là que la nécessité de suivre la droite raison? La nature n'était pour eux, comme la volonté pour Kant, qu'un principe formel et la formule stoïcienne, comme les formules kantiennes, se réduit à donner le devoir même pour objet au devoir. Elle ne contient aucune détermination nouvelle de l'objet de la morale.

V

On a souvent cherché dans la destinée humaine la fin générale des devoirs de l'homme et on en fait dériver la connaissance de celle de nos penchants, de nos dispositions naturelles, de nos facultés intellectuelles ou de notre organisation physique: tous ces éléments de notre nature ont leurs fins, dont l'ensemble forme notre destinée. Nous devons donc étudier toutes nos tendances pour en reconnaître les fins et, par suite, les devoirs qu'elles nous imposent. C'est ainsi que Jouffroy avait conçu ce problème de la destinée humaine, dont il a si éloquemment exposé l'importance, mais qu'il n'a pas réussi à résoudre.

Nous remarquerons d'abord, avec M. Jules Simon (1), qu'en faisant dériver nos devoirs de nos penchants, on donne a la morale une base tout à fait empirique. Nos tendances, nos facultés, nos instincts, sont des faits : les devoirs qu'on en peut déduire n'auraient donc qu'un caractère contingent et relatif.

Il est facile d'ailleurs de montrer que l'idée de la destinée humaine n'éclaire en aucune façon la question objective du devoir.

On part d'une hypothèse qu'il faudrait justifier, quand on suppose que toutes nos tendances contiennent notre fin nécessaire. Dieu ou le « malin génie » de Descartes

(1) *Le Devoir*, 3e part., chap. III.

aurait pu nous donner des inclinations vicieuses, contre lesquelles nous aurions à lutter dans l'accomplissement de notre destinée. Il nous faudrait alors une lumière pour discerner les bons et les mauvais penchants.et, avec cette lumière, s'introduirait un nouveau principe.

Admettons cependant que notre destinée soit déterminée par l'ensemble de nos tendances. Ce but suprême de notre vie, qui résulte à la fois des inclinations de notre cœur, des besoins de notre intelligence et des lois imposées à notre volonté, embrasse un grand nombre d'éléments qui sont étrangers au devoir et même à toute la morale. Nous avons, par exemple, une soif insatiable de bonheur : notre bonheur entre certainement dans notre destinée ; mais est-il aussi certain qu'il soit par lui-même l'objet d'un devoir?

Notre destinée morale, c'est-à-dire la portion de notre destinée qui dépend de notre volonté, peut seule éclairer nos devoirs ; mais elle les dépasse encore. La condition même du but qu'elle nous propose est de s'éloigner sans cesse et de ne pouvoir jamais être atteint. De même que notre bonheur, quelque grand qu'on le suppose, nous laisse toujours un sentiment d'amertume, qui nous en fait sentir le vide et qui nous porte à en souhaiter un plus parfait, de même, dans les actions qui dépendent le plus directement de notre volonté libre, quelques efforts que nous ayons faits, nous en trouverons toujours de nouveaux à faire ; quelque somme de connaissance que nous ayons acquise, nous souffrons toujours de notre ignorance, en présence des mystères qu'il nous reste à pénétrer ; quelques vertus que nous ayons pratiquées, nous conservons toujours le sentiment de notre faiblesse, en contemplant l'idéal divin dont nous cherchons à nous rapprocher. Dans quel moment de sa vie l'homme le plus parfait oserait-il se dire que sa tâche est tout à fait remplie, qu'il n'a plus rien à faire pour développer son intelligence, pour fortifier sa volonté, en un mot pour accomplir sa fin? C'est dans la contradiction entre cette destinée infinie et notre imperfection naturelle que les philosophes voient la plus forte preuve de l'immortalité de l'âme et les théologiens la confirmation de notre chute originelle.

Si nous comparons à cette destinée sans limites la loi du devoir, nous n'avons plus devant nous un but qui s'éloigne constamment, un idéal placé hors de notre atteinte, mais un commandement imposé, qui nous permet certaines actions, qui nous en défend d'autres, qui limite, en un mot, l'usage de notre liberté. Qui pourrait me condamner pour n'avoir pas acquis toutes les connaissances que j'ai poursuivies, toutes les vertus que je me suis proposées, pour n'avoir pas suivi jusqu'à son dernier terme la vocation que j'ai cru me reconnaître ? Qui, d'un autre côté, voudrait m'absoudre, si j'avais manqué à un devoir rigoureux ? Il faut donc restreindre encore l'idée de notre destinée, si l'on veut qu'elle soit le principe objectif de nos devoirs : il n'y faut comprendre que les actions, non seulement qui dépendent de nous, mais que nous sommes obligés d'accomplir. Si l'obligation morale détermine ainsi notre destinée, comment pourrait-elle y trouver un de ses principes?

VI

Trop large encore et trop indéterminée est la théorie qui donne pour objet à la morale les éléments supérieurs de la nature humaine, la nature propre de l'homme, considérée et renfermée dans les attributs qui distinguent l'homme des animaux. La ligne de démarcation entre « le règne humain » et les autres règnes zoologiques n'est pas aussi facile à tracer que l'a cru longtemps la philosophie spiritualiste et, lors même qu'on arriverait à reconnaître très exactement ces attributs purement humains qui constituent, suivant Cicéron, « la forme de l'honnête », il faudrait y faire un partage ; car plusieurs apparaîtraient comme étrangers ou indifférents à la morale ; plusieurs aussi, dans l'état particulier où ils se manifesteraient chez les différents individus, pourraient être pour la morale un obstacle plutôt qu'un secours ou un principe déterminé d'action. Les passions qui sont le plus justement qualifiées de nobles, comme l'ambition, l'amour de la gloire, l'amour de Dieu lui-même, ont leurs écarts et peuvent dégénérer en vices. La morale a précisément pour objet de les rectifier. Elle ne saurait donc trouver une détermination suffisante dans la seule considération de la noblesse intrinsèque de certaines parties de notre nature.

Suivant Kant et quelques-uns de ses disciples français, la liberté seule ferait la dignité propre de l'homme. Par elle seule, l'homme est une « fin en soi » et, à ce titre, suivant la formule kantienne, infiniment respectable pour lui-même et pour autrui. La règle est excellente ; mais ce n'est qu'une règle formelle, non une règle vraiment objective, et même, comme règle formelle, c'est un précepte trop étroit, car il ne comprend que les devoirs négatifs. Respecter la personne humaine en soi-même et dans autrui, c'est s'abstenir de certaines actions. Ce n'est pas agir pour son propre bien ou pour le bien des autres hommes ; c'est ne pas faire du mal, ce n'est pas, proprement et efficacement, faire du bien.

VII

La formule la plus complète et la plus exacte du bien est celle qui le ramène à la perfection comme but suprême, au perfectionnement comme but immédiat. C'est, comme le reconnaît M. Fouillée, la formule constante de tous les philosophes qui s'inspirent directement ou indirectement des doctrines platoniciennes. L'idéalisme moral s'y résume tout entier, dans son principe et dans ses applications. Ici, en effet, il ne s'agit plus de la nature réelle, mais de la nature idéale de l'homme, reconnue, il est vrai, à la lumière de la réalité, mais conçue comme supérieure à la réalité.

L'idée de perfection domine certainement toute la morale : elle s'est imposée, par la force des choses, aux philosophes mêmes qui l'ont le plus vivement combattue. Kant n'y voit qu'un principe d'« hétéronomie, » étranger à l'autonomie de la volonté; mais quand il parle de la « bonne volonté, » c'est-à-dire, dans l'idée qu'il s'en fait, d'une volonté parfaite ; quand il la considère comme une « fin en soi » ; quand il *postule* pour elle un « souverain bien, » qui réalise l'accord parfait du bonheur et de la vertu, il introduit malgré lui dans sa morale cette idée de perfection qu'il a prétendu écarter. Les positivistes modernes ne réussissent pas mieux à s'en passer. La plupart croient au progrès et, par conséquent, au perfectionnement, dont l'objet est la réalisation d'un idéal également progressif et dont le terme suprême, de quelque façon qu'on le conçoive, est l'idée d'une certaine perfection. Auguste Comte, dans sa *Sociologie*, commence par rejeter l'idée de perfectionnement pour lui substituer celle de développement, qui lui paraît plus conforme aux données positives de la science ; mais il finit par avouer que le développement, tel qu'il l'entend, est au fond un perfectionnement. L'évolutionisme contemporain aime aussi à parler de développement, plutôt que de perfectionnement; mais la loi universelle qu'il assigne, soit à la nature en général, soit à la nature humaine, est bien une loi de progrès. Elle repose sur la distinction du plus et du moins parfait. Elle tend à produire, dans la nature et dans l'humanité, un état de plus en plus parfait. M. Fouillée, qui critique à son tour la morale de la perfection, ne lui reproche que le vague ou l'inexactitude de ses théories. La morale de la perfection, telle que l'entend l'école spiritualiste, aurait le tort, suivant lui, d'écarter le seul objet auquel les hommes attachent l'idée du bien, à savoir le bonheur. Nous examinerons plus tard ce qu'il y a de fondé dans ce reproche ; nous voulons seulement constater ici que la critique même de M. Fouillée maintient l'idée de la perfection, dans son application à la morale, et qu'elle ne tend qu'à la mieux préciser.

Le manque de précision, tel est, en effet, le défaut capital de cette idée, sous toutes les formes qu'elle a revêtues dans la philosophie. Considérons d'abord son objet propre : la perfection absolue. Le positivisme n'y voit qu'une idée tout abstraite et toute négative, qui ne se forme qu'en écartant toutes les conditions dans lesquelles se réalisent les êtres particuliers et réels en qui nous reconnaissons ou nous croyons reconnaître une perfection relative. Or, dégagée de ces conditions, elle ne se représente rien que le mot qui l'exprime ; elle n'apporte à l'esprit aucune lumière. L'idée la plus haute que nous puissions nous faire d'un être parfait est une idée anthropomorphique; c'est la conception agrandie de la nature humaine, avec tous les éléments et dans toutes les conditions qui lui sont propres. Ce n'est donc pas un pur absolu. Le spiritualisme religieux réalise en Dieu la perfection suprême. La morale de la perfection trouve sa formule dans la règle platonicienne de la ressemblance avec Dieu : ὁμοίωσις τῷ θεῷ. Nous rechercherons plus tard quels avantages peut trouver la morale dans la substitution de l'idée de Dieu à l'idée abstraite de la perfection. Dieu dit plus à l'imagination et au cœur ; il agit plus efficacement sur la volonté qu'aucune des idées dout il est ou dont il représente la réalisation ; mais Dieu lui-même ne serait qu'un mot, il n'éveillerait, non seulement aucune idée nette, mais aucun sentiment de respect ou d'amour, il n'offrirait à la volonté aucun modèle déterminé, s'il n'était que la perfection absolue, s'il ne s'abaissait pas aux proportions de la perfection relative et anthropomorphique. Les religions cherchent en vain à se dégager du reproche d'anthropomorphisme; elles ne peuvent espérer une action efficace et utile que si elles méritent ce reproche, non sans doute en façonnant leurs dieux ou leur Dieu à l'image réelle du premier venu parmi les hommes, mais en exprimant sous le nom de Dieu l'idéal progressif de l'hmanité. Or, dans cet idéal de perfection relative, l'idéal moral tient la première place. La ressemblance avec Dieu ne se conçoit qu'à la lumière des idées morales ; elle peut servir à faciliter dans l'âme l'action de ces idées ; mais, loin de concourir à les déterminer, elle n'en est que l'expression la plus haute et la plus pure.

La perfection relative, considérée soit dans l'ensemble de la nature humaine, soit dans chacune de ses parties ou dans chacun de ses états, peut seule éclairer efficacement la morale. Tout ce que nous concevons comme un bien peut s'y ramener; car on peut dire, d'une manière générale, que le savoir est un état plus parfait en soi que l'ignorance ou l'erreur; le plaisir ou le bonheur, que la souffrance ou le malheur; la santé, que la maladie; la richesse, que la pauvreté. Il faut toutefois un effort de subtilité métaphysique pour associer l'idée de perfection à des biens extérieurs ou d'ordre inférieur. Tous les genres d'êtres peuvent éveiller en nous l'idée de la perfection. Nous admirerons la perfection d'un caillou. Nous admirerons davantage encore la perfection de la forme et de la couleur dans une plante, la perfection de l'organisation et de l'intelligence dans certains insectes. Il semble cependant que, pour justifier ce mot de perfection, nous exigions, soit un ensemble éminent de qualités, soit une supériorité éclatante dans une qualité isolée. La perfection est toujours pour nous quelque chose de rare; elle ne répond pas, dans l'usage ordinaire de la langue, aux degrés les plus modestes de ce que nous appelons des biens. Pour déterminer, d'une façon plus nette et plus claire, dans toutes ses applications à la morale, l'idée générale du bien, il faut descendre de l'idée de perfection à deux autres idées, qu'elle embrasse sans doute dans sa signification métaphysique, mais qui s'offrent à l'esprit avec un sens mieux défini et d'un usage plus pratique. Ces deux idées, que l'on s'est plu de tout temps à opposer entre elles et qui représentent deux écoles rivales parmi les moralistes, sont celles du juste et de l'utile

VIII

Le juste, comme le parfait, est, pour la métaphysique religieuse, un des attributs de Dieu. C'est, dans la nature divine, l'attribut moral par excellence. Dieu ne se conçoit que comme infiniment juste ; rien ne paraît plus propre à faire naître et à entretenir le doute sur son existence que le doute sur sa justice. L'irritation que nous causent le bonheur des méchants et le malheur des bons est une affirmation implicite de la justice divine : ce qui excite nos plaintes n'aurait rien que de naturel si une puissance injuste ou indifférente gouvernait le monde. Ce n'est pas toutefois sur le modèle de la justice divine que nous concevons la justice humaine ; c'est, au contraire, d'après notre idéal de justice que nous nous représentons un Dieu juste et nous lui prêtons en même temps des traits trop différents de notre justice pour qu'il puisse à son tour lui servir de type.

Notre justice consiste, suivant la définition ordinaire, à rendre à chacun ce qui lui est dû. Or Dieu ne doit rien à personne. Il peut tout nous prendre comme il peut tout nous donner, sans que nous ayons le droit de l'accuser d'injustice. Les relations d'où dépend la justice humaine ne sauraient donc trouver un principe de détermination dans nos rapports avec Dieu.

Il n'y a qu'un seul cas où la justice des hommes semble une image de celle de Dieu, c'est quand elle frappe le coupable ou récompense l'homme de bien. Mais cependant quelles différences ! Le droit de récompenser et de punir n'est chez l'homme qu'un droit exceptionnel ; il suppose une autorité, une supériorité sociale ; il a besoin de se justifier, non seulement par la justice, mais par l'intérêt public, et quand il faut le pousser à ses dernières conséquences, quand on doit prononcer sur la vie d'un homme, on ne l'exerce qu'en tremblant. L'âme religieuse compte, au contraire, dans toutes les circonstances, dans tous les temps, dans tous les lieux, sur la justice infaillible de Dieu. Ce n'est pas, chez lui, un droit accidentel, mais le fond même de sa nature. Nous aimons mieux supposer, dans nos murmures et dans nos blasphèmes, qu'il n'y a pas de Dieu, que d'admettre un Dieu sans justice.

Cette justice humaine, si imparfaite et si restreinte, obéit cependant, quand elle punit ou récompense, à une nécessité qui ne s'impose pas à celle de Dieu. Ceux qui en sont les ministres sont obligés, sous peine de forfaiture, de la réaliser sans remise, toutes les fois qu'une action coupable ou vertueuse est soumise à leur jugement. S'ils inventaient des prétextes pour ajourner leur sentence, ils seraient justement flétris. Leur permettrait-on de dire, par exemple, que tel scélérat déféré à leur tribunal n'a pas comblé la mesure de ses infamies, qu'il faut le laisser encore quelque temps accroître sa prospérité à force de crimes, pour le précipiter plus tard du haut de sa fortune mal acquise et rendre sa chute plus affreuse? Or, ce qui révolterait dans un juge a semblé de tout temps naturel quand on parle de Dieu. Notre sentiment de justice est satisfait si la peine vient d'un pas boiteux et, quels que soient parfois nos murmures contre la lenteur de la justice divine, nous n'hésitons pas à l'absoudre lorsqu'il nous est donné tôt ou tard d'assister à la chute de quelque grand coupable :

> Abstulit hunc tantum Rufini pœna tumultum
> Absolvitque Deos.

Nous approuvons même la justice de Dieu d'avoir laissé quelque temps le méchant s'élever pour qu'il tombe de plus haut :

> Tolluntur in altum
> Quo lapsu graviore ruant.

C'est que la justice de Dieu est un attribut de sa nature dont celui qui croit en lui peut attendre patiemment les manifestations, car il sait qu'elles sont inévitables. La justice des hommes est, au contraire, une loi qu'ils ne s'imposent que par un effort de volonté toujours incertain et précaire, mais qui, dans son imperfection même, est l'objet d'un commandement précis, à jour et à heure fixes. En un mot, elle a ce caractère d'obligation ou de devoir, qui ne se trouve pas dans la loi morale d'un être parfait.

Où chercherons-nous la règle de cette justice humaine, si

différente de celle de Dieu ? Nous ne pouvons la demander à l'idée même du devoir, puisqu'il s'agit de déterminer l'objet du devoir. Dira-t-on, comme pour l'idée générale du bien, que la justice est une qualité des actions ? C'est, dans les deux cas, revenir aux qualités occultes. La justice ne saurait d'ailleurs être considérée comme une qualité simple et élémentaire des actions. Une action prise en elle-même n'est ni juste ni injuste ; elle ne le devient qu'en vertu de certains rapports. Je refuse de restituer des armes qui m'ont été confiées : est-ce une injustice ? demande Socrate dans la *République* de Platon. Tout le monde conviendra que non, si celui qui les réclame est atteint de folie (1). La justice n'est, pour aucun objet, une qualité intrinsèque ; elle est un rapport ou une proportion entre deux ou plusieurs termes.

Ainsi l'ont définie Platon et Aristote ; ainsi l'entend Leibnitz : « La justice, dit-il, suit certaines règles d'égalité et de proportion, qui ne sont pas moins fondées dans la nature immuable des choses et dans les idées de l'entendement divin que les principes de l'arithmétique et de la géométrie (2) ». C'est aussi la célèbre définition de Montesquieu : « Les lois sont les rapports nécessaires qui dérivent de la nature des choses (3). » Un philosophe contemporain repousse comme contradictoire cette expression de rapports nécessaires : il craint que la justice, si l'on en fait une relation, ne soit plus qu'un fait contingent (4). Le scrupule me paraît excessif. Toutes les idées, quel que soit leur objet, sont nécessaires et immuables, quand elles expriment l'essence de cet objet, les conditions intrinsèques de son éternelle possibilité. Quand l'humanité serait détruite, l'idée de l'homme subsisterait toujours, avec tous les éléments qu'elle renferme, tant qu'il subsisterait une intelligence pour la concevoir, et elle subsisterait nécessairement et éternellement, si l'on admet l'intelligence divine. Entre les idées

(1) *République*, livre I.
(2) *Monita ad Pufendorfii principia*, § 4.
(3) *Esprit des lois*, chap. I.
(4) *Le Devoir*, par M. Jules Simon, 3e partie, chap. II.

ainsi entendues, on peut concevoir des rapports éternels. Dès que je me représente un être libre et une chose que son travail a produite, je comprends qu'il est juste que cette chose lui appartienne et qu'il en dispose. Nulle puissance au monde ne saurait détruire la nécessité de ce rapport entre l'ouvrier et son œuvre. « Il en est, d'ailleurs, de la justice, dit excellemment M. Franck, comme des autres idées fondamentales de notre intelligence : invariable en elle-même et toujours présente à notre esprit, invoquée dans tous les temps et par tous les hommes, elle n'arrive que par degrés à toute la clarté dont elle est susceptible et c'est avec la même lenteur qu'elle passe de la pensée dans les faits (1). » Mais, quels que soient ses progrès, elle n'est pas moins éternelle dans son essence propre et dans son principe.

Voilà l'éternité de la justice, quoiqu'elle ne soit qu'une relation. Qu'est-ce que cette relation et entre quels termes faut-il la chercher ?

Je reprends le rapport que j'ai choisi pour exemple entre l'ouvrier et son œuvre. Ce rapport exprime une chose juste, nécessairement juste ; mais suffit-il pour constituer la justice ? Je garantis à l'ouvrier le fruit de son travail, dans l'espoir qu'il en fera un mauvais usage : ce n'est pas un acte de justice, car ce n'est pas un acte moral. Je veux l'en dépouiller, parce que j'ignore ses droits ou que je crois en avoir de plus forts : ce n'est pas proprement un acte d'injustice. La relation entre la personne et la chose n'a pas varié dans les deux cas : c'est mon action qui est venue s'y mêler et elle y a introduit de nouveaux éléments de justice et d'injustice. Voilà donc un terme de plus et un nouveau rapport : pour déterminer la justice, il faut une action volontaire, faite en connaissance de cause et se rapportant à la fois à une chose et à une personne (2). Est-ce tout, et la justice est-elle désormais constituée ?

(1) M. Adolphe Franck, *Dictionnaire des sciences philosophiques*, article *Justice*.

(2) *Hoc ipsum ita justum est, quod recte fit, si est voluntarium*. Cicéron, *De Officiis*, liv. I, chap. XXVIII.

Il y a un sophisme de Hume, qui a beaucoup embarrassé le sage Reid et qui tend à ruiner la notion de la justice fondée sur ce triple rapport. La justice, dit le célèbre sceptique, ne subsiste pas dans la nature des choses, indépendamment des actions humaines : comment nos intentions peuvent-elles donc être justes? Si on dit qu'elles le deviennent quand elles s'appliquent à des choses justes, c'est un cercle vicieux, c'est une contradiction manifeste. Et Hume s'empresse de conclure que la justice n'est fondée sur aucun principe naturel (1). Reid résout la question en faisant intervenir un quatrième terme : la personne même de l'agent, de l'auteur de l'action. Il se rencontre ainsi avec la théorie d'Aristote, qui fait de la justice une proportion entre quatre termes; car « cette notion s'applique toujours à deux personnes et à deux choses » (2). Voyons donc quel sera le rôle de ce quatrième terme, de la personne raisonnable et libre, dans la détermination de la justice.

Si l'agent était Dieu lui-même, toutes les relations qui ont été établies se trouveraient changées. Le fait de dépouiller un ouvrier de son œuvre, de tarir les sources de son travail, de le réduire à la misère, n'est pas par lui-même une injustice, dans l'idée que nous nous faisons de la justice divine. Les relations qu'il s'agit d'expliquer ne concernent que la justice humaine. En vertu de quel caractère notre volonté entre-t-elle dans un système de justice? Est-ce comme la volonté d'un être raisonnable et libre? Dieu l'est comme nous et infiniment plus que nous. Est-ce en vertu de notre imperfection? Pour des êtres inférieurs à l'homme, la justice devrait subsister, au sein des mêmes relations : or, je ne crie pas à l'injustice, quand un animal me dérobe mon bien. Que reste-il donc en nous, si ce n'est notre caractère moral, c'est-à-dire la loi obligatoire à laquelle nous sommes soumis? Si l'homme n'avait pas de devoirs, on ne lui devrait rien, de même qu'il ne devrait rien à personne. Bien loin que l'idée

(1) Hume, *Traité de la nature humaine*, l. III, part. II, sect. 1. — Reid, *Essais sur les facultés actives*, essai V, chap. VI.
(2) *Morale à Nicomaque*, l. V, chap. VI.

du juste éclaire par elle-même l'idée du devoir, c'est au contraire l'idée du devoir qui peut seule déterminer la justice humaine.

Le principe objectif du devoir ne doit impliquer par lui-même aucune idée de devoir. Il faut donc écarter le juste, comme toutes les autres idées qui ne peuvent être conçues en dehors de la morale : l'idée de l'honnête, par exemple, ou l'idée de la vertu. Ajoutons que le juste n'exprime pas même la totalité du devoir. Il ne comprend pas les devoirs envers nous-mêmes et, dans les devoirs envers autrui, il n'a pour objet que les relations déterminées par des droits. La bienfaisance est sans doute subordonnée à la justice, mais elle n'est pas la justice. Les deux vertus ont chacune leurs règles propres qui ne peuvent se déduire les unes des autres.

IX

L'idée de l'utile est la seule qui puisse donner à la morale un objet précis sans l'emprunter à la morale elle-même. Tout ce qui est utile n'est pas moral, mais tout ce qui est moral est utile. C'est en vain qu'on oppose la morale du devoir à la morale de l'utilité : on ne peut rien déterminer dans la première sans faire appel à la seconde. Kant lui-même, observe très justement M. Janet, « lorsqu'il veut donner quelque raison de cette loi absolue, qui s'opposerait à tout motif personnel et égoïste, ne fait autre chose qu'emprunter ses raisons au critérium de l'utilité » (1). La morale du devoir n'exclut donc pas la morale de l'utilité ; elle doit se l'approprier, en rectifiant ce qui se trouve de trop large ou de trop étroit dans les systèmes qui l'ont professée. Les utilitaires ont, en effet, toujours péché dans les deux sens. Ils étendent outre mesure la sphère du devoir en y faisant

(1) *La Morale*, page 43.

entrer tout ce qu'embrasse la sphère de l'utilité et, d'un autre côté, ils mutilent cette dernière, pour ne pas dépasser les bornes d'une certaine philosophie, tout expérimentale et positive. La morale du devoir ne doit donc accepter que sous bénéfice d'inventaire les conclusions de la morale utilitaire; mais l'étude et la discussion de ces conclusions doivent être le point de départ de toute détermination objective de la loi morale.

CHAPITRE II

L'UTILE

Analyse de la morale évolutionniste de M. Herbert Spencer : le principe du plaisir.— Insuffisance de ce principe: 1° pour l'intérêt personnel;— 2° pour l'intérêt général ; — 3° dans ses rapports avec l'obligation morale ; — 4° dans les questions de morale pratique. — Conclusion.

I

Nous demanderons, sous la réserve que nous avons exprimée, les principes et les préceptes généraux de la morale utilitaire au plus éminent de ses représentants contemporains, M. Herbert Spencer.

M. Herbert Spencer avait indiqué plus d'une fois, dans ses divers écrits, les traits généraux de son système de morale (1). Il avait résumé ce système dans un document célèbre : sa lettre à Stuart Mill, publiée pour la première fois par M. Alexandre Bain, dans laquelle il s'était nettement séparé, non seulement de l'utilitarisme traditionnel, mais de l'utilitarisme transformé de son illustre correspondant. Il a voulu en donner le développement dans un ouvrage spécial, qui devait, dans le programme de ses travaux, former la conclusion de son « système de philosophie » et dont il a avancé la publication, « des avertissements répétés, dit-il en termes touchants, lui ayant appris qu'il pouvait être définitivement privé de ses forces avant d'avoir achevé la tâche

(1) Ce système, dans les traits épars qui permettaient de s'en faire une idée, avait déjà été plusieurs fois discuté en France, notamment par M. Caro (*Problèmes de morale sociale*) et par M. Guyau (*la Morale anglaise contemporaine*).

qu'il s'était marquée à lui-même ». Cet ouvrage, aussitôt traduit en français, a ranimé, des deux côtés du détroit, les espérances de tous les partisans d'une morale scientifique et positive (1). Une œuvre aussi considérable par elle-même, par le nom de son auteur et par les adhésions qu'elle a reçues, se recommande à l'attention et à l'examen approfondi de tous ceux qui, sans parti pris, avec le seul souci de la vérité et de l'intérêt social, se demandent ce qu'il y a de légitime et de réalisable dans cet idéal de « la morale scientifique », vainement poursuivi jusqu'ici en dehors des conceptions métaphysiques.

II

Le début des *Données de la morale* rappelle celui des *Fondements de la métaphysique des mœurs*. M. Spencer analyse le concept de la « bonne conduite », comme Kant celui de la « bonne volonté ». Il va sans dire que le rapprochement s'arrête aussitôt. Le philosophe allemand veut ramener à l'état le plus simple, à l'état pur, le fait de la bonne volonté, tel qu'il apparaît dans la complexité de la vie humaine. Le philosophe anglais suit un ordre inverse. Il cherche à se représenter la conduite la plus simple, telle qu'on peut la supposer chez les êtres inférieurs, au plus bas degré de l'échelle animale ; puis il en suit le développement

(1) La traduction française a pour titre : *les Bases de la morale évolutionniste*. (Un volume de la Bibliothèque scientifique internationale.) Le titre anglais est plus simple et plus modeste : *The data of Ethics*, *les Données de la morale*. Le traducteur anonyme a voulu sans doute que la couverture même du livre en indiquât l'esprit : précaution assez inutile, quand il s'agit d'un philosophe illustre, dont tous les écrits forment un ensemble systématique et dont la méthode, les théories et les principes sont discutés depuis vingt ans par tous les penseurs des deux mondes.

Nous nous faisons un devoir de citer, à côté du livre de Herbert Spencer, un ouvrage conçu dans le même esprit et qui a paru dans le même temps : *le Bien et la loi morale. Ethique et théologie*, par Mme Clémence Royer. La force et l'originalité de la pensée sont à peu près égales dans les deux ouvrages et il y a peut-être, chez le philosophe français, un degré de plus d'élévation morale.

à travers toute la série des espèces jusqu'à l'homme et, chez l'homme lui-même, à travers toutes les civilisations, jusqu'à l'humanité idéale et parfaite dont l'humanité réelle peut se faire une image de plus en plus nette, à mesure qu'elle prend une conscience plus claire d'elle-même. En un mot, il voit déjà une conduite dans tout mouvement animal approprié à une fin et il fait consister l'évolution de la conduite dans une adaptation de plus en plus parfaite des moyens les plus complexes à un ensemble de fins de plus en plus diversifiées et, en même temps, de mieux en mieux combinées dans une harmonieuse unité. Cette unité n'est pas seulement celle de la vie individuelle la plus riche et la plus heureuse, mais celle de la vie sociale la plus prospère et la plus paisible. L'évolution embrasse les sociétés comme les individus et l'humanité tout entière comme les sociétés diverses dont elle se compose. C'est la loi universelle. Rien n'échappe à cette loi dans les éléments propres de chaque être et dans l'ensemble des êtres.

Qu'est-ce donc que la bonne conduite? Tout acte approprié à sa fin peut être qualifié de bon ; mais la conduite elle-même n'est bonne que si les fins qu'elle poursuit concourent à cette évolution qui est la fin générale et commune de tous les êtres vivants. Il peut être bon de s'enivrer pour se procurer certaines jouissances ou l'oubli de certains maux ; mais l'ivresse est toujours mauvaise par les effets qu'elle peut avoir, soit sur l'ensemble de la vie individuelle, soit sur les rapports des hommes entre eux dans la vie sociale. La bonne conduite suppose donc toujours un choix, non seulement entre divers moyens, mais entre diverses fins, en vue de l'évolution générale qui intéresse à la fois l'être tout entier et la totalité des êtres. M. Spencer la définit « la conduite relativement la plus développée » et il appelle mauvaise « celle qui est relativement la moins développée ». Le bien et le mal, ainsi entendus, sont l'objet propre de la morale.

On remarquera aisément le caractère métaphysique de cette « morale évolutionniste » qui prétend être une morale purement scientifique. L'idée directrice de tout le système, l'idée de l'évolution, peut sans doute être réclamée par les sciences expérimentales; mais quand on ne se borne pas à constater les faits d'évolution et à en chercher les lois, quand on les subordonne à un principe formel de finalité, quand on reconnaît un progrès constant vers un idéal de perfection inaccessible à toute expérience, on fait appel, qu'on le veuille ou non, aux principes et aux procédés de la métaphysique. Ce n'est pas tout. Le développement même des théories de M. Spencer rappelle à chaque instant les doctrines les plus célèbres des moralistes métaphysiciens. Quand il nous montre, entraînés dans une même évolution, les individus, les sociétés, l'humanité, le système entier du monde, quand il fait de l'ordre moral un cas de l'ordre cosmique, nous retrouvons Jouffroy et la théorie de l'ordre universel. Nous retrouvons aussi, dans l'ordre purement humain, les théories rationnelles qui ramènent le bien absolu à la perfection de l'être et le bien relatif, le bien réalisable, au progrès continu dans le développement de toutes les parties de l'être. L'auteur d'un des meilleurs livres qui aient été publiés dans les temps modernes sur la morale générale, M. Paul Janet, a résumé cette doctrine dans une formule excellente : « Le bien d'un être consiste dans le développement harmonieux de ses facultés (1). » Poursuivant, avec une sûreté de vues qui ne le cède en rien à l'élévation de la pensée, l'application de cette formule dans toutes les sphères de l'activité humaine, il montre quelle n'exclut ni la recherche du bonheur, ni même celle du plaisir, puisque l'harmonie même entre les facultés suppose la satisfaction de la sensibilité en même temps que le perfectionnement de l'intelligence et de la volonté. Cette doctrine se présente « comme une sorte d'eudémonisme rationnel, puisqu'elle place le souverain bien dans le bonheur, suivant la doctrine presque unanime des philosophes ; mais elle ne prend pas pour *critérium* du bonheur la sensibilité individuelle ; elle fonde le bonheur sur la vraie nature de l'homme, laquelle ne peut être reconnue que par la raison.

(1) Paul Janet, *la Morale*, p. 73.

En un mot, elle ne mesure pas le bonheur par le plaisir ; elle mesure au contraire le plaisir par le bonheur ; de telle sorte que les plaisirs ne valent qu'à proportion de la part qu'ils peuvent avoir à notre bonheur, dont le fondement est dans notre perfection (1). »

Telle est la morale de M. Janet ; telle est aussi la morale que professe explicitement M. Spencer dans plusieurs passages de son livre. Il admet comme vraie en un sens « la doctrine d'après laquelle la perfection ou l'excellence de nature devrait être l'objet de notre poursuite » ; car, dit-il, « elle reconnaît tacitement la forme idéale d'existence que la vie la plus haute implique et à laquelle tend l'évolution ». Il admet également que « si le bonheur est la fin suprême, il doit accompagner la vie la plus élevée que chaque théorie de direction morale a distinctement ou vaguement en vue ». Il n'est même pas éloigné de voir dans le Dieu de la métaphysique, dans le Dieu des causes finales, le principe suprême de la morale : « La théorie théologique contient une part de vérité. Si à la volonté divine, que l'on suppose révélée d'une manière surnaturelle, nous substituons la fin révélée d'une manière naturelle vers laquelle tend la puissance qui se manifeste par l'évolution, alors, puisque l'évolution a tendu et tend encore vers la fin la plus élevée, il s'ensuit que se conformer aux principes par lesquels s'achève la vie la plus élevée, c'est favoriser l'accomplissement de cette fin. » Devant de telles formules, Marguerite aurait pu dire comme après la profession de foi de Faust : « Tout cela est vraiment beau et bien ; le prêtre dit à peu près la même chose, seulement dans un langage un peu différent. »

Non seulement M. Spencer aime à rapprocher sa morale de la morale métaphysique, mais il en emprunte en partie la méthode. Il reconnaît une vérité dans cette proposition que « les intuitions d'une faculté morale doivent guider notre conduite ». Il répudie hautement les procédés empiriques des utilitaires. Il les compare aux calculs des premiers astro-

(1) Paul Janet, *la Morale*, p. 110

nomes, fondés sur quelques observations accumulées, d'après lesquelles on pouvait, de loin en loin, prédire approximativement que certains corps célestes occuperaient certaines positions à telles époques. Tout autres sont les déductions nécessaires de l'astronomie moderne, fondées sur la loi de la gravitation. Toutes différentes aussi des inductions de Bentham et de Stuart Mill doivent être les déductions de la morale moderne : elles doivent avoir pour objet, non des résultats accidentels, mais « les conséquences nécessaires de la constitution des choses ». C'est la doctrine et c'est la méthode même de M. Janet, qui, lui aussi, veut que la morale se déduise de « la vraie nature de l'homme ».

Si M. Spencer était toujours resté fidèle à cette méthode et à cette doctrine, il aurait ajouté un monument de plus à tous ceux qu'a édifiés la vieille morale des idéalistes et des spiritualistes et il aurait entièrement trompé les espérances de ceux qui attendaient de lui cette morale scientifique et positive où la société laïque doit trouver enfin une éducation appropriée à ses principes. Malheureusement, dans la plus grande partie du livre, règnent d'autres doctrines et une méthode toute différente. Ces « intuitions d'une faculté morale », qu'il ne refusait pas d'admettre, ne sont pour lui que « les résultats lentement organisés des expériences reçues par la race », c'est-à-dire un capital héréditaire d'observations accumulées à travers les siècles. Or, les observations ont eu beau se multiplier à l'infini, elles n'ont pu atteindre ce qui leur est absolument inaccessible : l'idéal suprême vers lequel tend l'évolution universelle. Aussi M. Spencer, ayant besoin d'un fait élémentaire, d'un fait observable, pour asseoir ses théories, ne trouve que le principe même des anciens Epicuriens et des utilitaires modernes : le plaisir. En vain prêche-t-il, comme M. Janet, la poursuite de la vie la plus élevée et la plus parfaite, en même temps que la plus heureuse, il ne fonde pas le plaisir sur le bonheur et le bonheur sur la perfection ; il fonde au contraire la perfection sur le bonheur et le bonheur sur le plaisir. Il ne voit en un mot, dans cette vie élevée à laquelle il nous convie, que la plus grande somme de plaisir et la plus petite somme de peine. Nous retombons de haut et M. Spencer ne s'est séparé avec éclat de l'école utilitaire que pour lui rendre aussitôt les armes.

M. Spencer confond, avec tous les utilitaires, le bien et le plaisir. Il leur emprunte tous les arguments par lesquels ils ont essayé de justifier cette confusion (1). Il combat avec eux tous les systèmes idéalistes, même celui de la perfection, qu'il paraît ailleurs s'approprier. Il se plaît comme eux à opposer la morale du plaisir à la morale ascétique, à la glorification de la douleur, où il ne voit qu'un legs des plus anciennes et des plus grossières superstitions. Enfin, par une illusion qui lui est propre, il se flatte de réconcilier avec cette prétendue morale le pessimisme moderne, qu'il semble considérer comme son plus redoutable adversaire. Le pessimisme et l'optimisme, suivant lui, ne seraient divisés que sur une question de fait. Ils sont d'accord pour reconnaître à quelles conditions la vie serait bonne, mais le premier prétend que ces conditions ne se sont jamais réalisées. Ils ne diffèrent donc que pour le présent et pour le passé ; ils ne diffèrent pas sur le but qui serait digne, s'il était accessible, d'être poursuivi dans l'avenir. Ce but, dans les deux systèmes, c'est la plus grande somme de plaisir ; c'est la

(1) Nous regrettons de retrouver les mêmes arguments chez un éminent philosophe français qui, malgré l'évolution de ses idées, est toujours resté plus près de l'idéalisme que du positivisme (M. Fouillée, *Critique des systèmes de morale contemporains*). Nous accordons à M. Fouillée que tout ce qui est considéré comme un bien procure du plaisir. Mais toute la question est de savoir si un bien quelconque est considéré comme tel parce qu'il procure du plaisir ou s'il procure du plaisir parce qu'il est un bien. M. Fouillée, comme M. Spencer et tous les utilitaires, érige en axiome la première hypothèse, et il semble à peine soupçonner la seconde. Il invoque le langage ordinaire, qui n'appelle bonnes que des choses naturellement agréables. Cela est vrai en général, par cela même qu'un certain plaisir est toujours attaché à la possession consciente d'un bien ; mais le langage ordinaire distingue parfaitement entre le plaisir et le bien lui-même ; car il reconnaît des biens très réels dont la possession n'est accompagnée d'aucune conscience et par conséquent d'aucun plaisir :

O fortunatos nimium sua si bona norint
Agricolas !

plénitude du bonheur pour les individus et pour les sociétés. Ils comportent donc les mêmes idées sur la direction de la conduite, sur le bien et le mal ; ils peuvent accepter la même morale.

Je doute que de pareilles raisons puissent désarmer les pessimistes. S'ils pratiquent la méthode inductive, ils jugeront de l'avenir par le passé ; ils refuseront de se prêter aux efforts impuissants d'une bonne conduite dont le seul mobile est le chimérique espoir d'un bonheur impossible. Ils ne s'y prêteront pas davantage s'ils s'appuient sur des conceptions métaphysiques ; car ils rejettent *à priori* toute poursuite du bonheur et ils ne donnent pour but à la vie que l'anéantissement total, non pour se procurer ou pour procurer à l'humanité une sorte de bonheur sauvage dans la destruction même, mais pour satisfaire un pur besoin logique, pour faire cesser avec le monde lui-même les contradictions dont il est le théâtre.

Ce n'est pas seulement avec le pessimisme que M. Spencer ne saurait se mettre d'accord, c'est avec lui-même. La contradiction est manifeste entre la morale du plaisir et le principe même de l'évolution. L'évolution, telle que la conçoit M. Spencer, est la loi de tous les êtres vivants, depuis les organismes les plus rudimentaires et les plus simples jusqu'aux plus élevés et aux plus complexes. Elle n'attend pas, pour se produire, qu'il y ait un commencement de sensibilité, une capacité quelconque de jouir et de souffrir. Partout elle se manifeste comme le passage d'un état inférieur à un état supérieur ; elle n'implique nullement qu'un sentiment de plaisir soit attaché à ce passage ; à plus forte raison ne trouve-t-elle pas sa fin nécessaire dans ce sentiment de plaisir. Rien n'atteste, malgré d'ingénieuses hypothèses, la sensibilité consciente et émotionnelle dans les plantes. Rien ne prouve l'existence d'une telle sensibilité chez les animaux inférieurs. Chez les êtres mêmes qui la possèdent sans conteste, elle n'est pas la seule forme de la vie, le seul sujet de l'évolution. M. Spencer reconnaît lui-même que, durant l'évolution, le plaisir et la peine ne font qu'accompagner des actions qui sont, par elles-mêmes, avantageuses ou nuisibles. Le plaisir n'est donc pas le seul bien, puisqu'il n'est que la conséquence d'un bien déjà acquis. Tout ce qui, dans la nature, est soumis à la loi de l'évolution, est, par là même, susceptible de bien et de mal. L'utile, dans le sens le plus général, c'est tout ce qui tend à la conservation ou au développement de toutes les formes de l'être, ou, pour plus de précision, de toutes les formes de la vie, car il n'y a proprement conservation et développement que chez les êtres vivants (1). La santé, la force physique, l'exacte proportion de tous les membres, le jeu facile et harmonieux de tous les organes, sont des biens réels, auxquels on peut être plus ou moins sensible, mais qui subsistent tout entiers, en dehors des jouissances qu'ils procurent. Et n'en peut-on pas dire autant du développement de l'intelligence et de la volonté, de toutes les qualités intellectuelles et morales qui nous assurent, soit la possession de la vérité, soit la possession de nous-mêmes ? Et ne faut-il pas compter aussi parmi les biens l'accord, l'harmonie dans le développement de toutes les parties de l'être ? La sensibilité se développe avec tout le reste, et les satisfactions qui lui sont propres ont leur place dans la perfection totale. C'est par cette union du plaisir et des autres biens que se réalise « l'eudémonisme rationnel » de M. Janet, « le développement harmonieux de toutes les facultés ». C'est ainsi que le bonheur, suivant M. Spencer lui-même, accompagne la vie la plus élevée ; mais, s'il ne fait que l'accompagner, comment en serait-il le but unique et l'idéal suprême ?

La liaison naturelle entre les divers biens et les plaisirs dont ils sont la source peut expliquer comment on a été amené à prendre le plaisir pour la mesure du bien. Ce n'est en réalité qu'une mesure trompeuse, et nul encore ne l'a mieux reconnu que M. Spencer. Dans un des meilleurs

(1) Les pages les plus solides du nouveau livre de M. Guyau : *Esquisse d'une morale sans obligation ni sanction*, sont celles où il donne pour but général à la morale la vie la plus intense dans toutes ses manifestations, matérielles ou intellectuelles.

chapitres de son livre, celui qui est intitulé : *De la relativité des peines et des plaisirs*, il montre excellemment combien sont variables les impressions de la sensibilité, combien elles dépendent du caractère des individus et de toutes les impressions qui agissent sur eux. Ces variations sont précisément l'argument ordinaire de ceux qui méconnaissent les biens les plus certains. Il n'est pas, en effet, un seul bien, ni la santé, ni l'intelligence, ni la vertu, qui se manifeste par la présence et par l'intensité constantes des mêmes plaisirs et qui ne puisse être rejeté comme illusoire ou douteux si le plaisir est la seule mesure du bien. Et cet argument ne vaut pas seulement contre les divers genres de biens dont le plaisir devrait être l'accompagnement naturel, il vaut contre le plaisir lui-même, et le pessimisme ne manque pas de s'en servir pour établir l'impossibilité d'un bonheur plein et durable. Ce que les variations de la sensibilité prouvent le plus clairement, c'est que le plaisir ne peut être la mesure d'aucun bien et qu'il n'est pas même sa propre mesure.

M. Spencer le démontre avec une grande force de logique. Il réduit à néant les prétentions de l'utilitarisme vulgaire, qui fonde toutes ses théories et tous ses calculs sur l'expérience du plaisir. L'expérience nous donne les premières notions des biens et des maux ; mais ce sont les plus vagues, les plus confuses, les moins scientifiques. En vain Bentham croit-il trouver pour le droit une base solide en substituant l'idée du plaisir à l'idée de la justice : l'idée de la justice est de beaucoup, c'est M. Spencer qui l'affirme, la plus simple et la plus claire, celle qui offre à tout prendre, malgré les guerres et les procès, le plus de chances d'accord entre les hommes.

La parfaite harmonie du plaisir et des autres biens n'est qu'un idéal et cet idéal devient même d'autant plus difficile à réaliser que la vie revêt des formes plus complexes et se rapproche ainsi de la perfection qui lui est propre. La capacité de jouir et de souffrir est certainement mieux en rapport avec le développement général des autres facultés chez l'animal que chez l'homme, chez l'enfant que chez l'homme fait, chez le sauvage que chez le civilisé. C'est donc se faire une idée tout à fait basse et inexacte de l'évolution des êtres que d'en mesurer le degré de perfection d'après la satisfaction plus ou moins complète de la sensibilité. M. Spencer ne s'y est pas trompé. Quand il veut donner des exemples de ce qu'il appelle des « actions absolument bonnes », il les prend de préférence — lui-même en fait l'aveu — « dans les cas où la nature et les besoins ont été mis en parfait accord avant que l'évolution sociale ait commencé ». Et voici l'un de ces cas antérieurs à l'évolution, étrangers par conséquent à tout progrès dans l'humanité :

« Considérez la relation qui existe entre une mère bien portante et un enfant bien portant. Entre l'un et l'autre il y a une mutuelle dépendance, qui est pour tous les deux une source de plaisirs. En donnant à l'enfant sa nourriture naturelle, la mère éprouve une jouissance ; en même temps l'enfant satisfait son appétit, et cette satisfaction accompagne le développement de la vie, la croissance, l'accroissement du bien-être. Suspendez cette relation, et il y a souffrance de part et d'autre. La mère éprouve à la fois une douleur physique et une douleur morale et la sensation pénible qui résulte pour l'enfant de cette séparation a pour effet un dommage physique et quelque dommage aussi pour sa nature émotionnelle. Ainsi l'acte dont nous parlons est exclusivement agréable pour tous les deux, tandis que la cessation de cet acte est une cause de souffrance pour tous les deux ; c'est donc un acte du genre que nous appelons ici absolument bon. »

Le tableau est charmant, mais il éclaire singulièrement le vice de la théorie ; car, si digne d'admiration que soit cet heureux état d'une mère parfaitement saine allaitant un enfant également sain, c'est pour d'autres actes qu'un esprit cultivé et une âme élevée réservent ce degré d'admiration que commandent des actes « absolument bons ».

Partout où « l'évolution sociale », comme dit M. Spencer, fait sentir ses effets, elle tend à détruire l'équilibre entre les divers éléments qui concourent à la vie de l'individu ou de la société elle-même. L'état de chaque élément n'est déterminé que pour une faible partie par l'acte présent dont il subit l'effet ; il dépend pour tout le reste des actes antérieurs, non seulement de l'individu, mais de l'espèce, et de toutes les influences extérieures qui ont agi ou qui agissent actuellement sur l'espèce et sur l'individu. Un philosophe français contemporain, M. Marion, dans un livre plein d'observations aussi vraies qu'ingénieuses, a étudié, au point de vue moral, cette solidarité universelle qui relie entre eux et avec tout l'ensemble de la vie extérieure dans la nature entière tous les éléments et tous les états d'un même être (1). Or, cette solidarité se fait surtout sentir dans la sensibilité. Si nous sommes sous la dépendance des influences les plus multiples et les plus diverses, c'est surtout par cette faculté de jouir et de souffrir qu'affectent à la fois, sous les formes les plus variables et les plus complexes, toutes les forces intérieures ou extérieures qui agissent sur l'âme et sur le corps, au gré de toutes les inclinations héréditaires ou acquises qu'ont contribué à développer en nous les causes les plus éloignées dans la vie universelle. Quel obstacle au perfectionnement ou, pour parler le langage de M. Spencer, à l'évolution progressive de l'être, s'il fallait s'assurer avant tout la satisfaction d'une faculté sur laquelle nous avons si peu d'empire ! Au prix de quels efforts ne s'achète pas le développement intellectuel, le progrès vers la vérité ! Ces efforts sont payés de la joie la plus pure quand une vérité nouvelle vient illuminer l'esprit ; mais rien de moins sûr et souvent rien de plus fugitif que cette joie. Non seulement la vérité cherchée peut se dérober indéfiniment, mais rarement elle apparait sans ombre, sans motifs de doute, sans quelque côté faible qui prête à des objections plus ou moins spécieuses. Les intelligences les plus hautes sont celles qui se contentent le plus difficilement, qui prévoient le mieux toutes les causes d'incertitude ou d'erreur,

(1) Marion, *De la solidarité morale, Essai de psychologie appliquée.*

qui se rendent le mieux compte de tout ce qui manque à la plus belle découverte pour qu'elle reçoive tous ses développements et conquière d'unanimes et complètes adhésions. Et ces nobles intelligences sont souvent unies à la sensibilité la plus délicate et la plus irritable, la plus accessible aux découragements, aux froissements d'amour-propre, aux mouvements de colère contre tous les obstacles qui du dedans ou du dehors se dressent contre la vérité. Et elles sont souvent aussi unies à une organisation maladive, dont les perturbations et les exigences viennent sans cesse entraver leurs recherches et leur gâter, par de tristes soucis et de vulgaires souffrances, les joies de la découverte. M. Spencer se plaît à nous rappeler que nous ne sommes pas de purs esprits et qu'il nous faut tenir compte de toutes les conditions de notre bien-être, si nous ne voulons pas voir sombrer, dans le dépérissement des organes et dans l'obscurcissement de l'esprit lui-même, nos plus sublimes efforts. Il a raison et le sage ne doit négliger aucun des éléments de la vie totale; mais il doit laisser chacun à son rang et il lui est permis de s'assigner un autre but que leur parfait entretien et leur heureux équilibre. Rien de ce qui a honoré l'humanité dans l'ordre intellectuel ne se serait accompli, s'il n'y avait pas eu des hommes dont la pensée a su s'élever au-dessus de la préoccupation exclusive de leur bien-être ou même de leur bonheur.

Rien aussi de ce qui a honoré l'humanité dans l'ordre moral. L'exercice de toutes les vertus est assurément facilité ou entravé par les causes de tout genre qui peuvent affecter en bien ou en mal les facultés de l'âme et les organes du corps; mais celui qui ne viserait pas plus haut qu'à conserver la *mens sana in corpore sano* serait-il capable de dévouement? Serait-il capable d'héroïsme? M. Spencer ne voit qu'un dernier reste des plus anciennes superstitions dans la glorification de la douleur, chère encore à certaines âmes stoïques ou chrétiennes. Les hommes primitifs s'étaient forgé des dieux jaloux, qu'ils croyaient satisfaire en leur offrant le spectacle des plus atroces souffrances. La vertu ou la piété moderne garde la trace de ces grossières croyances quand elle se fait un mérite d'affronter la douleur. — Je ne sais jusqu'à quel point cette déduction est légitime ; mais il y a autre chose dans l'idée de noblesse qui s'attache à la douleur courageusement supportée ou même audacieusement bravée. Non seulement la douleur est une épreuve pour la vertu (on l'a reconnu dans tous les temps), mais le champ de la douleur semble s'élargir avec le progrès même de la vertu. Qui dit patriotisme dit une capacité plus grande pour souffrir de tous les maux de la patrie, qui dit charité dit une capacité plus grande pour souffrir de tous les maux de l'humanité. Quelles douleurs ne naissent pas des vertus de la famille ! Heureux ceux qui n'ont pas d'enfants ! ont dit bien des pères. Leur cœur les dément, alors même que leur foyer a connu plus de chagrins que de joies ; car ils n'ont pu remplir ces devoirs mêlés de tant d'amertume sans sentir quel vide leur absence ferait dans la vie. Une vertu sort de nous quand nous perdons une occasion de souffrir.

> Rien ne nous rend si grands qu'une grande douleur,

a dit un poète, et ce mot est plus profond et plus vrai que toutes les déductions de la philosophie du plaisir.

III

Tous les utilitaires ont cherché un passage du bonheur personnel au bonheur général ; M. Spencer, par une série de considérations très ingénieuses, a trouvé ce passage dans la doctrine de l'évolution. L'évolution de l'individu appelle nécessairement l'évolution sociale ; l'évolution sociale appelle non moins nécessairement l'évolution totale de l'humanité. A mesure que les relations se multiplient et s'étendent entre les hommes, le bonheur de chacun dépend de plus en plus du bonheur de tous. Non pas qu'il faille jamais absorber le premier dans le second : « Si la maxime : « vivre pour soi » est fausse, la maxime : « vivre pour les autres » l'est aussi. » Poussées à leurs dernières conséquences, les deux maximes aboutiraient à des contradictions et à des impossibilités manifestes. Il faut entre elles un compromis, qui devient de plus en plus facile à mesure que l'évolution générale se rapproche de son terme. Ce compromis s'est déjà, en grande partie, réalisé de lui-même, si l'on en croit M. Spencer. Tous les progrès des sociétés modernes ont eu pour effet d'étendre et de mieux assurer pour chacun les conditions du bien-être en protégeant par de meilleures garanties les intérêts et les droits de tous. « Si nous considérons ce que signifient l'abandon du pouvoir aux masses, l'abolition des privilèges de castes, les efforts pour répandre l'instruction, les agitations en faveur de la tempérance, l'établissement de nombreuses sociétés philanthropiques, il nous paraîtra clair que le souci du bien-être d'autrui s'accroît *pari passu* avec le souci du bien-être personnel et les mesures prises pour l'assurer. »

L'égoïsme et l'altruisme tendent d'ailleurs à se transformer avec le progrès de l'évolution. A mesure que disparaîtront les causes d'infortune et les occasions de conflits, les hommes auront moins besoin de pourvoir au soulagement des maux d'autrui et de veiller à leur propre défense. Ils seront unis surtout par une sympathie générale, qui trouvera dans le bonheur d'autrui une satisfaction personnelle. « Ainsi, sous sa forme dernière, l'altruisme consistera dans la jouissance d'un plaisir résultant de la sympathie que nous avons pour les plaisirs d'autrui que produit l'exercice heureux de leurs activités de toutes sortes : plaisir sympathique qui ne coûte rien à celui qui l'éprouve, mais qui s'ajoute par surcroît à ses plaisirs égoïstes. »

Quelque chimérique sur plus d'un point que puisse paraître cette théorie, je l'aime mieux, je l'avoue, que celle de ces utilitaires inconséquents qui, au nom du plaisir personnel, dont ils font leur premier et unique principe, prêchent le renoncement absolu au profit du bonheur général ou, suivant leur formule, du plus grand bonheur possible du plus grand nombre. L'individu ne peut jamais ni oublier entièrement son propre intérêt, ni le séparer de celui des autres. A mesure que les rapports sociaux se développent et se perfectionnent, chacun se trouve sans cesse en présence de nouvelles sources d'intérêt pour lui-même et pour autrui, et il ne peut y puiser sans éprouver le besoin de les concilier. M. Spencer a raison de ne sacrifier ni le point de vue égoïste ni le point de vue altruiste et de s'attacher seulement aux conditions de leur accord. Je ne lui reprocherai que de prendre trop de précautions contre l'excès du désintéressement : ce n'est pas de ce côté que risque de pencher l'humanité, quelque progrès qu'elle réalise dans son évolution morale. J'accepterais donc ce traité de paix entre l'égoïsme et l'altruisme ; mais j'en voudrais élargir la base, au nom du principe même de l'évolution, comme des vrais principes de la morale. Le bien général, non plus que le bien personnel, ne saurait se réduire au point de vue étroit du bien-être ou du bonheur, c'est-à-dire, au fond, du plaisir. Si le moyen le plus ordinaire et le plus sûr de faire du bien aux autres est de chercher à les rendre heureux, nous pouvons cependant autre chose, pour eux comme pour nous-mêmes, que d'augmenter la somme des plaisirs et de diminuer la somme des peines. Sans doute, il nous est plus difficile d'agir autour de nous sur les intelligences et sur les volontés que d'écarter certaines causes de souffrances et de développer certains éléments de bien-être. Nous le pouvons toutefois, et c'est là que nous trouvons la plus haute façon d'être utiles. Or, cette utilité supérieure, qui a pour objet la diffusion des lumières, l'élévation de la moralité, la restitution de la liberté pour les individus ou pour les peuples, est proprement indépendante de la considération du bonheur. Les sociétés humaines sont-elles plus heureuses à mesure qu'elles deviennent plus éclairées? On peut le nier par des arguments plus ou moins spécieux, et M. Spencer lui-même a soutenu quelque part ce paradoxe. On peut nier aussi qu'une moralité plus délicate et plus scrupuleuse apporte plus de chances de bonheur. On peut nier que bien des esclaves se sentent vraiment plus heureux en devenant des hommes libres et que bien des peuples, courbés sous une oppression séculaire, soient sensibles aux bienfaits de l'indépendance nationale ou de la liberté politique. Quand même on aurait raison sur tous ces points, nous affirmerions sans hésiter l'utilité propre des lumières, l'utilité propre du progrès moral, l'utilité propre des libertés privées et des libertés publiques. En un mot, soit qu'il s'agisse d'autrui, soit qu'il s'agisse de nous-mêmes, la véritable utilité, ce n'est pas le seul bonheur, ce n'est pas la satisfaction plus ou moins complète de la seule sensibilité, c'est le progrès sous toutes ses formes, c'est le perfectionnement de toutes les fonctions individuelles ou sociales, c'est ce « développement harmonieux de toutes les facultés » dont M. Janet a fait si heureusement la formule du bien.

Peut-être M. Janet lui-même a-t-il un peu oublié cette formule, en reproduisant avec trop de complaisance les démonstrations habituelles des philosophes optimistes sur toutes les conditions de bonheur qu'offre la pratique de la vertu. Il semble s'être trop souvenu qu'avant d'écrire une *Morale*, il avait écrit une *Philosophie du bonheur*. Oui, le bien total implique le bonheur parfait, puisqu'il implique la perfection de l'être entier, mais ce n'est que l'idéal suprême et, dans la réalité, on peut accorder aux pessimistes que rien n'est plus rare et plus difficile que l'accord constant du bonheur et des autres formes du bien. On peut, avec M. Janet, épurer l'idée du bonheur et n'y faire entrer que les plus hautes satisfactions de la sensibilité en parfaite harmonie avec le plus haut développement des autres facultés; mais le bonheur, même ainsi entendu, est souvent hors de notre atteinte, en nous-mêmes et dans autrui, alors que nous pouvons poursuivre et que nous avons l'espoir de réaliser les autres biens dont il devrait être le corollaire naturel. Il ne saurait sans péril, sans un amoindrissement de l'idée du bien, être pris pour le bien total. Ceux qui réduisent le bien au bonheur ressemblent à ces anciens *cause-finaliers*, dont l'auteur du beau livre sur les causes finales a si nettement répudié les traditions, qui ne pouvaient comprendre, en dehors du bonheur de l'homme, la fin de la création et la justification du Créateur.

IV

Jusqu'ici nous n'avons fait qu'un reproche à la morale de M. Spencer, c'est d'être infidèle à son principe. Son tort n'est pas d'avoir donné pour base à la détermination du bien la théorie de l'évolution, mais d'avoir enfermé l'évolution dans la réalisation du plaisir. Le même reproche peut être fait à l'école utilitaire sous toutes ses formes. Elle serait dans le vrai si elle identifiait le bien avec l'intérêt entendu dans le sens le plus large ; car le bien n'est qu'une idée vide, s'il n'exprime pas une chose utile, avantageuse à quelque être ; mais les utilitaires se trompent quand ils réduisent tout intérêt au plaisir et souvent même aux satisfactions des sens. Tout ce qui contribue à la conservation et au développement des individus, des sociétés, de l'humanité entière, dans l'ordre intellectuel et moral comme dans l'ordre physique, trouve son expression dans ces mots d'utilité et d'intérêt, qui n'ont un si mauvais renom que par suite de cette tendance étroite et fâcheuse à en restreindre la signification aux seuls biens matériels. La théorie du bien peut donc s'approprier, en les rectifiant, et le principe de l'évolution et le principe de l'intérêt ; mais cette théorie n'est pas la morale tout entière. L utile est l'objet de l'acte moral : il n'y a pas d'acte moral qui n'ait pour fin de réaliser quelque utilité, soit pour l'agent lui-même, soit pour autrui ; mais ce qui fait la moralité de l'acte, ce n'est pas proprement le résultat obtenu ou le but poursuivi, c'est le motif pour lequel l'acte est accompli. La conscience la moins éclairée sait faire cette distinction. Son approbation n'ira pas au bien produit par accident, par erreur ou par un calcul étranger à toute intention honnête : sa désapprobation n'ira pas davantage au mal causé sans mauvaise intention. L'humanité n'a pas attendu les subtiles analyses de Kant pour savoir qu'un acte strictement légal, c'est-à-dire simplement conforme à la loi, n'est pas la même chose qu'un acte vraiment moral, accompli par devoir, par respect pour la loi elle-même. Nous devons donc demander à M. Spencer quelle place il a donnée dans sa doctrine à cette distinction capitale, ce qu'il peut nous apprendre, non plus sur l'objet, mais sur le principe et sur le fond même de la morale.

L'évolution n'a et ne peut avoir, chez la plupart des êtres, aucun caractère moral; elle ne prend ce caractère que là où se manifestent des consciences : chez l'homme et chez les animaux supérieurs. L'évolution des consciences devient ainsi une des applications de la loi universelle. Or, la conscience fait son apparition dès qu'il y a un choix entre divers moyens ou diverses fins, dès que telle fin ou tel moyen est considéré comme meilleur que telle autre fin ou tel autre moyen. Dès lors naissent des motifs de choisir : certains motifs acquièrent une autorité supérieure, qui se consolide peu à peu lorsqu'un intérêt général s'attache à ces motifs dans les relations des hommes entre eux. Cette autorité trouve une première sanction dans la crainte qu'inspire à chacun la vengeance de ses semblables ; elle reçoit deux autres sanctions, plus constantes et plus efficaces, quand elle se personnifie dans une organisation politique ou religieuse, quand elle est protégée par la crainte de la colère des chefs ou des châtiments divins. Ainsi se forment et se développent les sentiments permanents dont l'ensemble constitue la conscience. Ces sentiments acquièrent insensiblement une valeur propre en dehors des lois positives et des sanctions extérieures qui ont contribué à leur donner naissance, et eux-mêmes donnent naissance à un sentiment plus raffiné où ils trouvent une nouvelle sanction : le remords de leur avoir désobéi. La transmission héréditaire affermit encore l'empire de ces sentiments : ils prennent l'apparence de règles innées et il semble qu'ils soient pour chacun l'objet d'une intuition naturelle et nécessaire. Telle est, suivant M. Spencer, « la genèse de la conscience morale ». Les sentiments moraux, loin d'être des sentiments primitifs, se dégagent peu à peu des sentiments suscités par le respect ou par la crainte des autorités sociales et, aujourd'hui encore, ils ne s'en sont dégagés qu'incomplètement. Nous nous laissons diriger par la force héréditaire de beaucoup de maximes qui ont leur origine dans les coutumes les plus barbares et dans les superstitions les plus grossières. L'évolution morale a pour effet d'épurer ces sentiments, de leur donner pour objet, non ce qui a pu autrefois, dans un état social, être considéré comme le meilleur, mais ce qui est vraiment le meilleur dans l'état actuel, au double point de vue de la complexité croissante des intérêts individuels et des intérêts collectifs.

Parmi ces sentiments, il en est un qui est le sentiment moral par excellence : c'est celui de l'obligation, Quelle est la « genèse » de ce sentiment dans la doctrine de M. Spencer ? L'obligation morale implique deux choses : une idée de supériorité et une idée de coercition attribuées à certains motifs. Ces deux idées se sont attachées peu à peu aux motifs qui ont exercé dans l'opinion des hommes, dans les prescriptions religieuses, dans les coutumes et dans les lois, l'empire le plus général et le plus constant, sous les sanctions les plus propres à laisser une trace durable et héréditaire dans les imaginations. Elles tendent à se dégager, comme les sentiments moraux eux-mêmes, des causes particulières qui ont contribué à les produire, pour ne s'attacher qu'aux motifs les plus élevés et les plus complexes, qui peuvent seuls exercer un contrôle éclairé et efficace sur les mobiles inférieurs. Ainsi prend naissance le sentiment propre de l'obligation ; mais il n'émerge du milieu des autres motifs que pour s'affaiblir aussitôt et pour tendre à disparaître : « Le sentiment du devoir ou de l'obligation morale est transitoire et doit diminuer à mesure que la moralisation s'accroît. » Les sentiments moraux, en prenant leur caractère propre, en s'élevant de plus en plus au-dessus de la crainte d'une contrainte extérieure, politique, religieuse ou sociale, perdent la forme impérative ou coercitive ; ils se font obéir naturellement et sans effort. « Le véritable honnête homme, que l'on rencontre quelquefois, non seulement ne songe pas à une contrainte légale, religieuse ou politique, lorsqu'il s'acquitte d'une dette ; il ne pense même pas à une obligation qu'il s'imposerait à lui-même. Il fait le bien avec un simple sentiment de plaisir à le faire, et en vérité il souffrirait avec peine que quoi que ce fût l'empêchât de le faire. »

Il est aisé de voir combien l'obligation morale embarrasse M. Spencer, comme elle avait embarrassé avant lui tous les utilitaires, dont il n'a été que le continuateur en les dépassant. Le fait qu'il invoque pour écarter ce principe incommode, en ne lui attribuant qu'une valeur transitoire, n'est qu'un des cas les mieux connus de la loi générale de l'habitude. La vie serait impossible si chaque acte exigeait toujours les mêmes efforts de réflexion et de volonté qui ont été nécessaires la première fois qu'il a été accompli. Rien n'est perdu, ni dans la vie de l'individu, ni dans la vie de l'espèce. Nos premiers efforts, les efforts de ceux qui ont contribué à nous former ou qui ont concouru à notre existence, gardent la plus grande part dans nos actes successifs. Nous y apportons des habitudes acquises, des dispositions naturelles ou héréditaires, qui, dans bien des cas, opèrent en nous à notre insu et nous ôtent la conscience d'une pensée et d'une action personnelles.

Les actes de l'ordre moral ne se produisent pas dans des conditions différentes. Nous obéissons inconsciemment et sans effort, dans l'ensemble de notre conduite, aux maximes courantes du milieu où nous vivons, à l'éducation particulière que nous avons reçue, aux inclinations que nous avons apportées en naissant, aux habitudes de toutes sortes qui ont plus ou moins modifié ces inclinations dans le cours de notre existence. Si l'honnête homme, comme dit M. Spencer, fait ainsi le bien sans songer qu'il remplit un devoir, le malhonnête homme, ou simplement l'homme ignorant, mal doué ou mal élevé, fait le mal en vertu de la même loi, sans songer qu'il manque à un devoir. C'est la « solidarité morale », si bien étudiée par M. Marion. Cette loi de solidarité qui fait qu'une série indéfinie, dans l'espace et dans le temps, d'actions ou d'événements de toute nature concourt à la production de chaque acte particulier et en partage dans une certaine mesure la responsabilité, est la base même de la loi d'évolution. Elle est la condition de ce progrès moral, dont le dernier terme, suivant M. Spencer, serait l'anéantissement du devoir pour faire place à la vertu pure, produisant d'elle-même, par une sorte de floraison ou de fructification naturelle, les actions les plus nobles et les plus utiles (1).

Il est permis de se demander si, même à ce degré suprême de perfection, toute idée de devoir aurait réellement disparu, si l'homme de bien, le saint, qui n'aurait pas eu besoin, pour agir, de la considération du devoir, perdrait toute conscience du devoir accompli, toute idée de la loi à laquelle il aurait spontanément obéi. Lors même qu'il serait possible de concevoir ainsi l'humanité idéale, parvenue tout entière au terme de son évolution, une telle conception ne saurait servir de règle pour l'humanité réelle, à quelque hauteur qu'elle ait pu s'élever dans une partie des individus qui la composent. Ces parfaits honnêtes gens, qui pourront se passer pour eux-mêmes de l'idée de devoir, pourront-ils également s'en passer dans leurs rapports avec les autres hommes, moins avancés qu'eux dans l'évolution morale ? N'auront-ils aucun conseil à donner, aucun jugement à former, aucune réclamation à élever sur des circonstances ou sur des actes où l'idée du devoir aura encore une place nécessaire? Enfin, combien de degrés dans l'échelle de la vertu avant de s'éle-

(1) Cet idéal de M. Spencer est aussi celui de M. Marion : « L'effort est si peu l'essence de la bonté que l'être vraiment et entièrement bon n'en aurait que faire et que Dieu, par définition, en est exempt. Si donc notre idéal doit être, suivant la belle formule antique, de nous rendre semblables à la divinité, il faut avouer que l'effort, la peine et le mérite ne sont pas eux-mêmes la fin de notre activité, mais seulement un moyen, le principal et le plus sûr, de nous élever vers la perfection. » (*La Solidarité morale*, page 13.)

ver jusqu'à ces natures sublimes qui ne connaîtraient jamais ni hésitations, ni scrupules, ni luttes intérieures d'aucune sorte dans la plus haute et la plus complète pratique du bien ! Ici le devoir seul, par ses commandements et par ses menaces, détourne du mal et obtient quelques bonnes actions ; là, dans la plupart des actes, le devoir est observé sans qu'il ait fait entendre sa voix impérative ; l'idéal serait réalisé, s'il ne survenait telle circonstance où la vue claire du bien s'obscurcit, où de chers intérêts, des passions violentes, des sophismes spécieux ne permettent plus de compter sur la bonté de la nature. Plus haut encore, tout près de l'idéal, rien de ce qui est une obligation pour le commun des hommes n'est accompli par devoir, mais l'héroïsme ou la sainteté transforme en de simples devoirs ce qui paraîtrait aux meilleurs le dernier effort de la vertu. Partout, en un mot, le devoir réclame sa part dans l'évolution de la moralité.

Rien ne saurait donc remplacer le devoir pour les âmes les plus hautes, comme pour les plus basses. Or, quelle autorité reste au devoir dans la morale de M. Spencer? La conscience, telle qu'il la définit, n'est que « le contrôle de certain sentiment ou de certains sentiments par un autre sentiment ou par plusieurs ». Les mobiles supérieurs auxquels appartient ce contrôle ne sont eux-mêmes que la transformation de sentiments sans valeur morale : la double crainte des vengeances humaines et des vengeance divines, et, dans leur évolution, ils ne s'épurent peu à peu que pour s'évanouir. Ici éclate le vice propre de la doctrine de l'évolution appliquée à la morale. Elle pouvait atteindre le bien et le mal, qui comportent une infinité de degrés. Elle ne peut atteindre le devoir, qui demande des règles fixes. Ne reconnaissant rien de stable, voyant tout flotter dans un perpétuel devenir, la morale évolutionniste aime à montrer, dans cette transformation sans fin de toutes choses, les constantes oppositions d'intérêts et de sentiments et, comme elle ne peut les concilier par aucune autorité décisive, elle se contente de compromis et de moyens termes, où le devoir ne saurait trouver ses conditions propres et qui n'ont que la valeur d'un nouveau probabilisme. Sa ressource unique est cette humanité idéale, pour laquelle le bien de chacun sera le bien de tous, et qui verra disparaître toute cause de conflits, soit entre les individus, soit dans l'intérieur même de chaque individu. Ainsi, non seulement le devoir tend à s'effacer, à mesure qu'on s'élève vers l'idéal, mais, dans le rôle transitoire qui lui est laissé, il ne peut rien trancher, rien décider souverainement, en dehors de cet idéal même où il devra trouver la mort,

L'idéal peut être et il a été, dans quelques nobles doctrines, un principe de morale, mais il faut qu'il se conçoive comme le plus haut développement, comme la forme suprême de la moralité. Or, la moralité proprement dite n'a aucune place, ni par les sentiments qu'elle implique, ni par les idées ou les actes qui l'expriment ou qui la réalisent, dans cette humanité bienheureuse pour laquelle tout sera facile et se fera par la force des choses. L'idéal moral était déjà compromis par cette première erreur que nous avons signalée et cherché à réfuter, qui réduit le bien au bonheur; mais il est atteint dans son principe par une erreur plus profonde, qui tient au fond même de la doctrine évolutionniste. Le vice capital de cette doctrine, telle que l'ont comprise tous ses adeptes, est d'effacer toute différence de nature entre les êtres pour ne les distinguer que par leur degré de développement et de complexité. Nulle part on n'y voit apparaître, avec ses caractères propres, la personne morale, libre dans ses déterminations et responsable de ses actes. Or, là seulement, dans ces conditions de personnalité distincte, de liberté et de responsabilité, est la racine d'une loi obligatoire; là seulement se peut concevoir l'être moral, à toutes les étapes de son perfectionnement, depuis les premiers efforts, souvent infructueux, du devoir contre la passion jusqu'au triomphe définitif d'une vertu souveraine, qui règne sur l'âme entière avec la pleine conscience de sa force et de sa liberté conquise. M. Spencer ne connaît ni cette évolution de l'être moral, ni l'idéal qui en est le terme, parce qu'il n'en conçoitpas le point de départ. Il ne trouve ainsi dans sa doctrine aucune lumière pour tracer de véritables règles de conduite. Ses préceptes les meilleurs ne sont que des conseils de prudence. Ils ne s'élèvent jamais jusqu'au devoir.

V

M. Spencer se félicite cependant d'être d'accord sur plus d'un point, dans ses préceptes comme dans ses théories, avec la morale ordinaire et il répond d'avance, dans sa préface, aux critiques intolérants ou moroses qui refuseraient de lui savoir gré de cette coïncidence. Il rappelle que, du temps des bûchers, l'orthodoxie religieuse se contentait d'une soumission extérieure. Maintenant qu'on ne brûle plus, on exagère les moindres dissidences entre la prétendue orthodoxie et la prétendue hétérodoxie : quiconque se sépare, sur quelque point, de la loi commune est classé aussitôt, en dépit de ses déclarations les plus formelles, parmi les matérialistes, les athées et les fauteurs de doctrines immorales. — Nous n'avons aucun goût pour l'intolérance dogmatique et nous sommes loin de prendre parti pour la morale surnaturelle contre la morale naturelle. Nous cherchons plus volontiers ce qui rapproche les doctrines que ce qui les sépare ; mais, en morale surtout, il faut craindre qu'un accord apparent ne cache une opposition radicale sur le fond des choses. On a souvent remarqué que les préceptes pratiques des épicuriens étaient à peu près les mêmes que ceux des stoïciens. Montesquieu a pu cependant, avec quelque raison, attribuer aux premiers une grande part dans la corruption du monde antique et célébrer les fortes doctrines des seconds comme un dernier effort de la nature humaine pour échapper à la décadence des institutions et des mœurs. On peut retrouver chez les sages du paganisme tous les préceptes dont on fait honneur au christianisme : pourquoi ces préceptes ont-ils eu, dans la prédication chrétienne, une puissance de propagation et une action sur les âmes qu'ils n'avaient jamais possédées dans l'enseignement des plus grands philosophes ? C'est qu'il s'agit moins en morale de donner de bons conseils que de les appuyer sur des principes certains et sur une autorité décisive. Or, les principes et l'autorité font surtout défaut à la morale évolutionniste. Elle peut s'élever chez M. Spencer à des conclusions plus générales et plus sûres que les inductions des utilitaires sur les résultats possibles ou probables de chaque action ; mais, en dehors de l'espérance ou de la crainte de ces résultats, elle n'a rien à opposer aux passions ; elle ne peut rien déduire du principe même du devoir ; elle ne peut rien prescrire qui ait l'autorité du devoir.

M. Spencer est d'ailleurs un esprit trop pénétrant et trop sincère pour exagérer l'accord entre sa morale et la morale commune. Il insiste en toute occasion sur ce qui fait à ses yeux la nouveauté de ses préceptes : c'est qu'ils sont une réaction salutaire contre les excès de l'esprit d'abnégation et de sacrifice. Ces excès, suivant lui, ont perdu la morale en lui donnant un aspect repoussant et odieux. Ils ont pu être glorifiés comme un haut degré de vertu, tant qu'ils ont eu l'appui des croyances religieuses : privés de cet appui, ils sont devenus intolérables et ils menacent d'entraîner la morale tout entière dans leur juste discrédit. Pour sauver la morale, il faudrait y accomplir une révolution analogue à celle qui s'est faite dans la famille, où l'autorité paternelle dépouille de plus en plus son ancienne sévérité : les pères d'aujourd'hui et les pères d'autrefois sont « le symbole de l'autorité de la morale comme on l'a faite et de la morale comme elle devrait être ».

Dans la morale comme dans les relations de la famille, il faut assurément bannir toute prescription purement arbitraire. Il faut savoir, dans le maniement particulier des individus, proportionner l'indulgence ou la sévérité à l'état des âmes. Il ne faut pas moins craindre de froisser et d'effaroucher, par une sévérité outrée, une âme délicate et faible que d'encourager au mal, par un excès de complaisance, une âme sans défense contre les entraînements coupables. La conduite particulière et personnelle, dans l'infinie variété des cas où elle doit prendre un parti, comporte toutes sortes de tempéraments et de ménagements; mais quand il s'agit de tracer des règles générales, soit pour les devoirs de la famille, soit pour les autres devoirs, rien n'est plus dangereux que de pencher du côté de l'indulgence; car c'est pencher du côté où la nature, dans la plupart des cas, se porte d'elle-même. C'est ainsi qu'on voit s'introduire, entre les parents et les enfants, une sorte de camaraderie, qui est la négation des lois mêmes de la famille. C'est par l'effet d'un semblable relâchement que s'est formée la morale complaisante des casuistes. Écrivant pour les confesseurs, pour les directeurs de conscience, ils avaient raison peut-être de les prémunir contre une sévérité excessive; mais en voulant soumettre à des règles, pour chaque cas considéré d'une manière générale et abstraite, les limites de l'indulgence, ils ont été conduits à des compromis, à des excès de condescendance, qui sont la négation de la morale.

La casuistique de M. Spencer n'a pas évité cet écueil. Partout se montre, dans ses préceptes, la crainte de trop demander à la nature humaine. Non seulement, dans ses principes généraux, c'est une morale sans élévation véritable quoiqu'elle prétende viser à la vie la plus élevée, mais, dans l'appréciation des cas particuliers, c'est une morale toujours prompte à blâmer les efforts d'une vertu trop haute et à justifier certaines défaillances.

Je n'en veux citer qu'un exemple, tout à fait typique. M. Spencer suppose le cas d'un fermier menacé d'expulsion par un propriétaire conservateur, s'il vote pour un candidat libéral. La ruine est certaine pour sa famille, s'il obéit à ses convictions; s'il cède à la crainte, sa voix peut suffire pour faire triompher une politique funeste à son pays. Il est infiniment rare sans doute qu'un seul vote, dans une élection, ait de telles conséquences; mais les mauvais exemples sont contagieux et, si sa défaillance trouve de nombreux imitateurs, elle peut être la cause des plus graves périls pour la politique nationale. Quel conseil lui donner dans cette cruelle alternative ? Il ne s'agit pas seulement de mettre en balance les intérêt de la famille et les intérêts de l'État ; il faudrait pouvoir peser toutes les conséquence probables de chaque manière d'agir. Or, observe M. Spencer, « les rapports entre les maux contingents peuvent varier à l'infini. Dans un cas, le devoir public s'impose avec force et le mal qui peut en résulter pour les nôtres est léger : dans un autre cas, la conduite politique a peu d'importance, et il est possible qu'il en résulte pour notre famille un grand mal, et il y a entre ces extrêmes tous les degrés. En outre, les degrés de probabilité de chaque résultat public ou privé vont de la presque certitude à la presque impossibilité. En admettant donc qu'il soit mal d'agir de manière à nuire peut-être à l'Etat et en admettant qu'il soit mal d'agir de manière à nuire peut-être à la famille, nous avons à reconnaître le fait que, dans un nombre infini de cas, personne ne peut décider laquelle de ces deux manières d'agir est vraisemblablement la moins mauvaise. »

Il y a sans contredit des circonstances très atténuantes et même de légitimes motifs d'excuse dans l'acte de faiblesse d'un père de famille qui vote contre sa conscience pour sauver ses enfants de la misère ; mais justifier cet acte comme un de ceux où le doute est permis et qui ne comportent pas même, « dans un nombre infini de cas », les chances d'une décision plus ou moins vraisemblable, n'est-ce pas fausser les consciences ? N'est-ce pas ruiner d'avance les devoirs les plus certains du citoyen ? Et il ne faut pas oublier que M. Spencer, dans cette solution dubitative d'un douloureux cas de conscience, a le double mérite d'une sincérité parfaite et d'une logique irréprochable. Des principes qui ne considèrent que les conséquences utiles ou nuisibles des actions et qui ne reconnaissent rien d'inflexible dans le devoir, lui imposaient une telle solution et il faut lui savoir gré de n'avoir pas cherché à la dissimuler ; mais il nous montre par là combien il est loin d'avoir fondé une morale où la société moderne puisse trouver la détermination complète et définitive des devoirs de l'homme et du citoyen.

VI

Les utilitaires sont dans le vrai quand ils ramènent toute question de morale, considérée dans son objet, à une question d'utilité générale ou particulière. Les recherches qu'ils ont poursuivies, à la lumière de l'expérience, valent mieux pour éclairer les idées morales et pour assurer leurs progrès qu'un dogmatisme absolu et aveugle qui accepte sans examen, comme « l'immortelle et céleste voix » d'un « juge infaillible », des maximes dont toute la valeur est d'être communément reçues, sous l'empire d'une civilisation commune et sur la foi d'enseignements traditionnels et héréditaires. L'utilité bien entendue est le principe le plus fécond pour la détermination des devoirs; mais il faut la subordonner à d'autres principes, pour discerner, dans la masse des choses utiles, ce qui est vraiment moral; il faut revenir à l'idée formelle et aux conditions subjectives de la moralité.

Nous nous sentons responsables, d'une manière générale, du bien et du mal que nous faisons, c'est-à-dire des conséquences utiles ou nuisibles de nos actions, toutes les fois que nous avons pu les prévoir. Ce n'est pas là une responsabilité acceptée aveuglément au nom de la morale courante; elle découle de l'idée même qui sert de base à la morale. Tous nos penchants nous poussent à faire du bien ou du mal à nous-mêmes ou aux autres; mais nous ne nous sentons vraiment maîtres de nous-mêmes que si nous réglons ces penchants, si nous les éclairons par la considération de leurs effets et si nous les dirigeons vers notre plus grand profit ou le plus grand profit de ceux qui nous entourent. Voilà la règle générale : maintenir et développer l'autonomie de sa volonté dans la poursuite de la plus large et de la plus haute utilité pour soi-même et pour autrui. Dans cette règle, l'intérêt est pleinement d'accord avec le devoir, la morale objective avec la morale subjective et formelle.

Ce n'est toutefois, dans sa généralité, qu'une règle vague et doublement indéterminée; car elle n'indique, d'une manière précise, ni les personnes envers qui nous devons nous rendre utiles, ni les services que nous devons leur rendre. Il faut, à la lumière des mêmes principes, descendre aux règles particulières, c'est-à-dire à la division et à la comparaison des devoirs.

CHAPITRE III

THÉORIE DES DEVOIRS

Division générale des devoirs. — Devoirs envers soi-même. — Devoirs envers autrui: devoirs généraux d'humanité; devoirs de famille. — Devoirs civiques. — Devoirs négatifs et devoirs positifs; devoirs de droit et devoirs de vertu; fondement du droit. — Questions de casuistique; leurs difficultés. Principes généraux de casuistique. — Causes inévitables d'incertitude dans l'application de ces principes.

Nous ne voulons traiter ici la théorie des devoirs que dans ses principes les plus généraux et dans ses rapports les plus directs avec les fondements de la morale.

Nous conserverons les deux divisions classiques des devoirs: au point de vue des personnes, celle des devoirs envers nous-mêmes et des devoirs envers autrui; au point de vue des actes, celle des devoir négatifs et des devoirs positifs. Il convient d'y ajouter, au point de vue de l'exigibilité des devoirs, la division kantienne des devoirs de droit et des devoirs de vertu.

I

Les devoirs envers nous-mêmes sont les mieux déterminés; mais ce sont, en même temps, ceux où il est le plus facile de se méprendre, car, dans la recherche de notre intérêt, le mobile moral se confond sans cesse avec d'autres mobiles étrangers ou contraires à la moralité. Il faut, pour observer cette catégorie des devoirs, contenir ou combattre nos penchants égoïstes, en même temps que nous leur donnons satisfaction. La règle est de considérer avant tout notre premier bien, notre premier intérêt au point de vue moral : l'autonomie de notre volonté. C'est autour de ce point central qu'il faut grouper tous nos autres intérêts. Et, d'abord, la culture de la volonté elle-même, dans toutes les qualités qui peuvent la fortifier et l'affermir, puis celle de l'intelligence, en se proposant plutôt de la maintenir toujours droite et ferme que d'accroître indéfiniment ses connaissances ; enfin celle de la sensibilité, en s'attachant à toutes les inclinations où l'âme se sent libre et maîtresse d'elle-même et en luttant contre toutes les passions où une conscience éclairée reconnaît un joug et un esclavage. Ce sont là les intérêts de l'âme. Les intérêts du corps ne doivent pas davantage être méconnus ; mais il faut les rechercher pour eux-mêmes et pour leurs rapports avec les intérêts moraux, non pour les appétits ou les passions qui tendent à y enfermer et à y absorber toute notre sollicitude. Il ne faut pas fuir le plaisir, dont le sentiment éclairé et épuré s'unit naturellement à la conscience du bon état de l'âme et du corps, mais il ne faut jamais oublier que le plaisir n'est un bien que dans sa liaison avec d'autres biens. On méconnaît également la vraie nature de l'intérêt et l'objet propre du devoir quand on fait du plaisir le principe de l'un et de l'autre. Enfin, dans tous nos efforts pour notre bien, sous toutes ses formes, nous devons apporter le souci constant de l'équilibre, de la proportion et de l'harmonie entre toutes les facultés et toutes les fonctions qui constituent l'ensemble de notre vie et l'unité concrète de notre personne.

Tous les systèmes utilitaires ont reconnu un lien étroit entre l'intérêt personnel et l'intérêt d'autrui et ont cru trouver dans ce lien une transition naturelle entre « l'égoïsme » et « l'altruisme ». La morale du devoir n'a pas besoin d'une telle transition : tous les devoirs s'unissent pour elle dans l'unité de son principe. L'autonomie de la volonté n'est pas moindre et elle paraît même mieux assurée dans la poursuite désintéressée de l'intérêt d'autrui que dans celle de l'utilité personnelle. La morale du devoir peut cependant faire son profit de toutes les considérations ingénieuses dans lesquelles les utilitaires se sont plu à montrer l'accord universel et constant des deux sortes d'intérêt. Par l'effet de cet accord, tous les devoirs envers autrui sont, en même temps, des devoirs envers nous-mêmes. La force et la fermeté de la volonté, la clarté et la justesse de l'esprit, la paix et la pureté du cœur s'accroissent à mesure que nous nous dégageons mieux du souci de notre intérêt propre pour nous rendre utiles aux autres hommes. Le corps lui-même gagne quelque chose à la prédominance des inclinations bienveillantes sur les penchants égoïstes. Les services que nous rendons à autrui sont, sans que nous y pensions et par cela seul que nous n'y pensons pas, les meilleurs que nous puissions nous rendre à nous-mêmes.

Certains devoirs même, dont l'objet direct est hors de nous, ne concernent en réalité que notre propre intérêt. Ainsi le devoir de la reconnaissance ne consiste pas proprement dans l'échange des services ; il est tout entier dans le sentiment et dans le témoignage sincère de la gratitude. Payer un service par un service peut être un acte utile à autrui ; mais c'est pour la personne même qui en est l'objet un acte sans caractère moral, si elle n'y sent pas une véritable reconnaissance et, là même où il paraît le plus méritoire, il n'a de prix que comme signe extérieur d'un état de l'âme qui seul par lui-même est un devoir. Or, cet état intérieur est sans utilité pour autrui, ou, du moins, il n'a pour autrui que l'utilité indirecte de la satisfaction morale dont il peut être la cause; il est avant tout et directement un bien pour celui qui l'éprouve; le devoir de la reconnaissance n'est donc réellement qu'un devoir envers soi-même.

De même pour le devoir de dire la vérité. Nous devons la vérité aux autres hommes, car tromper quelqu'un, c'est lui nuire ; mais, lors même que le mensonge n'aurait aucune chance d'induire en erreur celui à qui il s'adresse ou que l'erreur serait tout à fait inoffensive, le mensonge ne serait pas moins digne de blâme. Le devoir dont il est la violation subsiste donc en dehors du tort fait à autrui. C'est, dans sa plus grande généralité, un devoir envers nous-mêmes : il y a, dans tout mensonge, un abaissement, une dégradation de notre être. L'habitude du mensonge est une maladie morale. La véracité est donc un de nos premiers intérêts avant de nous être imposée par l'intérêt d'autrui.

II

Si les devoirs envers autrui peuvent se confondre avec les devoirs envers nous-mêmes, ils ont leur valeur propre et ils ne sont pas moins obligatoires alors même qu'ils restent plus indéterminés. Ils sont obligatoires dans l'universalité rigoureuse du précepte prohibitif : « ne pas nuire » ; ils le sont aussi dans l'universalité plus vague et plus lâche du précepte impératif : « faire du bien ». Les devoirs généraux de bienveillance et de bienfaisance s'étendent indistinctement à l'humanité tout entière. Ils nous laissent ainsi une latitude indéfinie dans le choix des moyens comme dans celui des personnes ; mais cette latitude ne diminue pas, elle augmente, au contraire, notre responsabilité. Elle nous permet, quand nous remplissons ces devoirs, d'aller jusqu'au dévouement, en faisant plus qu'ils n'exigent ; mais le mérite indéfini auquel nous pouvions aspirer s'élèvera contre nous si nous avons négligé les occasions de l'acquérir. Malheur à celui qui ne trouve que cette justification : « Je n'ai fait de mal à personne ! »

Nous ne nous arrêterons sur les subdivisions des devoirs envers autrui que pour montrer comment elles trouvent leur explication dans les principes mêmes de la morale. Nous ne considérerons que les deux grandes classes des devoirs de famille et des devoirs civiques.

Rien de plus clair pour la conscience contemporaine, dans un milieu civilisé, que les devoirs généraux de la famille. Sauf quelques questions controversées, comme celle du divorce; ils ne soulèvent dans leur ensemble de contradictions absolues que chez les amateurs de paradoxes ou d'utopies, et ces contradictions mêmes se produisent plus timidement de nos jours qu'il y a quarante ou cinquante ans, dans l'âge héroïque du socialisme. Nuls devoirs cependant n'ont plus varié à travers les différentes civilisations et nuls devoirs peut-être ne sont aujourd'hui même plus difficiles à expliquer, quand on ne veut pas se contenter de faire appel à l'autorité aveugle du sentiment moral ou de la tradition.

La famille a sa racine dans un acte commun à l'homme et à la brute et auquel préside, chez l'homme comme chez la brute, un instinct également puissant et grossier. C'est, dans notre nature physique, l'instinct le plus violent, le plus rebelle à la direction de la raison et de la volonté. C'est, d'un autre côté, l'instinct le plus utile, puisque, sans lui, la matière même de toute utilité disparaîtrait par la disparition de toute vie animale ou humaine. C'est, enfin, dans sa grossièreté, le principe de quelques-uns des plus nobles sentiments de l'âme humaine. Il a sa part naturelle et nécessaire dans l'origine et le développement de cette passion de l'amour, non moins violente que lui, non moins invincible, mais qui, dans sa complexité, peut embrasser tout ce qui fait le charme le plus précieux et la plus exquise beauté de la vie. Un tel instinct ne s'offre pas à la volonté autonome comme un ennemi, mais comme un instrument. Il ne faut le combattre que pour le soumettre à des règles. La famille repose sur la nécessité de ces règles et elle y trouve tous ses devoirs.

Les règles constitutives de la famille portent nécessairement sur deux points : l'union même des sexes et ses conséquences. L'union des sexes n'est morale que si elle respecte la dignité et la liberté de l'un et de l'autre. De là le mariage. qui n'est autre chose, dans sa définition générale, que la réciprocité de libres et durables engagements.

L'union des sexes a pour conséquence naturelle la naissance de nouveaux individus, incapables, dans l'espèce humaine, de se suffire à eux-mêmes pendant de longues années. Elle crée ainsi, à l'égard de ces individus, une responsabilité à laquelle

elle ne pourrait se soustraire sans perdre son caractère moral. De là le second devoir de la famille : l'éducation des enfants. Ce second devoir ne serait pas moins impérieux pour le père et pour la mère, alors même que le premier n'aurait pas été rempli sous la forme et par les engagements de l'union conjugale.

Ces deux lois du mariage et de l'éducation contiennent, dans ce qu'elle a d'universellement obligatoire, toute la constitution de la famille. Les développements qu'elles peuvent recevoir ne se rapportent qu'à des raisons d'utilité individuelle ou sociale. C'est par de telles raisons que se résolvent les questions de la monogamie, de l'indissolubilité, de la suprématie maritale, de la puissance paternelle. Dans l'étude de ces questions capitales, il ne suffira pas de considérer les éléments universels et permanents de la nature humaine, il faudra tenir compte de leur degré de culture, tel qu'il résulte des traditions, des mœurs, de l'état de la civilisation. Il faudra toujours avoir en vue, non une certaine conception de la plus haute perfection possible dans les relations des deux sexes, mais un idéal d'utilité sociale en rapport avec l'état présent de la société et qui s'appuie, dans l'image qu'il lui offre de ses progrès futurs, sur les dispositions persistantes qu'elle a héritées de son passé. La question de l'indissolubilité du mariage, par exemple, ne comporte ni les mêmes arguments ni les mêmes solutions dans les pays protestants et dans les pays catholiques et, parmi ces derniers, dans ceux où la foi religieuse est restée la principale force morale et dans ceux où elle a perdu, en grande partie, le gouvernement des consciences et des mœurs.

III

Chaque homme vient au monde, non seulement dans une famille, mais dans une société constituée, où sa place est marquée dès sa naissance par une législation protectrice. Il se développera à l'abri des lois et des pouvoirs qui en assurent l'exécution. L'action sociale interviendra dans toute sa vie.

Elle se fera sentir plus directement à mesure que s'affaiblira l'action de la famille et elle aura encore une part après la mort dans le règlement des funérailles et dans l'accomplissement des dernières volontés du défunt. C'est souvent une action vexatoire et tyrannique; mais, de quelque façon qu'elle s'exerce, c'est une action nécessaire pour tous les hommes, sinon tels que les a faits leur nature primitive, du moins tels que nous les connaissons partout, au plus bas degré de civilisation, dans les traces qu'ils ont laissées de leur vie préhistorique, comme dans l'organisation savante et complexe des États modernes. La volonté autonome ne peut pas plus se soustraire à cette action qu'à celle des diverses facultés qui lui prêtent leur concours ou avec lesquelles elle est en lutte dans la constitution personnelle de l'individu. L'effort qu'elle ferait pour s'en affranchir, pour vivre en dehors de tout lien social, ne ferait que la rendre plus esclave des besoins les plus pressants, qu'elle serait impuissante à satisfaire. Et lors même qu'elle réaliserait, par un libre choix, la situation où Robinson a été placé par un naufrage, elle ne se déroberait pas entièrement, dans une île déserte, à l'influence de l'état social. Tous ces objets, si précieux dans sa détresse, que Robinson arrache aux débris du navire, sont l'œuvre sans doute des efforts personnels de milliers d'individus, mais l'action de la société a eu sa part dans chacun de ces efforts et tous leurs produits gardent son empreinte. L'état social peut aussi revendiquer cette Bible qui console le naufragé et qui relève sa force morale. Il doit enfin à cette société dont tout semble pour jamais le séparer l'instruction qu'il a reçue, l'industrie qui lui permet aujourd'hui de se suffire seul à lui-même. Ce n'est pas seulement une nécessité pour l'homme, c'est un devoir envers lui-même, dans son intérêt le plus immédiat et le plus constant, de vivre dans l'état social, d'en respecter les lois et de le défendre au besoin contre toute attaque du dedans ou du dehors. C'est en même temps et pour la même raison un devoir envers les autres hommes, puisque l'état social ne leur est ni moins nécessaire ni moins utile.

Tel est, sous tous les régimes politiques, le principe général des devoirs envers l'État. Ces devoirs peuvent varier suivant les institutions, d'après le degré de liberté et d'initiative individuelle qu'elles comportent ; ils peuvent être éclairés, dans toutes leurs applications, par des considérations d'utilité générale et d'utilité personnelle ; enfin ils peuvent donner lieu à des questions de casuistique dont la solution aura pour effet, dans certains cas, de les infirmer ou de les restreindre au profit d'autres devoirs ; mais, sous toutes les les formes qu'ils peuvent recevoir et quelles que soient leurs limites, leur principe est consacré à la fois par l'intérêt propre de la morale et par les intérêts qui servent d'objet à la morale.

IV

On a souvent confondu la distinction des devoirs négatifs et des devoirs positifs et celle des devoirs de droit et des devoirs de vertu. La confusion vient d'une définition inexacte du droit, à qui l'on donne pour objet unique la liberté et les conditions de la liberté. Être respecté dans sa liberté et, au nom de sa liberté, dans sa personne et dans ses biens, voilà, d'après cette définition, tout le droit ; respecter la liberté, la personne, les biens d'autrui, voilà, dans leur formule générale, tous les devoirs de droit, et ils seraient ainsi entièrement négatifs ou prohibitifs. La vertu commencerait avec les devoirs positifs, avec ceux qui ne se bornent pas à défendre le mal, mais qui commandent le bien.

Nous ne voulons pas donner ici une théorie complète du droit ; nous la réservons pour un ouvrage spécial. Nous devons seulement en poser le principe, dans ses rapports avec la théorie du devoir. Le droit n'est pas contenu tout entier dans un respect tout négatif. Il suffit de rappeler les droits de l'État pour montrer l'insuffisance d'une telle définition. Ces droits n'ont pas seulement pour objet le respect de l'État et de tout ce qui lui appartient ; ils imposent aux membres de la société des obligations positives; ils sont corrélatifs, non seulement à des défenses, à des interdictions, mais à des commandements exprès, et ces commandements portent sur les actions les plus graves, puisqu'ils peuvent exiger le sacrifice de la personne et de la vie. Les devoirs de droit peuvent donc également comprendre des devoirs négatifs et des devoirs positifs. Leur caractère commun est d'être exigibles par contrainte. Je ne puis exiger qu'on me procure les biens qui me manquent, mais je puis exiger qu'on ne touche pas aux biens que je possède: les actes de bienfaisance dont je pourrai être l'objet seront des devoirs de vertu; le respect de mes biens sera un devoir de droit. L'État ne peut que faire appel, pour ses hautes fonctions, au concours volontaire des citoyens les plus sages et les plus vertueux, mais il peut imposer le service militaire à tous les citoyens en âge de porter les armes: les services rendus à l'État par les premiers sont des devoirs de vertu; le service militaire est, pour les seconds, un devoir de droit. Le droit est donc, dans sa définition la plus générale, la qualité d'une personne, individuelle ou collective, en vertu de laquelle elle peut contraindre d'autres personnes à certains devoirs envers elle.

Quel est le fondement moral de ce pouvoir de contrainte? Ce ne peut être la seule utilité; car tous les devoirs, ayant également pour objet l'utilité, seraient des devoirs de droit. Il faut remonter au principe même du devoir. Si la loi morale est une loi universelle, l'agent moral, quand il fait son devoir, n'accomplit pas seulement sa propre loi, il accomplit la loi de tous les hommes, de tous les êtres doués de raison et de liberté. Il peut donc, au nom et dans l'intérêt de la loi commune, exiger des autres tout ce qu'il reconnait comme une condition nécessaire de son devoir. Ainsi il ne peut remplir son devoir s'il est entravé dans sa liberté, menacé dans sa vie, sans sécurité dans la disposition de ses biens: il a donc le droit d'exiger le respect de sa liberté, de sa vie, de ses biens, non pour lui-même, dans son intérêt personnel, mais dans l'intérêt de cette loi morale qui lui est commune avec tous les hommes. Le principe est le même pour les droits de l'État. L'État, personnalité collective, ne peut remplir ses devoirs qu'avec le concours des membres de la société. Il a donc le droit d'exiger ce concours sous la double forme de services personnels et de contributions pécuniaires. En un mot, partout où existent des droits, ils sont fondés sur des devoirs dont ils sont la condition et la garantie. Le droit, ainsi expliqué, peut donc se définir la qualité d'une personne en vertu de laquelle elle peut contraindre d'autres personnes à certains devoirs envers elle, dans l'intérêt de ses propres devoirs.

Les devoirs de droit n'embrassent qu'une partie des devoirs envers autrui. Les autres devoirs des hommes entre eux et la totalité des devoirs envers soi-même appartiennent à la sphère des devoirs de vertu.

V

Les principes les plus sûrs, les règles les plus précises ne peuvent mettre à l'abri des chances d'incertitude et d'erreur dans la détermination générale des devoirs ; les devoirs le mieux déterminés dans leurs conditions générales ne peuvent échapper entre eux aux causes de conflits dans les cas particuliers. De là la casuistique. M. Paul Janet, dans sa *Morale*, en a finement justifié la nécessité et il en a ramené les règles à quelques formules d'autant plus sages qu'elles n'ont pas la prétention de résoudre toutes les difficultés, mais de servir de modèles pour essayer de les résoudre. Nous renvoyons à ce chapitre du *Conflit des devoirs*, le meilleur peut-être d'un livre excellent. Nous ne voulons que résumer les principes sur lesquels reposent toutes les règles et toutes les formules de la casuistique.

La règle la plus sûre, dans les conflits ordinaires, est d'en appeler à la conscience, c'est-à-dire, dans sa véritable définition, au sentiment immédiat que nous avons de notre responsabilité. Nous ne sommes obligés, en effet, d'après le principe même de la morale, qu'autant que nous nous sentons responsables devant nous-mêmes par l'effet d'un commandement que notre volonté, dans son autonomie, s'est imposé à elle-même, comme la loi universelle de toute volonté. Si nous nous sommes trompés dans ce commandement, notre erreur ne nous est imputable qu'autant que nous avons négligé les moyens de l'éviter. L'obligation n'existe donc pour nous que dans la mesure de nos lumières. Nous trouvons dans notre conscience, de quelque façon qu'elle soit éclairée, notre juge naturel, et c'est sur les décisions de ce premier juge, à la seule condition qu'elles soient droites et sincères, que doivent se régler les jugements extérieurs dont nos actes peuvent être l'objet.

Nous n'avons pas seulement conscience de notre responsabilité générale ; notre conscience reconnaît, pour chaque action, si elle nous est imputable et, par conséquent, si elle est l'objet d'un devoir, si elle est bonne ou mauvaise. Voilà pourquoi c'est à la conscience qu'on attribue ordinairement la distinction du bien et du mal. Le bien et le mal, dans leur caractère formel, sont conçus par la raison et, dans leur caractère objectif, ils deviennent objet d'expérience, suivant leurs effets utiles ou nuisibles; mais, dans leur caractère subjectif, ce sont des qualités des actions ou de l'agent qui les accomplit, et ils tombent naturellement sous l'appréciation de la conscience. Il n'est pas besoin de distinguer ainsi la conscience morale de ce que les philosophes appellent la « conscience psychologique » : la conscience que nous avons de notre responsabilité n'est qu'une des formes de la conscience générale de nos états intérieurs.

Tout le monde sait avec quelle clarté la conscience s'acquitte le plus généralement de ses appréciations morales. Si je veux faire tort à une personne que je hais, attaquer son honneur, gêner sa liberté, j'ai beau chercher les raisons les plus subtiles pour justifier mes projets de vengeance, ma conscience me dit clairement que ces projets sont coupables, qu'ils sont condamnés par la loi morale. Si, au contraire, je sacrifie mon intérêt ou celui de ma famille à l'accomplissement d'un devoir, si je répare une erreur au préjudice de ma fortune, on aura beau me dire que mes scrupules sont exagérés, imaginer des théories et citer des exemples pour me dispenser d'un tel sacrifice, ma conscience me dit que je fais bien, que j'observe une loi obligatoire et qu'une conduite contraire pourrait justement m'être imputée à crime.

Tout n'est pas clair cependant pour la conscience, soit que nous lui demandions la connaissance générale des divers états de notre âme, soit que nous l'interrogions particulièrement sur notre état moral. Au milieu de toutes ces nuances d'idées, de jugements, de désirs, de passions, de résolutions souvent opposées dont notre âme est le siège, nous sommes avertis à la fois d'une multitude infinie de faits de tout ordre qui se mêlent, se confondent et ne nous laissent en définitive qu'une impression vague de leur ensemble. Leibnitz suppose, dans l'esprit de l'homme, des perceptions insensibles au moyen desquelles tout se suit et s'enchaîne dans nos perceptions distinctes, quoique la plupart des anneaux nous demeurent inconnus. Il les compare aux perceptions du bruit de chaque vague, qui se confondent au bord de la mer dans la perception du bruit de l'ensemble, inappréciable sans elles. On a peine à comprendre des perceptions qui ne seraient pas senties; mais on ne peut nier qu'il n'y ait en nous, dans notre être intellectuel et moral, comme dans notre être physique, bien des choses dont nous n'avons pas conscience. Quand un état particulier se produit en nous, nous en avons une conscience plus ou moins distincte au moment où il se produit; mais un état permanent, tel que notre caractère, nos inclinations, nos vertus ou nos vices, les conséquences durables de nos actions, n'est pas toujours aperçu. Enfin les faits mêmes dont nous avons conscience, se succédant instantanément, ne laissent, la plupart du temps, qu'une impression fugitive, immédiatement effacée par l'impression d'un fait nouveau qui nous occupe tout entiers.

Ces difficultés sont encore augmentées lorsqu'il s'agit de la morale. Nous n'avons plus à constater la simple existence d'un état intérieur, mais, avant même qu'elle se produise, les caractères d'une action et ceux de tous les motifs qui nous la conseillent ou nous en détournent. Pour démêler ces divers éléments du jugement moral, il faut nous y appliquer avec attention, les isoler autant que possible, les séparer les uns des autres et de tout ce qui les entoure ; il faut, en un mot, réfléchir ; mais la réflexion, en concentrant notre examen sur certains motifs, sur certaines circonstances, nous rend étrangers à tout le reste et nous donne souvent de fausses lumières. Quand j'envisage mes actions par certains côtés, quand je m'attache à certains motifs sur lesquels mon attention se porte plus volontiers, il m'arrivera souvent de laisser dans l'ombre le vrai mobile qui me détermine et de ne voir aucun mal dans un acte vraiment coupable. Les casuistes des *Provinciales* nous parlent d'une certaine direction d'intention qui rend blanc ce qui est noir : une attention exclusive peut produire quelque chose de semblable. Tout n'est pas mauvais, en effet, dans les motifs qui nous excitent à manquer à nos devoirs ; tout n'est même pas vicieux dans une action répréhensible. L'homme est un mélange si confus d'éléments contradictoires, qu'il veut à la fois le bien et le mal, le juste et l'injuste ; dans le moment même où il viole impudemment certains devoirs, il en est d'autres, moins importants peut-être, qu'il aurait horreur de ne pas remplir. Le bandit italien, qui invoque la Madone en se préparant à un meurtre, n'est qu'une image exagérée de ce que font la plupart des hommes. Au milieu de cette confusion, les motifs qui nous agréent occupent seuls notre conscience et notre réflexion et nous perdons de vue nos fautes et nos vices. Il y a quelque chose de plus à plaindre que l'hypocrisie endurcie, qui couvre d'une apparence de vertu ses plus noirs attentats; c'est le vice de bonne foi, qui se ment à lui-même, qui se représente sincèrement sous leur bon côté, pour les suivre sans scrupule, les passions auxquelles il obéit, qui se fait avec la même sincérité un mérite de certains devoirs dont l'accomplissement ne lui demande aucun sacrifice, qui en exagère même la minutieuse observation et qui s'habitue à ne plus songer aux obligations les plus essentielles, avec lesquelles il ne pourrait vivre en paix.

Dites à la plupart des hommes que leur conduite est répréhensible, qu'ils sont asservis à leurs intérêts, qu'ils sont vindicatifs et pleins de rancune, qu'ils se dérobent aux devoirs d'humanité ou de patriotisme, ils s'étonneront de vos reproches, ils citeront avec complaisance tous les petits devoirs dont ils s'acquittent régulièrement et, s'ils peuvent vous convaincre ou s'ils ont réussi à se convaincre eux-mêmes qu'ils ne font tort à personne, ils n'auront que mépris pour vos scrupules exagérés.

Il y a, d'ailleurs, en nous, pour obscurcir la conscience morale, une puissance malfaisante qui laisse en paix la conscience ordinaire; c'est la passion, c'est l'intérêt personnel, c'est l'ennemi de tous les jours dont le devoir doit triompher. Cette puissance hostile est d'autant plus forte qu'elle nous plaît davantage, qu'elle nous occupe entièrement, qu'elle absorbe toute notre attention. Pendant que nous calculons, avec un soin scrupuleux, les meilleurs moyens de la satisfaire, il nous reste bien peu de temps et moins encore de liberté d'esprit pour interroger notre conscience sur le caractère moral de nos actes.

Pour surmonter ces difficultés, la conscience ne trouve en nous que deux auxiliaires : de bonnes habitudes et de bons principes. Je n'insisterai pas sur le pouvoir de l'habitude. Elle nous rend plus facile, non seulement la pratique du bien, mais l'appréciation des motifs qui nous y portent ou nous en éloignent; elle nous rend familières les réflexions morales; elle affaiblit l'influence des passions qui nous égarent. Mais, par sa nature même, elle ne peut s'appliquer qu'aux choses qu'on fait communément. Dans les circonstances exceptionnelles, en présence de devoirs impérieux et difficiles, elle n'est plus d'aucun secours ; il faut alors recourir à des principes clairs et solides.

VI

Nous avons ramené à trois ordres de principes les bases

de la morale. Ces trois ordres de principes peuvent également éclairer les questions de casuistique.

Et, d'abord, les principes formels, tels que Kant les a reconnus, d'après le type fondamental de la volonté autonome. On appliquera utilement la première formule de Kant : « Agis toujours d'après une maxime telle que tu puisses vouloir qu'elle soit une loi universelle de la nature » ; formule trop générale sans doute pour qu'elle puisse servir dans tous les cas, mais qui n'offre pas moins, dans beaucoup de circonstances, un excellent *critérium*.

On trouvera un profit du même ordre dans l'application des autres formules kantiennes. Ainsi nous rechercherons si, en suivant tel parti, nous ne nous servirions pas de l'humanité, soit en nous-mêmes, soit dans autrui, comme d'un instrument, au lieu de la considérer comme une « fin en soi », ou si nous pourrions exiger des autres hommes, pour assurer notre liberté, une conduite semblable à celle que nous tenons nous-mêmes et donner ainsi à nos déterminations volontaires le caractère d'une législation universelle.

Les principes subjectifs complètent les principes formels. On se demandera, dans un cas donné, quel parti convient le mieux au maintien et au développement de la personne humaine, dans toutes ses conditions de santé physique et morale, de dignité et de perfectibilité.

Enfin les principes objectifs : les considérations d'utilité, d'intérêt bien entendu, au sens le plus large du mot, pour nous-mêmes et pour autrui. Nous rechercherons quel est non seulement l'intérêt le plus grand pour le bonheur du plus grand nombre, suivant la formule de Bentham, mais quel est l'intérêt le plus clair, le plus direct, le plus propre à engager notre responsabilité.

Ces trois ordres de principes ne sont pas indépendants les uns des autres. Les principes objectifs sont subordonnés aux principes subjectifs et ceux-ci aux principes formels. Il ne faut jamais oublier cette subordination des cas de conscience et des formules destinées à les résoudre.

On croit généralement que les devoirs négatifs doivent

toujours l'emporter sur les devoirs positifs. La première règle est de ne pas nuire. Elle est de devoir strict et parfait. Faire du bien, au contraire, n'est qu'un devoir large et imparfait, d'autant plus méritoire sans doute, mais sous la condition qu'il ne s'exerce pas au détriment du devoir étroit qui défend de mal faire. Il n'est pas permis de faire même le plus petit mal en vue du plus grand bien.

La formule est vraie, comme règle générale, mais elle n'est absolument vraie que pour les devoirs des hommes entre eux, dans une situation d'égalité. Dans la famille et dans l'État, une juste peine infligée à un enfant par ses parents, à un coupable par l'autorité judiciaire, n'est pas autre chose qu'un mal en vue d'un bien. C'est aussi un mal en vue d'un bien qu'une juste guerre, avec tous les malheurs privés ou publics qu'elle entraîne inévitablement pour les vainqueurs et pour les vaincus. Enfin, dans la sphère des devoirs envers soi-même, non seulement il est permis, mais il est souvent commandé de s'imposer les sacrifices les plus pénibles en vue d'un bien futur pour soi-même ou pour autrui:

Le sacrifice légitime a toutefois ses limites. Il ne peut être commandé et il peut être interdit par le sentiment éclairé du devoir quand il s'agit, non des biens, de la liberté physique et de la vie, mais de ce qui fait la dignité même de la personne humaine, c'est-à-dire des conditions essentielles de sa liberté morale et de sa responsabilité. On admire dans une légende anglaise consacrée par la poésie cette noble dame qui, pour sauver les habitants de Coventry, consent à se laisser promener nue dans les rues de la ville. Le dévouement poussé jusqu'au sacrifice de la pudeur est l'acte d'une sainte ; mais il n'est précisément admirable que parce qu'il ne saurait être imposé comme un devoir. Le drame et le roman ont, plus d'une fois, représenté un sacrifice de même nature allant jusqu'à la prostitution. Ici nous pouvons excuser et plaindre ; nous cessons d'admirer : il est des souillures que ne peut autoriser le plus généreux dévouement.

Dans les maux infligés par une autorité légitime, les limites seraient plus étroites encore. Les droits de la guerre, par exemple, permettent le meurtre et la spoliation ; ils ne permettent plus l'esclavage des vaincus.

Il faudrait faire des réserves semblables sur une autre formule qui subordonne, d'une manière générale, les devoirs de vertu aux devoirs de droit. Il est des devoirs de vertu contre lesquels ne sauraient prévaloir les devoirs de droit les moins contestables. L'obéissance aux lois est un devoir de droit et un devoir qu'il faut remplir même à l'égard de lois qu'on juge mauvaises, car nulle société ne saurait subsister si elle avait pour condition l'infaillibilité du législateur. Les pratiques religieuses, d'un autre côté, ne peuvent être considérées que comme des devoirs de vertu, car elles ne doivent être l'objet d'aucune contrainte. Ce sont cependant des devoirs qu'il est permis de remplir malgré une interdiction légale. Et il n'est pas besoin, pour les placer au-dessus des lois, d'introduire la maxime qu'il vaut mieux obéir à Dieu qu'aux hommes. Au point de vue d'une morale tout humaine, le seul où nous nous soyons placé jusqu'ici, les pratiques religieuses sont des devoirs envers soi-même, envers sa foi, envers sa conscience ; mais ce sont des devoirs d'un tel ordre que le sacrifice n'en peut être légitimement imposé par aucune autorité extérieure.

Les exemples que nous avons donnés suffisent déjà pour montrer l'insuffisance d'une dernière formule qui classe les devoirs suivant le nombre plus ou moins étendu des personnes qui en sont l'objet : au premier rang l'humanité, puis l'État, puis la famille et enfin l'agent moral lui-même, dans la conservation ou la recherche de son propre bien. Loin que cette classification réponde aux exigences de la morale, il est des cas où le devoir envers soi-même l'emportera sur tous les autres. On connaît la controverse de Kant et de Jacobi sur « le devoir de mentir par humanité ». Kant refuse absolument de reconnaître un tel devoir et, s'il est permis de ne pas pousser le rigorisme jusqu'à condamner avec lui le plus généreux mensonge, comme celui de Desdémone, il est certain qu'on ne peut y voir un acte obligatoire, quelque admiration qu'il inspire comme acte de dévouement. Il est également des cas où la primauté appartient aux devoirs de famille. Donner ses enfants à la patrie, quand elle les réclame au nom de la loi, est un devoir de droit. Les offrir, quand la loi permet de les conserver, est un devoir de vertu ou plutôt un acte de dévouement qui dépasse le devoir. Les soustraire à l'obligation légale d'une éducation publique où l'on voit un danger pour leur foi ou pour leur moralité, ce peut être le plus impérieux des devoirs.

VII

On voit par ces exemples quelle méthode on doit suivre dans la solution des cas de conscience. On interroge d'abord la conscience elle-même; puis, comme son témoignage peut être obscur ou incomplet, on fait appel à la raison pour le contrôler à la lumière de tous les principes de la morale.

C'est la marche que suit toute âme honnête et scrupuleuse qui veut se rendre compte par elle-même de ses devoirs et de la valeur morale de ses actes; mais ce serait une illusion de croire qu'en joignant le contrôle de la raison au témoignage direct de la conscience on arrivera toujours à une complète certitude. La raison n'est pas plus infaillible que la conscience. Elle a, de plus, nous l'avons reconnu, des défauts qui lui sont propres. Elle a pour objet des principes universels et ses conceptions paraissent d'autant plus claires qu'elles s'éloignent davantage des faits particuliers. En appliquant à la morale les principes rationnels, on la réduit en formules et, dans la détermination de ces formules, on ne considère que les circonstances, les caractères les plus généraux, en faisant abstraction de tout le reste. Or, dans l'usage pratique des règles de morale, il faut tenir compte de tous ces éléments qu'on a laissés de côté, il faut faire entrer dans l'appréciation d'une action toutes les circonstances dont elle est accompagnée, toutes les passions, toutes les idées qui l'ont inspirée, l'éducation, les préjugés, les influences diverses auxquelles peut obéir son auteur. Combien alors la théorie générale paraît éloignée de ces conditions dont l'ensemble constitue cependant la réalité totale et complexe de l'acte moral !

Pour échapper à ces difficultés, la philosophie morale se renferme ordinairement dans les préceptes les plus généraux ; elle ne prétend ni tout expliquer ni tout prévoir. Elle évite ainsi de graves erreurs, mais elle est moins pratique ; elle exige un plus long détour pour arriver aux applications. L'erreur reparaîtra souvent dans ce long et pénible passage de la maxime universelle aux devoirs particuliers. Dans sa généralité, la maxime est irréprochable ; mais elle n'est qu'une forme vide. Si on n'y peut faire entrer les actions qu'elle doit diriger, elle est tout à fait stérile ; si elle ne s'y applique qu'en les mutilant, en les séparant de quelques-unes de leurs conditions, ce peut être une règle dangereuse.

Enfin, des principes généraux ne donnent pas une mesure exacte pour discerner et pour apprécier les divers caractères des actes particuliers dont ils doivent déterminer la valeur morale. Ceci est affaire d'expérience plutôt que de raison. Le jugement rationnel peut donc toujours se trouver infirmé par des erreurs d'observation. Quel que soit en lui-même son degré de certitude, si on lui soumet des données inexactes, il n'en saurait faire sortir des conclusions vraies.

Il y a, en outre, un danger qui est inhérent à la raison : ses conceptions revêtent naturellement un caractère absolu, dans les esprits mêmes qui, par tempérament ou par système, ne veulent rien admettre d'absolu. Lorsqu'une action nous paraît rentrer dans quelque formule, elle nous apparaît avec le même caractère ; nous la considérons comme absolument bonne et, sans examiner les circonstances qui peuvent exclure et parfois même rendre criminelle l'application rigoureuse du principe, nous croirons remplir tout notre devoir en ne reculant devant aucune des conséquences auxquelles se laisse entraîner tout fanatisme.

Le plus sage, après avoir consulté la raison, après s'être appuyé sur ses principes universels et absolus, est de revenir au témoignage de la conscience et de lui soumettre, en dernier ressort, et les principes rationnels et leurs applications. Mais la conscience elle-même ne peut apprécier que ce qu'on lui présente. Elle ne peut prévoir toutes les applications vicieuses auxquelles peut donner lieu une maxime générale et, dans ses décisions particulières, sur un cas donné, elle n'est jamais sûre d'embrasser toutes les circonstances, toutes les conditions, dont le discernement est nécessaire pour qu'elle puisse se prononcer en toute connaissance de cause. Noublions pas enfin toutes ces causes de confusion qu'il est impossible d'éviter au milieu de cette masse de faits et de ces luttes continuelles dont l'âme est le théâtre, en présence surtout de ces passions dominatrices qui sont intéressées à étouffer la voix de la conscience, et nous serons forcés d'avouer que rien n'est plus difficile que l'exacte et complète détermination du devoir.

Quelle misère est-ce donc que l'homme pour parler avec Pascal ? Il n'a besoin que de faire acte d'autonomie pour s'imposer à lui-même une loi obligatoire, que sa conscience devrait lui rappeler sans cesse, et cette interprète de la loi morale, semblable à la renommée aux cents bouches de la poésie antique, chargée de tous côtés d'une infinité de messages, ne fait entendre qu'un murmure vague et confus. Nous avons pour nous conduire une autre lumière, d'ordre supérieur, cette raison, qui nous ouvre le monde idéal, et cette lumière même ne nous éclaire sur nos devoirs que pour les enfermer dans des théories vides et abstraites ! N'avons-nous donc aucun guide auquel nous puissions confier sans crainte la direction de notre vie ?

Ni la conscience ni la raison ne suffisent pour nous éclairer, si nous ne savons pas nous rendres maîtres de la source même de tout devoir. La loi morale nous est imposée par notre propre volonté, quand rien ne gêne sa liberté et qu'elle exerce un empire absolu sur ses déterminations. Sachons donc conquérir cette possession de nous-mêmes, qui, en nous arrachant à toute influence fatale, nous permet d'être à nous-mêmes notre fin et notre loi. Si aucune passion, aucune séduction du dehors n'altère notre indépendance, rien ne pourra nous asservir à tous ces objets divers qui font impression sur nos sens, rien ne pourra étouffer ou troubler la voix de notre conscience et de notre raison; nous agirons toujours d'après des principes nécessaires et notre volonté ne se portera vers aucune action qui ne puisse être érigée en maxime universelle. Nous deviendrons ainsi, dans nos libres déterminations, nos propres législateurs et les législateurs du genre humain. Dès lors nous n'aurons plus à craindre les égarements de notre conscience, les théories trop générales de notre raison; devenus maîtres de nous-mêmes, nous n'aurons plus qu'à vouloir; nous suivrons sûrement, dans tous nos actes volontaires, cet idéal moral qui représente pour nous toute la perfection divine.

Cette pleine indépendance du sage est précisément l'idéal qu'avaient conçu les stoïciens et qu'a renouvelé le philosophe de Kœnigsberg. Plus nous approcherons de cet idéal, plus nous pourrons espérer de voir disparaître tous les nuages qui nous cachent nos devoirs, tous les ennemis intérieurs qui nous provoquent à les négliger. Mais n'est-ce pas un immense orgueil, dans notre condition mortelle, que d'en espérer la complète réalisation? Et ces prétentions ambitieuses de la sagesse stoïcienne n'auraient-elles pas pour effet, par cet orgueil même qu'elles tendent à nous inspirer, de nous replacer plus que jamais sous l'empire des passions dont elles se flattent de nous affranchir? N'est-il pas plus sage de se dire avec Bossuet : « Ma liberté n'est pas une indépendance : il me fallait une liberté sujette ou, si l'on aime mieux parler ainsi avec un père de l'Eglise, une servitude libre sous un seigneur souverain, *libera servitus*, et c'est pourquoi il me fallait un précepte pour me faire sentir que j'avais un maître (1). »

Nous sommes ainsi conduits à rechercher si la morale de

(1) *Elévations sur les mystères*, cinquième semaine, troisième élévation.

l'autonomie ne doit pas se compléter et se couronner par la morale de la dépendance à l'égard d'un souverain maître ; si, en un mot, elle ne doit pas s'élever des principes humains aux principes divins.

LIVRE IV

MORALE MÉTAPHYSIQUE ET RELIGIEUSE

CHAPITRE PREMIER

LE PRINCIPE HUMAIN ET LE PRINCIPE DIVIN DE LA MORALE

Possibilité d'un accord entre le principe humain et le principe divin de la morale. — Légitimité d'une morale sans religion et sans Dieu. — A quelles conditions une morale religieuse peut être utile.

I

Les deux plus grands poètes de l'Allemagne, séparés jusqu'alors par une antipathie mutuelle, qui n'était pas seulement l'effet de leur rivalité de gloire, mais de l'opposition de leurs idées sur presque tous les points, sortirent un jour ensemble d'une séance académique, à Iéna. Ils causèrent, non de poésie, mais d'histoire naturelle et, dans la chaleur de la conversation, Gœthe entra pour la première fois, sans presque s'en apercevoir, dans la maison de Schiller. Il exposait sa théorie de la *métamorphose des plantes*. On sait que cette théorie ramène aux transformations d'un type unique le développement de chaque plante et les formes diverses qu'affectent toutes les espèces végétales. Gœthe la présentait comme l'expression exacte de la réalité, comme une loi purement expérimentale.

— Mais, c'est de l'idéalisme! s'écria Schiller. Votre type n'est pas un fait, c'est une idée.

— J'ai donc des idées sans le savoir, répliqua Gœthe un peu piqué ; des idées que je vois de mes propres yeux!

— Vous pouvez voir de vos yeux la confirmation de vos idées dans les faits ; mais les faits n'ont pu vous les donner, et il est impossible qu'ils leur soient rigoureusement conformes ; car le propre d'une idée est que nulle expérience ne peut lui correspondre entièrement.

Ils disputèrent longtemps sur ce ton, chacun s'obstinant dans son point de vue, et tous deux cependant finissant par comprendre que les mots les divisaient bien plus que les choses. Ni l'un ni l'autre ne s'avoua vaincu, mais ils se separèrent amis pour la vie. « Et c'est ainsi, dit Gœthe en terminant le récit de cette mémorable entrevue, que nous scellâmes, grâce à la grande querelle, destinée peut-être à durer toujours, entre l'*objet* et le *sujet*, une alliance qui n'a jamais été rompue et qui a eu pour nous et pour d'autres les plus heureux effets (1). »

J'aimerais à supposer une rencontre semblable entre les auteurs de deux ouvrages contemporains sur les principes de la morale (2). Rien de plus opposé, en apparence, que leurs points de vue. L'un est un métaphysicien et un chrétien, et sa métaphysique, aussi bien que son christianisme, se renferme dans les bornes du *Credo* catholique. L'autre ne veut de la métaphysique à aucun titre, soit qu'elle invoque la raison, soit qu'elle s'abrite derrière la foi. Le premier ne reconnaît qu'une morale divine, une loi imposée à l'homme par un législateur suprême, sanctionnée par un juge suprême. Le second demande à l'homme lui-même la règle obligatoire de la conduite humaine ; il la cherche au dedans, non au dehors, dans notre conscience, et notre liberté, non

(1) *Annalen oder Tag-und Jahres Hefte von* 1749, *bis Ende* 1822 *(Gœthe's sammtliche Werke,* 27 *ter Band).*

(2) *Les Principes de la philosophie morale*, par M. Charaux. 1 volume, chez Durand et Pedone-Lauriel. — *La Morale indépendante dans son principe et son objet*, par C. Coignet. 1 volume de la *Bibliothèque de philosophie contemporaine.*

dans le commandement d'une volonté étrangère. Aussi, chacun d'eux se prononce avec hauteur contre la doctrine qu'il repousse :

« Que du moins on ne nous vante plus, dit l'un, cette science nouvelle, cette morale qu'on fait à sa guise, à la taille raccourcie d'un homme mutilé, d'un être auquel on arrache, avec ses plus nobles tendances, le grand ressort de la vie, Dieu, sans lequel l'âme n'est qu'un mot et une creuse abstraction, qu'un lien fragile entre des phénomènes passagers. »

« — Il était trop facile, dit l'autre, aux vieilles métaphysiques et aux vieilles religions de triompher du matérialisme en invoquant les plus nobles élans de la nature humaine. Mais la nouvelle théorie leur enlève ce dernier argument. Ce n'est pas seulement la source des spéculations de l'esprit qu'elle prétend leur arracher, c'est la source de l'activité et du bien. La liberté qu'elle proclame n'est point celle des appétits et des jouissances ; c'est celle de la justice ; c'est la liberté qui se règle elle-même en vertu d'une loi qu'elle seule donne et qu'elle seule accomplit ; la liberté qui, en fondant l'individu sur le droit et l'obligation, fonde la société sur l'égalité des droits et la réciprocité des obligations et fait de l'homme, en même temps, l'origine, le but, et le véritable créateur de la morale. »

Voilà en présence, dans leur antagonisme absolu, le principe divin et le principe humain de la morale. Bien téméraire paraîtrait celui qui ne voudrait voir entre eux qu'un malentendu. Et pourtant, si nous reprenons la profession de foi de la morale indépendante, cet *homme, qui est en même temps l'origine, le but et le véritable créateur de la morale*, est-ce l'homme qui se manifeste sous les traits, dans le caractère, dans la nature individuelle et variable de chacun de nous? Non, l'éloquent auteur de la *Morale indépendante* répudie avec non moins de force la morale du *naturalisme* que la morale des *vieilles métaphysiques* et des *vieilles religions*. Il ne fonde pas le devoir et le droit sur l'ensemble de la nature humaine, avec ses faiblesses, ses petitesses, ses passions désordonnées et tyranniques. Il dégage, dans la nature humaine, le fait moral par excellence, le fait de la liberté : la liberté se gouvernant elle-même, *en vertu d'une loi qu'elle seule donne et qu'elle seule accomplit*, voilà la justice sous toutes ses formes, depuis les plus humbles vertus jusqu'à la sainteté et l'héroïsme. Et la liberté dont il s'agit ici, est-ce la liberté de tout faire dans les limites de notre puissance, la liberté capricieuse qui suit tantôt la raison, tantôt la passion ? Non, la liberté qui crée la justice n'*est point celle des appétits et des jouissances*; c'est la liberté qui s'impose le respect d'elle-même et de toutes les autres libertés ; bien plus (car la justice va jusque-là, et il ne faut pas lui opposer, sous le nom de charité, une vertu supérieure), c'est la liberté qui se dévoue pour protéger et pour accroître la liberté d'autrui; en un mot, c'est la liberté considérée dans son *idéal*, dans l'*absolu* de son essence.

L'idéal et l'absolu ! Quand je lis ces mots qui reviennent si souvent dans le livre de Mme C. Coignet, je ne puis m'empêcher de m'écrier, comme Schiller devant la théorie botanique de Gœthe : Mais la liberté ainsi entendue n'est pas un fait, c'est une idée ; c'est de la métaphysique ! La métaphysique ne consiste pas en effet, comme paraît le croire l'auteur de la *Morale indépendante*, dans je ne sais quelles entités transcendantes, subsistant en dehors de la nature et de l'homme; elle est tout entière dans la reconnaissance d'un ordre idéal et absolu, se manifestant à travers les choses sensibles et relatives sans se confondre avec elles. Les mots de *dehors* et de *dedans* ne sont que des termes grossiers, qu'aucun métaphysicien sérieux n'a jamais pris à la lettre : on dira également que l'idéal et l'absolu sont *hors* de nous, pour les distinguer de notre être particulier; et qu'ils sont *en* nous, pour faire entendre qu'ils se révèlent directement à notre conscience et à notre raison comme le type parfait de notre propre nature. La métaphysique ne consiste pas non plus nécessairement dans la croyance à la *réalité objective* de l'idéal et de l'absolu. On est métaphysicien quand on admet avec Descartes l'existence actuelle d'un être parfait; on est également métaphysicien quand on ne regarde avec Hegel l'être parfait que comme une *idée*, se réalisant progressivement dans la nature et dans l'humanité, sans jamais atteindre à la plénitude de l'existence. L'absolu *subjectif*, aussi bien que l'absolu *objectif*, appartient à la métaphysique. Et, d'ailleurs, sous ces distinctions d'une scolastique nouvelle, je crains qu'il n'y ait encore qu'un malentendu. Nous ne connaissons rien que par nos sensations ou par nos idées, c'est-à-dire par les états de notre propre conscience, par des états *subjectifs*; mais est-ce à dire que nous ne connaissions que nous-mêmes ? Il existe certainement un monde physique, dont nos sensations ne sont que les manifestations ou les signes. Et, de même, ces *idées* qui nous gouvernent et qui gouvernent avec nous tout être raisonnable, qui sont la loi nécessaire de toute intelligence, la loi obligatoire de toute volonté libre, n'expriment-elles pas aussi quelque chose qui existe réellement, *objectivement*, non à la façon des choses sensibles, mais d'une façon non moins certaine, non moins indépendante de notre propre existence? Quiconque soumet à l'absolu sa pensée et sa vie croit à l'absolu. J'ajoute qu'il croit en Dieu, et qu'il ne fait pas seulement de la métaphysique, mais de la métaphysique religieuse. Que le divin soit idéal ou réel, subjectif ou objectif, il est toujours le divin pour la raison qui le conçoit, pour la sensibilité qui l'adore, pour la volonté qui lui conforme ses actes; les idées, les sentiments, les résolutions qu'il inspire ont toujours un caractère religieux. Or, quand on nous parle de l'absolu de la liberté comme principe de la morale, on ne peut entendre qu'une volonté souveraine, qui trouve en elle-même sa propre fin, comme sa propre loi, et dont l'autonomie est assurée par sa conformité même avec la droite raison. Pour exprimer une telle volonté, le langage philosophique et le langage usuel emploient également « un bon vieux mot », comme dit M. Renan, « que la philosophie interprétera dans des sens de plus en plus raffinés, mais qu'elle ne remplacera jamais avec avantage » : c'est le nom de Dieu. Dire que la liberté humaine fonde la morale en se réglant sur son idéal ou sur son absolu, n'est-ce pas dire en d'autres termes que la liberté humaine fonde la morale en se réglant sur une volonté parfaitement bonne, telle que nous concevons la volonté de Dieu? Le principe humain se confond donc avec le principe divin.

Que deviennent dès lors ces accusations si souvent prodiguées à la morale indépendante, et que je regrette de retrouver sous la plume ordinairement bienveillante et impartiale de M. Charaux? Peut-on dire que cette morale, où le divin est partout, si le nom même de Dieu en est absent, soit « calquée sur la première venue des sciences de la matière » ; qu'elle courbe l'humanité sous « le joug humiliant de ceux qui la rapetissent et la dégradent » ? Mais que deviennent aussi les reproches que l'on fait d'autre part à la morale métaphysique ou religieuse? Ce n'est, dit-on, qu'une morale d'esclaves, s'imposant à l'homme au nom d'une autorité extérieure, enseignée comme le décret d'un maître et se résumant dans une seule vertu : l'obéissance. Sans doute, il y a eu des philosophes et des théologiens qui ont ainsi compris le devoir, comme il y a des moralistes indépendants qui ne s'élèvent pas au-dessus du naturalisme. Mais le théisme rationaliste ou chrétien, chez ses représentants les plus illustres et les plus respectés, professe de tout autres doctrines. Son Dieu, c'est le Dieu que nous sentons, que nous portons en nous-mêmes, le *maître intérieur*, comme dit Fénelon, qui nous éclaire et qui nous commande, sous la forme de notre raison et de notre conscience, toutes les fois que le vrai et le bien se révèlent à nous. « Nous ne lui sommes pas soumis, dit Leibnitz, comme on obéirait à un tyran .» Nous ne réglons pas nos croyances et nos actes sur les décisions qui lui sont attribuées par ceux qui s'annoncent comme ses interprètes ; mais quiconque nous parle en son nom ne peut se dispenser de faire appel à nos idées naturelles et intimes de vérité et de justice, au type que nous nous faisons, d'après nos propres facultés, de la perfection intellectuelle et morale. Tel est le Dieu que M. Charaux oppose à la morale indépendante et que la morale indépendante, chez ceux qui portent le plus dignement son drapeau, reconnaît au fond comme lui :

« Il est dans le monde, qu'il remplit de son être, qu'il anime de sa vie ; il est surtout dans l'homme auquel il communique quelque chose de sa pensée éternelle, de son amour pleinement satisfait, de sa liberté sans limites... Ce qui pense Dieu en nous n'est-il pas quelque chose de Dieu, quelque pensée de sa pensée, quelque flamme échappée de l'ardent foyer de son amour, quelque force faite de sa force infinie ? Peut-on le connaître sans lui ressembler, et l'esprit qui anime et qui vivifie l'univers peut-il être entendu par qui ne serait point esprit et intelligence ? »

Des deux parts cependant on résiste à une entente, où l'on ne veut voir qu'un tour de force éclectique, aidé par l'inconséquence ou l'hypocrisie humaine. C'est en vain, dit-on, qu'une philosophie complaisante prétend identifier deux principes contradictoires : la force de la logique les entraîne, quoi qu'on fasse, en des voies opposées, où chacun d'eux trahit tôt ou tard ses conséquences extrêmes. On peut bien idéaliser le principe humain ; mais, dès qu'on fait de l'homme le centre de tout, l'homme s'impose à lui-même et à ses semblables tel qu'il est ; sa fantaisie devient sa loi, toutes ses passions se déchaînent, l'anarchie règne dans l'individu et dans la société. On peut bien, d'un autre côté, accommoder le principe divin à l'idéal intérieur ; mais dès qu'on se fait un Dieu distinct de soi-même, on se donne un maître étranger. Ce n'est d'abord qu'une abstraction, que chacun façonne à sa guise. Bientôt l'abstraction prend corps en se personnifiant dans une révélation surnaturelle. Sortie de la conscience, elle s'enferme dans un livre, dont la lettre a force de loi. Au livre il faut des interprètes : un corps de prêtres représentera la parole de Dieu. A ce corps de prêtres, pour assurer l'unité et la perpétuité de son enseignement, il faut un chef : Dieu régnera sur les peuples par les décrets d'un pape infaillible. Mais une force toute morale suffit-elle à des décrets qui expriment une volonté omnipotente? L'Eglise exigera de l'Etat qu'il se fasse l'exécuteur de ses décisions ; l'ordre spirituel s'appuiera sur l'ordre temporel, en le tenant sous sa dépendance :

« Le dernier mot de toute métaphysique conséquente à elle-même est une religion... Si donc la morale est inséparable de la religion, la politique étant inséparable de la morale, il est logique de ramener les institutions civiles aux institutions religieuses et d'unir l'Etat à l'Eglise, à la façon du moyen âge, comme le corps à l'âme, comme la matière à l'esprit; il est logique de créer un code criminel qui viole la liberté et la conscience humaine, au nom d'une liberté et d'une conscience qui les dépassent, et transforme la justice en inquisition. Il est logique de faire que la loi armée poursuive le coupable dans son for intérieur et atteigne en lui, non pas seulement l'acte, mais l'intention, l'idée, l'incrédulité ou la foi (1). »

Dans une brillante conférence sur le *Devoir* (2), M. Jules Simon s'élevait, il y a quelques années, contre cette méthode qui consiste à accabler ses adversaires sous les conséquences qu'on impute à leurs doctrines. Toutes les opinions, toutes les sectes, tous les partis font un usage constant de ce moyen de réfutation et, si l'on reproche volontiers aux autres d'en abuser, ils sont rares ceux qui, comme M. Jules Simon, ont assez de bonne foi et de courage pour s'accuser d'y avoir eux-mêmes eu recours. Quoi donc! La logique doit-elle abandonner ses droits? Non sans doute; mais il faut bien distinguer entre les conséquences logiques et les conséquences pratiques d'une doctrine. Les premières ne déterminent pas toujours les secondes; les secondes sont souvent l'effet d'un entraînement qui n'a rien de commun avec les premières. Une doctrine est justement réfutée par ses conséquences logiques, mais il est souvent très injuste de les imputer en fait à ceux qui professent cette doctrine. Rien de plus légitime et de plus utile que de signaler et de flétrir les conséquences pratiques auxquelles peuvent se

(1) *La Morale indépendante*, p. 32 et 168.

(2) Voyez cette conférence dans la livraison du 20 février 1869 de la *Revue des Cours littéraires*.

laisser entraîner les sectateurs de certains principes, mais l'application odieuse ou funeste que l'on peut faire de ces principes ne prouve pas qu'ils soient faux en eux-mêmes. Or, de quoi s'agit-il dans les reproches en sens contraire que se renvoient les partisans et les adversaires de la morale indépendante? De conséquences pratiques, non de conséquences logiques. C'est l'abus seul du principe divin de la morale qui conduit à subir le joug tyrannique d'un pouvoir spirituel doublé d'un pouvoir temporel. Ni l'un ni l'autre abus n'est logiquement attaché à l'idéal de la liberté, soit qu'on le considère dans la pensée de l'homme, soit qu'on le personnifie en un Dieu.

Le principe humain et le principe divin de la morale sont donc innocents des conséquences dont on s'arme contre eux. Ces conséquences ne sont que des écueils contre lesquels il importe de les mettre en garde. Or, ils n'y échapperont entièrement que s'ils savent renoncer à leur isolement et à leurs luttes. Chacun des noms de morale religieuse et de morale indépendante couvre à la fois une doctrine de liberté et une doctrine de servitude. Ceux qui professent les doctrines de liberté ont le même idéal; il sont éclairés par la même lumière, celle de la conscience : qu'ils cessent donc de se combattre; qu'ils ne se laissent plus confondre, sous un même drapeau, avec ceux qui professent des doctrines de servitude, avec ceux qui se laissent conduire en aveugles, soit par une puissance extérieure, soit par leurs propres passions.

II

La religion naturelle aussi bien que la religion révélée peut cesser d'éclairer les âmes, sans que tout principe de morale disparaisse avec elle. L'athéisme n'entraîne pas nécessairement la négation de tout devoir. Il se concilie quelquefois avec la morale la plus élevée et la plus pure. — Ce n'est, dira-t-on, qu'inconséquence et hypocrisie. —

Inconséquence, je le crois, et j'essaierai tout à l'heure de le démontrer ; mais il s'agit en ce moment de ce qui est, non de ce qui doit être. La morale peut-elle subsister quand les idées religieuses sont absentes ? Voilà la question, et ce n'est pas par la logique, c'est par l'expérience qu'on peut la résoudre. L'inconséquence est malheureusement — ou plutôt heureusement dans bien des cas — naturelle à l'homme et il n'est pas d'inconséquence plus commune que d'admettre les effets sans vouloir remonter aux causes. Un physicien qui reconnaît l'ordre du monde et qui l'explique par le hasard est sans doute très illogique; mais sa mauvaise métaphysique n'empêche pas que sa physique ne puisse être excellente. Il en est de même pour la morale : ses préceptes gardent leur évidence, alors même qu'on en méconnaît le principe suprême ; elle est peut-être imparfaite et tronquée, mais elle garde sa place dans la conscience.

Quant à l'hypocrisie, nous la supposons trop aisément chez ceux qui se refusent à penser en tout comme nous. Nous croyons plus volontiers à l'hypocrisie qu'à l'aveuglement. C'est un hommage que l'on rend à l'intelligence des hommes aux dépens de leur honnêteté. La tendance contraire serait plus charitable : elle serait également plus sage et plus juste. J'ai toujours rencontré plus d'hommes inconséquents que de véritables hypocrites. L'hypocrisie, d'ailleurs, se pique de logique; elle ne s'arrête pas à moitié chemin : un hypocrite dans l'ordre moral le sera presque toujours dans l'ordre religieux. Il n'est pas impossible sans doute qu'un athée se fasse honneur de son athéisme comme d'une marque de force d'esprit, sans renoncer pour cela à se concilier les consciences honnêtes par l'étalage d'une morale sévère; mais plus souvent encore, pour une âme sans droiture, l'athéisme perdra tout son prestige, s'il ne peut servir de prétexte au rejet de tout devoir.

Nier Dieu, ce n'est pas nécessaisement la révolte criminelle d'une âme orgueilleuse; ce n'est souvent qu'une aberration de la raison, qui ne porte aucune atteinte à la rectitude de la conscience et à la pureté du cœur. Or, la morale n'est pas seulement affaire de raisonnement : avant toute démonstration, ses préceptes parlent d'eux-mêmes à la conscience. Ils se traduisent, dans les cas ordinaires, en jugements d'une évidence immédiate sur nos actions et sur celles d'autrui et, en portant ces jugements, nous y reconnaissons non moins immédiatement la loi universelle dont ils sont l'expression. Un vol se commet sous mes yeux : je n'ai pas besoin de disserter sur le fondement de la propriété ou sur le principe général du droit ; une voix intérieure me crie que c'est un acte mauvais et qu'il serait toujours mauvais, en tout temps et en tout lieu, quel qu'en fût l'auteur ou la victime. L'athée entend cette voix comme le commun des hommes, comme ceux qui repoussent son système ou qui ne savent pas même ce que c'est qu'un système, et il suffit qu'il l'entende pour qu'il reste fidèle, en théorie et en pratique, à la morale du genre humain. « Je l'ai trouvé extrêmement peuple à l'égard du moral », écrivait, en parlant de Diderot, un philosophe de son temps, qui était venu lui exposer un système de métaphysique où la morale naturelle n'avait pas plus de place que la religion naturelle. L'entretien des deux philosophes avait eu un caractère tout intime et Diderot s'y était déclaré franchement athée ; sa sincérité ne saurait donc être douteuse, quand il reculait devant les conséquences qu'un logicien plus hardi prétendait tirer de leurs principes communs ; c'était évidemment l'heureuse inconséquence d'une âme honnête, qui faisait effort pour se retenir à la morale populaire après avoir secoué le joug de la religion populaire (1). Rien ne prouve mieux la force propre des idées morales, indépendamment des idées religieuses.

Nous irons plus loin ; nous croyons que la morale subsiste encore dans la pratique, indépendamment des idées morales elles-mêmes. Epicure et Spinoza ont vécu en sages, ils ont été, à bien des égards, d'excellents maîtres de morale, bien

(1) Voir sur ce curieux épisode de notre histoire philosophique une lettre de Diderot à Mlle Volland, du 11 septembre 1769, et notre ouvrage intitulé : *Antécédents de l'Hégélianisme dans la philosophie française, Dom Deschamps, son système et son école.*

qu'une morale proprement obligatoire n'eût point de place dans leurs systèmes. Diderot nous a raconté à son tour cette piquante conversation dans laquelle il s'était attiré les dédains d'un confrère en athéisme, en refusant de rompre avec la morale du « peuple ». Or il ne doute pas de l'honnêteté pratique de ce contempteur de toute morale et il en donne une raison bien remarquable : « Quelles que soient nos opinions, on a toujours des mœurs quand on passe les trois quarts de sa vie à étudier. » Rien n'est plus vrai. L'étude élève l'âme et une âme élevée ne saurait être une âme corrompue. Les sophismes qui la troublent peuvent étouffer dans ses jugements la voix de la conscience et du cœur, ils ne l'étoufferont pas dans ses actes. Purifiée par ce travail même d'une pensée qui s'égare dans la poursuite de la vérité, elle se sentira impuissante à fouler aux pieds l'honneur, le devoir, les sentiments de famille, alors même qu'elle ne voudra voir dans l'honneur qu'un préjugé, dans le devoir qu'une invention des législateurs ou des prêtres, dans la famille qu'une institution contre nature. On pourra sans doute citer des exceptions, principalement parmi les hommes d'étude dévoyés dans la politique, un Bacon par exemple ; mais la règle reste vraie pour toute vie sincèrement et complètement consacrée à l'étude.

On a prétendu qu'il n'y avait point de vrais athées. Ceux qu'on flétrit de ce nom, ceux mêmes qui ne craignent pas de s'en faire un titre d'honneur, ne cessent pas, dit-on, de reconnaître une nature divine, bien qu'ils ne l'entendent pas à la façon du vulgaire. Tous les hommes n'adorent pas le même Dieu ; mais il est impossible, à moins de renoncer à sa raison, de croire que tout s'écoule au hasard et sans cause ; or, dès qu'on admet un principe premier des choses, quand ce serait la matière elle-même, on admet un être éternel, on admet un Dieu. Je ne saurais accepter une telle conséquence. A force d'étendre l'idée de Dieu, on finit par lui ôter toute valeur. La croyance en Dieu peut assurément affecter différentes formes depuis le premier moteur d'Aristote, absolument étranger au monde et dont toute l'action se réduit à servir de centre et de fin suprême à tout mouvement, jusqu'à la substance unique et infinie de Spinoza, dont toutes les choses du monde ne sont que des modifications. Un des philosophes les plus religieux de notre temps et de tous les temps, M. Vacherot, peut parler éloquemment de Dieu, en lui refusant la *transcendance*, c'est-à-dire une existence distincte de celle du monde (1). Mais prêter à la matière elle-même l'immensité et l'éternité, en lui laissant tous les autres attributs qu'exprime ce nom de matière, ce n'est pas seulement altérer, c'est supprimer l'idée divine. Et cette hypothèse même d'une matière éternelle, tous ceux qui prennent ou qui reçoivent le nom d'athées ne sont pas disposés à l'admettre; beaucoup la rejettent ou du moins la déclarent douteuse comme étant en dehors de la science expérimentale. C'est le parti auquel s'arrêtent les positivistes, qui, sans être proprement des matérialistes, sont certainement des athées, dans l'ordre scientifique et philosophique; car, s'ils ne nient pas formellement Dieu, ils déclarent ne pas le connaître.

L'athéisme a sa place parmi les doctrines sincères; mais ce qu'on dit à tort de l'idée de Dieu, nous le dirons des idées morales. Il est impossible de les nier de bonne foi. Elles peuvent s'entendre diversement dans leurs applications et dans leurs principes, mais nulle âme ne leur reste étrangère. Nous sommes tellement convaincus de leur universalité, que nous en faisons la base constante de nos jugements sur nos semblables. Nous ne supposons pas sans doute que tous les hommes sont également et uniformément éclairés sur leurs devoirs. Nous admettons des degrés dans la responsabilité et nous reconnaissons qu'elle peut être soumise à des conditions variables; mais il nous paraît impossible d'admettre qu'il n'y ait pas pour toutes les consciences une lumière commune. Telle est donc la force propre des croyances

(1) M. Vacherot, en modifiant sur des points essentiels, dans son livre récemment publié du *Nouveau Spiritualisme,* la doctrine métaphysique et religieuse de ses dialogues sur la *Métaphysique et la Science*, est resté fidèle à la thèse panthéistique de l'immanence divine.

morales qu'elles ne se perdent jamais tout entières dans le naufrage des autres croyances. L'athéisme est possible, la négation absolue de la morale ne l'est pas. Considérée comme un fait, l'indépendance de la morale à l'égard des idées religieuses est incontestable.

III

Nous avons montré dans quelle mesure cette indépendance est aussi un droit. La morale ne peut procéder d'aucune doctrine religieuse qui lui soit extérieure et supérieure ; mais son indépendance, en droit comme en fait, reste entière, si elle se donne à elle-même une base religieuse, si elle trouve en elle-même le Dieu à qui elle se soumet.

L'accord de la morale humaine et de la morale divine ne peut reposer que sur cette façon d'entendre l'indépendance de la morale. Cet accord n'aurait pas seulement pour effet de rapprocher des âmes honnêtes et élevées, que divisent seules les questions religieuses ; la morale elle-même y gagnerait en efficacité et en force pratique. Qui ne sent, en effet, qu'une conception toute rationnelle et toute formelle, alors même qu'elle est éclairée par la psychologie et par l'histoire, ne saurait avoir la même action sur la volonté et sur les passions que des préceptes qui se personnifient dans un commandement divin ? D'un côté, nous nous plaçons sous la dépendance d'un être vivant, qui nous a créés, qui nous comprend, qui nous aime, pour qui nous pouvons éprouver des sentiments d'amour et de reconnaissance ; ses lois se font accepter tout ensemble comme des actes de sa souveraine puissance et comme des marques de sa bonté infinie ; tous ses ordres, par cela seul que nous les attribuons à une volonté infaillible, satisfont notre raison et nous promettent à la fois le bonheur et la liberté ; de l'autre, il nous faut construire en nous un type abstrait de sagesse et d'autonomie, qui ne sera jamais qu'un être de raison, une entité impersonnelle, et que nous ne réussirons à respecter et à aimer qu'en lui prêtant quelques-uns des attributs sous lesquels nous nous représentons la personnalité divine. On sait avec quel enthousiasme Kant salue cette sublime idée du devoir; mais, après avoir essayé de l'établir et de la définir dans toute sa pureté, lui-même sent le besoin de lui donner un autre appui qu'un concept formel, et il ressuscite en quelque sorte le dieu qu'il avait renversé de son piédestal métaphysique pour le replacer, comme la personnification suprême et nécessaire de tout devoir, sur l'autel de la morale.

C'est précisément cette puissance de l'idée de Dieu que beaucoup redoutent pour la morale. La crainte ou l'espérance remplacera le respect de la loi, si elle puise son autorité dans le commandement d'une volonté souveraine. On n'agira plus par devoir, mais pour plaire à un maître, pour obtenir sa faveur, pour éviter sa vengeance. Telle est, en effet, l'idée que des esprits grossiers se font de l'obéissance à Dieu et il s'est rencontré, nous l'avons vu, des théologiens et des philosophes pour se l'approprier et pour la défendre; mais nous avons vu aussi que les plus illustres représentants de la philosophie religieuse, chez les païens comme chez les chrétiens, se sont fait une tout autre idée du « décret divin ». Leur enseignement unanime, c'est que Dieu est la raison même et que nous ne pouvons concevoir comme émanant de sa volonté qu'un commandement souverainement raisonnable, c'est-à-dire souverainement juste. La justice humaine ne change pas de nature pour être rapportée à la justice divine comme à sa source, suivant la théorie de Leibnitz; mais elle s'impose aux âmes avec plus de force et de clarté.

Quant aux sentiments d'amour, d'espérance ou de crainte que l'idée de Dieu peut mêler aux idées morales, ils ne sont mauvais que s'ils étouffent la voix même du devoir. L'homme n'est pas cette pure raison que supposaient les stoïciens. L'amour du devoir lui rend plus facile l'accomplissement du devoir et, s'il se fait une idée juste de la nature de Dieu comme principe de la morale, l'amour du devoir devient plus efficace sans rien perdre de sa valeur, en se confondant avec l'amour de Dieu. Ce sont là encore des sentiments tout désintéressés; mais le devoir n'exclut même pas des sentiments d'un autre ordre. Le plus honnête homme, non seulement ne saurait se dégager entièrement de tout mobile intéressé, mais se sent obligé de faire une place considérable, dans l'objet même de la morale, à l'intérêt personnel aussi bien qu'à l'intérêt général. Ne craignons donc pas la part que la crainte de Dieu peut laisser à un certain intérêt personnel. Ne craignons pas non plus que la majesté de Dieu ne soit trop redoutable pour que nous gardions tout notre libre arbitre. Dieu est à la fois trop près et trop loin de nous : trop près, car son action toute puissante, s'exerçant sans cesse en nous, nous devient insensible et se confond avec notre nature ; trop loin, car ces grands coups qui nous font surtout sentir sa puissance n'éclatent jamais qu'à des intervalles éloignés, comme ces actes exceptionnels de justice ou de bienfaisance qui révèlent directement à un peuple la sollicitude de son souverain. Or, les observateurs de la nature humaine savent combien un objet prochain, quel que soit son peu de valeur, a de force pour nous déterminer quand il n'est opposé qu'à des craintes ou à des espérances dont la réalisation doit longtemps se faire attendre. Dieu nous ferait sentir plus directement encore sa puissance irrésistible que la passion saurait toujours élever la voix et nous forcer à de continuels combats.

Les plus libres esprits peuvent donc accepter sans scrupule l'alliance féconde des idées morales et des idées religieuses; mais il ne suffit pas d'en reconnaître les bienfaits, il faut en démontrer la légitimité et en expliquer la véritable nature. Nous avons écarté les objections préjudicielles qui s'élèvent au seuil même de toute morale religieuse; nous pouvons maintenant pénétrer dans le sanctuaire.

CHAPITRE II

FONDEMENT DIVIN DE LA MORALE.
LE DIEU LÉGISLATEUR.

L'idéal divin objet suprême de la morale. — La volonté divine principe suprême de la morale. — Théorie de Pufendorf; polémique de Leibnitz et de Barbeyrac. — Objections de Kant. — Objections de M. Janet.

I

La nature propre de l'homme, dans la plus haute idée que s'en fait la conscience, est celle d'une personne raisonnable et libre, responsable de ses actes. Analysons cette idée de responsabilité, qui embrasse et résume tous les éléments de la personnalité : nous y trouvons un caractère qui nous est inhérent, que nous portons toujours avec nous ; mais nous y trouvons aussi quelque chose qui n'est pas nous, l'idée d'une puissance supérieure à qui nous devons compte de l'exécution de ses lois, ou, en d'autres termes, l'idée d'une législation et d'une justice souveraines. Sans doute, cette législation et cette justice ont leur expression dans notre conscience. C'est devant notre conscience que nous nous sentons avant tout responsables ; nous ne nous sentons obligés envers une autorité extérieure qu'autant que cette obligation s'accorde avec celles que notre conscience nous impose ; nous n'acceptons le jugement d'autrui sur nos actions qu'autant qu'il est confirmé par le jugement de notre conscience ; c'est enfin dans notre conscience que notre responsabilité trouve sa première sanction et, sans cette sanction intérieure, les récompenses ou les peines qui peuvent nous venir du dehors ne sont que des accidents heureux ou malheureux, sans valeur morale. Nous admettrons donc, avec M. Bouillier, que « l'homme est le contenu de la loi ou du bien qu'il doit accomplir ; que non seulement il a sa loi en lui, mais qu'il est sa loi à lui-même » (1). L'homme est son législateur et son juge; mais ce double caractère appartient-il à la nature humaine, telle qu'elle est, dans sa totalité, dans sa complexité réelle? Non; suivant M. Bouillier, comme suivant M Janet et tous les idéalistes, il y a dans l'homme une nature supérieure qui commande à la nature inférieure et qui la juge, et cette nature supérieure, qu'est-ce autre chose que l'homme idéal, l'homme s'élevant, par la pensée et par le cœur, au-dessus de lui-même, au-dessus de l'humanité réelle, l'homme incarnant dans sa conscience sa conception d'une raison, d'une volonté, d'une justice parfaites, en un mot sa conception de la perfection divine?

L'idéal moral est-il un de ces états de conscience auxquels rien ne correspond hors de nous, ou bien est-il en nous le signe, la manifestation d'une réalité extérieure et supérieure? On sait comment aurait répondu Descartes. Des idées dont l'objet nous dépasse en perfection ne peuvent être notre œuvre propre; elles supposent un premier auteur qui possède *formellement* ou *éminemment* une perfection égale ou équivalente à celle qu'elles possèdent *objectivement*; elles ne peuvent être en nous que « comme la marque de l'ouvrier empreinte sur son ouvrage » et un divin ouvrier a pu seul imprimer dans nos âmes cette marque de l'idéal divin. Descartes a prévu lui-même l'objection capitale qui peut être faite à cette argumentation, et il ne l'a pas entièrement réfutée. Un être perfectible possède « en puissance » tous les degrés de perfection auxquels il peut s'élever et il peut ainsi s'en faire une idée dans la conscience même qu'il a de sa nature perfectible; mais les degrés d'une perfection toute

(1) *La Vraie Conscience*, p. 266.

relative, ajoute Descartes, « n'approchent en aucune sorte de l'idée que j'ai de la divinité ». Nous croyons, au contraire, que notre idée de la divinité est toujours relative et en quelque sorte proportionnelle à notre conception de l'idéal vers lequel nous tendons nous-mêmes. « Les perfections de Dieu sont celles de nos âmes », dit justement Leibnitz, et quand nous les déclarons infinies, nous déclarons seulement que nous ne pouvons assigner aucune borne précise à notre idéal. Pour employer les termes métaphysiques, l'idéal divin nous apparaît comme notre *fin* et il n'est pas besoin, pour en expliquer l'origine, de le réaliser dans une *cause efficiente* de notre existence.

La morale, par l'idéal qui lui est propre, nous élève de l'humain au divin; mais elle ne nous conduit pas encore à l'affirmation nécessaire de l'existence divine. Il faut, pour justifier cette affirmation, faire intervenir l'autre base essentielle de la morale : l'obligation. L'idéal moral n'est pas seulement une fin que nous *pouvons*, mais une fin que nous *devons* nous efforcer de réaliser; il nous impose des devoirs et à ces devoirs s'attache nécessairement une sanction. C'est à ces deux idées du devoir et de la sanction qu'il faut demander la démonstration morale de l'existence de Dieu.

II

Nous avons reconnu dans la volonté autonome de l'agent moral le principe formel de ses devoirs; mais notre volonté réelle et personnelle n'est pas cette faculté abstraite qui, dans le système de Kant, s'assure la possession d'elle-même en se déterminant toujours d'après des maximes universelles. La liberté dont elle jouit n'est pas l'autonomie pure, mais le libre arbitre, c'est-à-dire le pouvoir de choisir entre des motifs opposés, entre le bien et le mal. Aussi ses déterminations ne peuvent jamais se prévoir d'une manière absolue. Elle sera chez certains hommes vraiment maîtresse d'elle-même et complètement asservie chez d'autres à toutes les séductions des sens. Entre ces deux extrêmes, notre empire sur nos actions peut passer par tous les degrés qui séparent la monarchie pure de l'anarchie la plus effrénée. Voilà donc l'obligation, si elle dépend absolument et exclusivement des lois que la volonté s'impose à elle-même, soumise à tous les hasards, à tous les caprices de nos libres déterminations : ici, plus forte et plus précise; ailleurs, plus vague et plus faible; chez les uns, s'étendant à tout; chez d'autres, tout à fait nulle.

Cette responsabilité que nous avons devant nous-mêmes est loin de se manifester dans toutes les consciences avec la même force et la même vigueur. Une âme délicate et scrupuleuse s'interrogera sans cesse, se demandera un compte minutieux de ses pensées, de ses paroles, de ses déterminations volontaires; mais combien d'autres âmes emploieront tous leurs efforts à se fuir elles-mêmes, interposant sans cesse entre elles et leurs remords ces amusements, ces distractions, ces vaines agitations d'une vie mondaine et dissipée, qui ne sauraient remplir le vide de notre cœur et qui n'ont pour but que de nous étourdir ! Si cette responsabilité, qui confond dans la même personne le justiciable et le juge, était la seule mesure des devoirs de l'homme, il suffirait de se distraire, de s'arracher à toute réflexion, de vivre hors de soi-même, pour se soustraire à toutes les exigences de la loi morale. Notre conscience s'accommoderait mal d'une responsabilité aussi facile. Quand nous l'interrogeons sincèrement, nous sentons que notre responsabilité ne disparaît jamais, quelles que soient ses éclipses dans notre for intérieur ; qu'elle subsiste toujours la même au milieu des règles arbitraires que nous recevons des autres hommes ou qui nous sont imposées par notre propre volonté ; qu'elle établit enfin entre tous nos actes une ligne de démarcation invariable et absolue, en deçà de laquelle tout est bien et conforme à l'ordre, tandis qu'au delà règnent le mal, le désordre et la révolte. Il faut donc que la volonté devant laquelle nous nous sentons réellement et constamment responsables soit exempte de tout changement comme de toute imperfection et que tous ses commandements tendent nécessairement au bien ; il faut, en un mot, que ce soit la volonté d'un être divin.

On peut comparer la conscience de notre responsabilité au sentiment de l'effort musculaire, dans lequel notre moi, suivant les psychologues, reconnaît son existence et l'énergie qui lui est propre, en se distinguant du corps qui lui résiste. Nous sentons également, dans notre responsabilité, le fait propre et originel de notre autonomie personnelle et notre dépendance à l'égard d'un être distinct, auquel notre volonté tend souvent à résister et qui la domine sans rien lui enlever de sa véritable liberté. Tantôt la volonté de ce souverain législateur se confond avec la nôtre, tantôt elle s'en sépare et lui fait violence pour la ramener à elle-même. Quand nous nous prescrivons à nous-mêmes la loi universelle du devoir, nous croyons aisément pouvoir nous passer de Dieu ; mais quand se livrent dans notre âme ces luttes douloureuses que soulèvent nos passions rebelles, nous comprenons aisément que nous ne pouvons rester ou redevenir nos propres maîtres qu'en nous soumettant à un être suprême.

Reconnaissons donc à la fois, dans notre responsabilité, l'action simultanée de notre volonté et de la volonté divine. Si ces deux volontés paraissent si souvent opposées, il n'en faut chercher la cause que dans notre imperfection et dans les passions qui nous ôtent la possession de nous-mêmes. Quand nous savons ressaisir la libre direction de notre conduite pour nous porter de nous-mêmes où nous conduit la volonté de Dieu, nous reconnaissons que ses commandements n'entrent en lutte avec nos désirs que pour nous affranchir de toute sujétion extérieure. « Notre cœur, dit Pascal, se sent déchiré entre ces efforts contraires. Mais il serait bien injuste d'attribuer cette violence à Dieu, qui nous attire, au lieu de l'attribuer au monde qui nous retient : c'est comme un enfant, que sa mère arrache d'entre les bras des voleurs, doit aimer, dans la peine qu'il souffre, la violence amoureuse et légitime de celle qui procure sa liberté et ne détester que la violence impétueuse et tyrannique de ceux qui le retiennent injustement (1). »

III

Pufendorf, dans son traité des *Devoirs de l'homme et du citoyen*, explique en ces termes l'origine divine de l'obligation : « Celui qui impose l'obligation et qui en imprime le sentiment dans le cœur de l'homme, c'est proprement un *supérieur*, c'est-à-dire un être qui a non seulement des forces suffisantes pour faire souffrir quelque mal aux contrevenants, mais encore de justes raisons de prétendre gêner, comme il le juge à propos, la volonté de ceux qui dépendent de lui (2). » Quand il s'agit de la loi naturelle, ce supérieur, de qui tous les hommes dépendent, est, ajoute Pufendorf, « le même que l'auteur de la nature » (3).

Il faut écarter de cette définition l'idée de *force*, qui se rapporte à la sanction de la loi, non à son origine (4), et les termes : *comme il lui plaît*, qui impliquent une idée d'arbitraire, peu compatible avec de *justes raisons*. Pour tout le reste, elle indique parfaitement la source divine à laquelle on peut rapporter l'obligation morale, sans rien enlever, soit à sa nature formelle, soit à ses conditions subjectives ou objectives. En effet, cette volonté d'un supérieur, qui nous oblige à certaines actions, c'est l'autorité souveraine, à laquelle toute volonté est soumise, et ces « justes raisons » qu'il doit nécessairement avoir dans tous ses commandements, c'est la loi éternelle et parfaitement bonne à laquelle toute volonté doit nécessairement se conformer, dans l'exercice même de sa plus complète autonomie.

(1) *Pensées*, édition Havet.

(2) *Devoirs de l'homme et du citoyen*, chap. II, § 5. Traduction de Barbeyrac.

(3) *Ibid*, § 6.

(4) « La *force* n'entre pour rien dans ce qui constitue le droit d'imposer quelque obligation : elle sert seulement à mettre en état de faire valoir le droit. » (Note de Barbeyrac.)

Cette théorie a été l'objet d'une vive polémique de la part de Leibnitz. Il l'a attaquée à plusieurs reprises et aucune doctrine ne semble lui avoir été plus antipathique. Il en a même conservé une certaine aigreur contre Pufendorf et ce philosophe si bienveillant, qui a fait à tant d'ouvrages médiocres, comme dit Fontenelle, « la grâce de les lire » et de les citer avec honneur, ne trouve que des expressions dédaigneuses lorsqu'il vient à mentionner le jurisconsulte suédois. On doit donc présumer qu'il n'a épargné à la théorie de Pufendorf aucune critique sérieuse, et si nous réussissons à réfuter les objections passionnées dont il l'a poursuivie, il en sortira, nous pouvons l'espérer, une conviction favorable à l'exactitude de cette définition de l'obligation morale, dans ses rapports avec l'ordre métaphysique et divin.

La première objection de Leibnitz, qu'il développe avec beaucoup de force et d'éloquence, s'adresse moins à Pufendorf lui-même qu'à ceux qui fondent la morale sur le bon plaisir d'une volonté toute puissante, comme Thrasimaque dans la *République* de Platon. « Est-ce donc, s'écrie-t-il, qu'un souverain qui agit en tyran avec ses ennemis, qui les pille, les maltraite, leur fait souffrir des tourments et la mort même, sans autre raison que ses passions ou ses caprices, ou qui déclare la guerre sans sujet à une autre puissance, n'agit pas en tout contre la justice (1) ? » Dans cette apostrophe véhémente, Leibnitz paraît oublier que la volonté d'un supérieur, dans la théorie qu'il combat, n'est point une volonté arbitraire et tyrannique, mais qu'elle a besoin de justes raisons pour imposer à ses sujets des lois obligatoires. Il reconnaît d'ailleurs un peu plus loin que Pufendorf remédie en quelque manière aux conséquences dangereuses de sa doctrine, en considérant Dieu comme le supérieur commun de tous les hommes. Mais cette correction même lui semble donner lieu à une autre objection beaucoup plus sérieuse.

(1) *Monita quædam ad Pufendorfii principia*, § 4. — Dans cette citation et dans toutes celles qui suivront, nous empruntons la traduction de Barbeyrac, dans son *Examen du Jugement d'un anonyme*, imprimé à la suite du petit traité des *Devoirs de l'homme et du citoyen* de Pufendorf.

Elle suppose, en effet, dit-il, que les principes de la morale et en particulier l'idée de la justice dépendent de la volonté divine ; or, non seulement la plupart des moralistes ont reconnu qu'il existerait une obligation naturelle, quand même on admettrait qu'il n'y a point de divinité, mais on loue Dieu même de ce qu'il est juste, quoiqu'il ne reconnaisse aucun supérieur et que, par le penchant de sa nature excellente, il agisse toujours comme il faut. « On ne peut donc pas plus soutenir que la justice ou la bonté dépendent de la volonté divine, qu'on ne peut dire que la vérité en dépend aussi, paradoxe inouï qui est échappé à Descartes (1). »

Leibnitz confond ici l'obligation morale avec le bien et le juste, qui ne sont que l'objet ou la matière du devoir. Pufendorf avait parfaitement reconnu, comme l'établit Barbeyrac par un grand nombre de citations, « que Dieu est souverainement juste ; qu'il suit invariablement les règles de la justice, qui sont conformes à ses perfections infinies ; et que ce n'est point par une volonté arbitraire qu'il fait le droit et le juste, mais qu'il ne pourrait, sans choquer ses perfections et se démentir lui-même, prescrire aux hommes d'autres règles que celles de la justice » (2). En agissant ainsi, d'après la loi de sa nature parfaite, Dieu n'obéit à aucun devoir : une volonté souverainement bonne, suivant la théorie de Kant, n'a besoin d'être assujettie à aucune obligation. Il ne s'agit donc pas de chercher l'origine de cette justice suprême qui convient à Dieu comme à l'homme, mais de cette justice commandée, imposée à la volonté humaine par une loi comminatoire ; il s'agit, en un mot, de l'obligation qui s'attache au bien pour surmonter la résistance d'une volonté souvent rebelle, et non pas du bien lui-même. « La question se réduit à savoir si le fondement prochain et immédiat de la nécessité indispensable où sont les hommes de faire ce que Dieu veut certainement qu'ils fassent, est la volonté même de Dieu ou quelque autre chose (3). »

(1) *Monita*, § 1.
(2) *Examen*, § 15.
(3) *Ibid.*, § 15.

Si l'obligation morale a toujours pour objet le bien et le juste, la volonté divine peut l'imposer à l'homme sans lui donner un caractère arbitraire. Nul, plus que Leibnitz, n'a repoussé les théories qui attribuent à Dieu une liberté d'indifférence ; nul n'a montré plus fortement que Dieu est toujours libre, quoiqu'il ne puisse se dispenser de réaliser le plus grand bien possible. C'est la doctrine classique parmi les philosophes spiritualistes. « Tout ce qu'il y a d'effectif et de positif dans la liberté humaine, dit M. Emile Saisset, se retrouve dans la liberté divine ; les chutes, les misères, les alternatives, l'effort, la réflexion, le choix même ont seuls disparu et, bien loin que le type divin de la liberté en ait souffert quelque altération, il semble alors que nous l'apercevions sans voile dans sa plénitude et sa pureté infinies (1). »

On pourrait objecter que, pour fonder l'obligation, cette volonté sainte, qui veut toujours le bien et dont toutes les déterminations sont parfaitement raisonnables, est un intermédiaire inutile : n'est-il pas plus simple d'admettre que la raison seule de Dieu nous impose des devoirs, sans faire intervenir sa volonté ? — La distinction de la volonté et de la raison n'est pas moins légititime dans la nature divine que dans la nature humaine. Agir et penser, en Dieu comme dans l'homme, sont deux faits d'ordre différent dans l'unité indivisible d'un même être. Nous ne pouvons rapporter qu'à la volonté de Dieu tout ce qu'il produit hors de lui. Dieu veut éternellement la réalisation de sa loi dans tous les êtres raisonnables et, quand elle rencontre des obstacles dans l'imperfection de leur nature, sa volonté intervient avec la même nécessité pour surmonter ces obstacles. Il exerce sur eux soit une contrainte matérielle, en agissant à leur place, soit une influence morale, en les obligeant à lui obéir. Dans l'emploi de ces deux moyens, qui ont également pour but la réalisation de la pensée divine, la volonté divine a sa place naturelle et nécessaire. Si Dieu agit volontairement quand il

(1) *Dictionnaire des sciences philosophiques*, article *Liberté*.

réalise lui-même le bien conçu par son entendement, pourquoi sa volonté serait-elle absente, quand il nous commande d'effectuer nous-mêmes, par un acte de liberté, le bien qu'il veut produire?

Mais ici se place l'objection du cercle vicieux, qu'on a faite dans tous les temps à ceux qui fondent l'obligation sur une volonté raisonnable et juste : « Si, pour découvrir l'origine du droit, il faut trouver un supérieur et si, d'un autre côté, l'autorité du supérieur doit être fondée sur des raisons tirées du droit, voilà le cercle le plus manifeste où l'on soit jamais tombé (1). » — Le cercle n'est pas aussi manifeste que le prétend Leibnitz ; les raisons tirées du droit ne comprennent pas proprement l'obligation ; elles lui donnent seulement un objet et une matière et on peut, sans pétition de principe, lui attribuer pour origine la volonté d'un supérieur.

Ce reproche de cercle vicieux a été présenté sous une forme plus spécieuse par Dugald Stewart. « Si l'obligation morale, dit ce philosophe, est entièrement fondée sur notre croyance qu'elle est un commandement de Dieu, comment cette croyance impose-t-elle une obligation? Si on répond qu'il est moralement obligatoire que nous conformions notre volonté à celle de l'auteur et du maître de l'univers, on fait un cercle vicieux ; si on cherche un autre principe, comme l'intérêt bien entendu, on détruit toute la morale (2). » — Le cercle vicieux est, en effet, incontestable, toutes les fois qu'on prend tour à tour deux principes d'ordre différent pour les expliquer l'un par l'autre ; mais ici les deux principes ne font que se compléter, dans un intérêt pratique ; chacun d'eux a sa valeur propre et pleinement indépendante, au point de vue spéculatif, et ils sont tellement d'accord dans leur forme, dans leur objet, dans leur sujet lui-même, qu'il n'est nul besoin, soit pour les justifier l'un et l'autre, soit pour les réunir dans une formule commune, d'établir entre

(1) *Monita*, § 5.

(2) *Esquisses de philosophie morale*, 2e part., chap. I., sect. VI, art. 3. Traduction Jouffroy.

eux une subordination réciproque. L'obligation morale, dans sa définition formelle, est la loi universelle de toute volonté autonome ; elle a pour objet direct l'autonomie même de la volonté et, pour objet indirect, tout ce qui tend à réaliser cette autonomie, c'est-à-dire, d'un seul mot, tout ce que nous appelons *bon* ou *utile* ; elle a enfin pour sujet ou pour auteur toute volonté autonome, considérée à la fois comme sa propre législatrice et comme législatrice universelle pour toutes les autres volontés. Il n'est rien dans toute cette théorie qui ne rentre pleinement dans l'idée que nous nous faisons de la volonté divine et qui ne se conçoive également comme l'idéal de la volonté humaine. Si toute volonté, quand elle fait véritablement et complètement acte d'autonomie, crée par là même une obligation universelle pour elle-même et pour autrui, la volonté autonome de Dieu est législatrice au même titre et par le même principe que la volonté autonome de l'homme. Toute la différence, c'est que, chez l'homme, l'autonomie est toujours imparfaite et précaire, tandis qu'elle fait le fond invariable et parfait de la nature divine. Nous ne la réalisons en nous-mêmes qu'en faisant violence à notre nature ; nous ne la concevons même qu'en nous dégageant de notre nature par un effort d'abstraction : elle remplit, au contraire, l'idée que nous nous faisons d'un Dieu réel et vivant ; elle résume toutes ses perfections ; elle est la forme nécessaire de toute son action sur le monde et si elle n'y apparaît pas toujours dans toute sa plénitude, nos murmures mêmes attestent que nous ne pouvons nous empêcher d'en attendre les effets, c'est-à-dire de compter sur la manifestation, non seulement d'une puissance souveraine, mais d'une souveraine sagesse et d'une souveraine justice. Voilà comment l'idée d'une législation divine peut compléter, sans cercle vicieux, l'idée formelle d'une législation universelle fondée sur l'autonomie de la volonté. Le principe reste le même, mais il se dépouille de son caractère abstrait ; il tient à la raison le même langage, mais il parle plus directement et plus intimement au cœur (1).

(1) Voir, dans l'ouvrage déjà cité de M. Victor Egger : *La Parole*

N'est-ce pas toutefois, dira Leibnitz, rabaisser la vertu que de lui donner pour mobile la soumission à un supérieur et non la seule adhésion de la raison ? « Il ne suffit pas d'être soumis à Dieu comme à un tyran et il ne faut pas seulement le craindre à cause de sa grandeur, mais l'aimer à cause de sa bonté... Bien loin que ceux qui font de bonnes actions, non par un motif d'espérance ou de crainte de la part d'un supérieur, mais par l'effet du penchant de leur cœur, n'agissent pas justement, ce sont ceux, au contraire, qui agissent le plus justement, puisqu'ils imitent en quelque manière la justice de Dieu. C'est d'une telle personne qu'il est dit que la loi n'est pas faite pour le juste (1). » — Leibnitz combat toujours l'idée d'un commandement arbitraire, qui n'est pas celle de Pufendorf. Il est, au fond, d'accord avec la théorie qu'il prétend réfuter quand il fait appel à un sentiment d'amour pour la bonté divine et quand il cherche dans la justice divine un modèle pour la justice humaine. Toute son argumentation se tient d'ailleurs en dehors de la question propre de l'obligation morale. Oui, le juste peut agir par l'inclination d'une âme naturellement noble et sainte; mais, alors, ses actions ne sont pas dictées par l'idée d'une loi obligatoire, il n'a pas besoin de cette loi, elle n'a pas été faite pour lui, suivant la belle pensée que rappelle très bien Leibnitz. L'idée d'obligation ou de devoir suppose, en effet, une nature imparfaite ; elle est gênante pour nos passions et désagréable à notre amour-propre ; mais c'est la seule qui convienne à notre condition finie. « Il est très beau, dit Kant, de faire du bien aux hommes par amour ou par sympathie, ou d'être juste par amour de l'ordre ; mais ce n'est pas là encore la vraie maxime morale, celle qui doit diriger notre conduite, celle qui convient à nous autres hommes. Il ne faut pas que, semblables à des soldats volontaires, nous ayons

intérieure, de remarquables exemples de la forme objective que prend naturellement, dans la conscience, le commandement moral, employant la seconde personne, plutôt que la première, et le ton habituel des injonctions d'un supérieur.

(1) *Monita*, § 1.

l'orgueil de nous placer au-dessus de l'idée du devoir et de prétendre agir de notre propre mouvement, sans avoir besoin pour cela d'aucun ordre (1). » Quand il s'agit des hommes, on donnera plutôt le nom de juste à celui qui fait violence à sa nature, pour subir cette « libre servitude » où il trouve sa véritable indépendance, qu'à celui qui pratique la justice par la seule impulsion d'un heureux naturel, sans songer à la loi tout ensemble humaine et divine qui lui en fait une obligation.

IV

Dans toute cette discussion, nous avons pu nous appuyer, non seulement sur le bon sens de Barbeyrac, mais sur les principes de Kant. Cependant le philosophe de Kœnigsberg est loin d'accepter la doctrine de Pufendorf ; c'est, au contraire, une des théories qu'il condamne le plus fortement, et quelques-unes des objections qu'il a dirigées contre elle sont dignes d'un sérieux examen.

Kant considère d'abord la volonté divine comme un principe « matériel », ayant son objet hors de nous-mêmes et ne pouvant, par conséquent, ni garantir notre liberté, ni se révéler autrement que par des notions empiriques (2). L'objection est fondée contre la doctrine de Crusius, que Kant a surtout en vue ; elle ne l'est pas contre la théorie bien entendue de Pufendorf. La volonté divine, dans cette théorie, n'est pas un de ces buts extérieurs, un de ces principes matériels, dont certains moralistes font la loi de nos actions. Subordonner à de tels principes notre conduite morale, ce serait, en effet, abdiquer notre autonomie et chercher notre règle hors de nous-mêmes ; mais la volonté divine, soit comme cause finale, soit comme cause efficiente de l'obligation, n'est que la réalisation en un être parfait de cette loi d'autonomie où nous trouvons à la fois le principe

(1) *Critique de la raison pratique*, p. 263.
(2) *Critique*, p. 191 et suiv.

et la fin de toute notre vie morale. Notre soumission à la volonté divine n'est pas l'abandon, c'est, au contraire, la consécration de notre véritable indépendance. D'un autre côté, si la volonté divine réalise cette loi universelle dont Kant a tracé les formules et qui, en s'imposant à tous les êtres raisonnables, ne fait qu'assurer leur liberté, elle n'est subordonnée à aucun but extérieur; elle n'a besoin, pour agir sur notre volonté, d'aucun des sentiments d'affection ou de crainte que nous inspirent, dans notre intérêt ou dans l'intérêt d'autrui, les objets extérieurs; elle ne fait appel à l'expérience que pour éclairer ses applications, mais, en elle-même, elle se conçoit par la pure raison : elle renferme, en un mot, tous les caractères essentiels d'une loi obligatoire.

Ainsi tombe en même temps une seconde objection de Kant, qui reproche à la volonté divine, comme principe de la morale, de n'agir sur nos déterminations qu'en vertu du bonheur qu'elle peut nous faire espérer. Nous obéissons à Dieu, quand nous agissons par devoir, en dehors de toute espérance comme de toute crainte, parce que nous trouvons dans sa volonté tout ce qui constitue notre loi et que notre dépendance envers lui n'est pas une nécessité matérielle, mais une nécessité morale qui la maintient et la protège.

Une dernière objection de Kant se rapporte à la conséquence suprême de son scepticisme métaphysique : l'impossibilité de connaître par la raison spéculative l'existence de Dieu et l'immortalité de l'âme. Il se félicite de cette impossibilité. Il verrait un danger pour la morale, si nous connaissions Dieu directement et si le devoir nous apparaissait comme un commandement d'une volonté toute puissante: « Dieu et l'éternité, avec leur majesté redoutable, seraient sans cesse devant nos yeux » ; nous ne pourrions nous dispenser d'accomplir les ordres divins; nos penchants se tairaient devant son autorité souveraine, et comme nous n'aurions plus de luttes à soutenir, « nos actions perdraient cette valeur morale, qui seule fait le prix de la personne » (1).

(1) *Critique*, p. 369.

Nous ne voulons pas discuter ici le scepticisme métaphysique de Kant. Quelle que soit la valeur des preuves métaphysiques de l'existence de Dieu, les seules preuves qui intéressent la morale et qu'elle puisse s'approprier dans sa pleine indépendance sont celles dont elle-même a fourni la base : elle ne se construit pas à l'image de son Dieu, mais elle construit, au contraire, son Dieu à son image ; il ne lui apporte rien qu'il n'ait reçu d'elle, quoique ses principes, en se revêtant d'un caractère divin, lui reviennent avec un degré de plus de précision et de vie. Il reste enfin, dans son essence morale comme dans son essence métaphysique, entouré d'assez de mystères pour ne pas peser d'un poids trop lourd sur la liberté et pour ne rien enlever à l'effort moral de ce qui fait son honneur et son prix.

V

Ainsi entendue, la doctrine qui rapporte l'obligation morale à la volonté divine, comme à son principe suprême, échappe à toutes les objections de Leibnitz et de Kant. Nous devons toutefois, pour achever de mettre cette doctrine à l'abri de toute critique, écarter une dernière cause de malentendu que M. Paul Janet a mise en lumière dans la très solide discussion à laquelle il nous a fait l'honneur de soumettre notre thèse de 1855 sur le *Fondement de l'obligation morale* (1). M. Janet reconnaît que la théorie de Pufendorf et de Barbeyrac ne fonde pas le devoir sur une volonté entièrement arbitraire, indifférente au bien et au mal ; mais il lui oppose le dilemme suivant : « Si le commandement divin n'a pour objet que ce qui serait déjà un devoir en dehors de ce commandement, il est inutile ; si, dans les limites naturelles du bien, il choisit certaines actions, qu'il prescrit seules comme obligatoires, il n'évite pas un certain arbitraire. » On peut ajouter que, dans la seconde hypothèse, le commande-

(1) *La Morale*, livre II, chap. I, § 3. Fondement de l'obligation morale.

ment divin, par cela seul qu'il contiendrait une part d'arbitraire, ne pourrait être connu par aucun moyen naturel et qu'il exigerait par conséquent une révélation surnaturelle (1). Ces reproches sont fondés et ils s'appliquent très justement à une hypothèse que nous avions eu le tort de ne pas écarter d'une manière absolue. Le devoir n'embrasse pas tout le domaine du bien objectif, c'est-à-dire de l'utile, puisqu'il y a une foule de choses plus ou moins utiles, soit à nous-mêmes, soit à autrui, qui n'impliquent aucune obligation. Il n'embrasse pas davantage tout le domaine du bien subjectif, c'est-à-dire du mérite et de la vertu, puisqu'il y a des actes de dévouement, supérieurs au simple devoir. L'obligation morale limite le champ du bien, sous quelque aspect qu'on le considère ; mais elle ne le limite pas arbitrairement. Elle comprend naturellement et nécessairement tout ce qu'une volonté autonome se commanderait à elle-même, sous la forme d'une législation universelle pour toute volonté également autonome. L'idée de l'autonomie, éclairée et complétée par la conscience de ses conditions subjectives et par la conception de son idéal objectif, suffit pour déterminer le devoir. L'idée de la volonté divine n'y ajoute rien ; car la volonté divine ne se conçoit elle-même que comme la réalisation parfaite d'une volonté autonome ; elle ne nous est connue que par l'idée que nous nous faisons d'une telle volonté, sans rien de plus arbitraire, sans rien aussi de plus mystérieux.

Nous acceptons donc pleinement le premier terme du dilemme de M. Janet, mais nous n'acceptons pas la conséquence qu'il en tire, à savoir l'inutilité de la volonté divine, comme principe de la morale. L'idée de Dieu n'est pas plus inutile dans le monde moral, pour préciser l'idée abstraite d'une volonté autonome, qu'elle n'est inutile dans le monde physique, pour préciser l'idée abstraite de l'ordre et des lois de la nature. Toute doctrine spéculative qui ne s'élève pas

(1) Nous trouvons ce reproche dans une remarquable étude de M. Hatzfeldt : *De l'autorité d'une morale fondée sur la raison.* (Grenoble, Prudhomme, 1852.)

jusqu'à Dieu a quelque chose d'inachevé (1). M. Janet le reconnaît d'une manière générale pour la morale, comme il l'a reconnu et pleinement établi pour la science de la nature dans son beau livre des *Causes finales*. Il n'admet pas une morale sans Dieu. Ce qui lui répugne, ce qui lui paraît dangereux ou inutile, c'est l'intervention divine, sous la forme d'un commandement exprès, c'est-à-dire d'un acte de volonté. Il admet cependant d'une manière implicite une telle intervention, puisque l'obligation morale est pour lui, comme pour Kant et pour nous-même, « la volonté supérieure de l'homme commandant à sa volonté inférieure ». Or, il reconnaît que cette volonté supérieure est, dans son fond, identique au type idéal et divin d'une volonté parfaite. Il ne repousse qu'une théorie qui se représenterait la volonté divine « comme quelque chose d'extérieur ». Si nous n'avions pas, en 1855, écarté suffisamment une telle théorie, nous avons fait effort, dans le présent ouvrage, pour nous en dégager entièrement. Le Dieu qui commande est le « maître intérieur » qu'invoquait Fénelon. Nous le trouvons en nous-même chaque fois que nous faisons ou que nous concevons comme possible un acte pur de volonté. Nous ne lui attribuons que les commandements que notre volonté s'imposerait à elle-même, dans l'exercice de sa pleine autonomie. « C'est donc, dirons-nous avec M. Janet, du dedans et non du dehors que nous vient l'obligation », alors même que nous la considérons comme un commandement divin.

L'idée de la volonté autonome appelle, au point de vue spéculatif, l'idée de la volonté divine, comme l'idée du seul sujet en qui elle puisse se réaliser éternellement et parfaitement; elle n'y trouve pas un appui moins précieux au point de vue pratique. Identifié avec un commandement divin, l'idéal moral risque moins de se confondre avec la fausse indépendance d'une volonté capricieuse; il partage le bénéfice des sentiments de respect et d'amour qu'éveille le nom de Dieu et il exerce ainsi sur la volonté une action plus efficace : en

(1) C'est l'idée dominante du dernier livre de M. Vacherot, le *Nouveau Spiritualisme*, et elle y est développée avec autant de force que d'éloquence.

faut-il davantage, après avoir démontré la légitimité d'une doctrine, pour la justifier du reproche d'inutilité ?

Il faut remarquer toutefois que le commandement divin, de même que l'idéal divin, n'implique pas nécessairement par lui-même l'existence réelle de Dieu. L'obligation morale n'y trouve encore qu'un principe hypothétique : s'il y a un Dieu, il est nécessairement le législateur de la morale. Ce n'est pas à l'idée d'obligation, c'est à l'idée d'une sanction que la philosophie peut demander la preuve décisive de l'existence de Dieu.

CHAPITRE III

SANCTION DIVINE DE LA MORALE. — PREUVES MORALES DE L'EXISTENCE DE DIEU ET DE L'IMMORTALITÉ DE L'AME

Preuves générales de la nécessité d'une sanction divine. — Preuves particulières tirées : 1° de la théorie des peines et de l'expiation ; 2° de la théorie des récompenses ; 3° de la destinée humaine : démonstration de l'immortalité de l'âme. — Valeur logique de ces divers arguments.

I

L'idée d'un Dieu rémunérateur et vengeur n'a pas soulevé des objections moins vives que celle d'un Dieu législateur ; mais, du moins, elle n'a guère d'adversaires que dans une seule école de philosophie, tandis que la théorie du fondement divin de l'obligation morale en a rencontré dans toutes les écoles.

Cette idée et l'idée générale d'une sanction, qui lui sert de base, viennent cependant d'être soumises à une vive et habile critique par un jeune philosophe, qui s'est placé pour les combattre, non au point de vue positiviste et utilitaire, mais à celui des doctrines les plus étroites et les plus excessives de la philosophie spiritualiste et de la morale formelle (1).

(1) Cette critique, publiée d'abord dans la *Revue philosophique de la France et de l'étranger* (mars 1883), forme le troisième livre du nouvel ouvrage de M. Guyau : *Esquisse d'une morale sans obligation ni sanction* (voir, sur cet ouvrage, la note de la page 82). Comme l'indique hardiment le titre, l'auteur repousse à la fois l'obligation et la sanction, mais il combat la seconde par les principes mêmes sur lesquels repose la première.

M. Guyau exagère à la fois la distinction des facultés de l'âme et le désintéressement de la vertu. Il ne voit, d'un côté, aucun rapport entre un acte de liberté, moralement bon ou mauvais, et un état agréable ou pénible de la sensibilité, et il ne peut comprendre, d'un autre côté, comment une loi supra-sensible, « absolument hétérogène à la nature », pourrait trouver une sanction dans la nature sensible. — Nous n'admettons ni la séparation des facultés ni l'opposition absolue de la loi morale et de la nature. L'idée formelle de l'obligation, telle que Kant lui-même l'a entendue, enveloppe à la fois la volonté, la raison et la sensibilité ; car il n'y a obligation que si le commandement de la volonté est reconnu par la raison comme une loi universelle et si la résistance de la sensibilité l'a rendu nécessaire. En passant de l'ordre formel à l'ordre réel, subjectif et objectif, l'obligation ne peut se soustraire ni aux lois de la nature humaine, ni à celles de la nature extérieure. Elle trouve son plus sûr appui dans la santé morale et physique de l'être humain, son principal obstacle dans les maladies de l'âme et du corps. Enfin, elle a pour objet, dans l'agent moral lui-même et dans tous les êtres auxquels peut se rapporter son action, la réalisation du bien, c'est-à-dire de l'utile, dans la plus large acception du mot. Or, pour la nature humaine, l'intérêt bien entendu, tel que nous l'avons défini, se résume dans le développement harmonieux de toutes les facultés. Il comprend donc le bonheur comme la vertu ; mais il ne comprend le bonheur que dans son accord, dans son harmonie avec la vertu. Là où cet accord n'existe pas, le malheur de l'honnête homme ou le bonheur du coupable est contraire à son véritable intérêt et il appelle, pour rétablir l'équilibre, l'action de la bonne volonté, de la volonté autonome. La « sanction de la morale » ne contient pas d'autre mystère.

Il dépend de nous, dans notre for intérieur, d'assurer dans une certaine mesure la sanction de la morale en opposant à un malheur immérité la satisfaction d'une bonne conscience, à une prospérité également imméritée le remords et le repentir. Nous ne le pouvons autour de nous que dans une mesure beaucoup plus faible. Nous ne pouvons agir sur nos semblables, pour éveiller leurs sentiments moraux, que par nos conseils ou par l'expression de nos sentiments d'estime ou de mépris. Nous n'avons pas, dans nos devoirs généraux envers eux, le droit de les punir, de leur infliger un mal en vue d'un bien. Le droit de punir ne peut exister que dans les limites restreintes des devoirs de la famille et des devoirs de l'État. Les sanctions humaines de la morale sont donc nécessairement très imparfaites. Quand nous nous condamnons nous-mêmes, nous trouvons peut-être que nos regrets suffisent pour nous punir ; mais nous ne jugeons pas ainsi pour les autres et rien ne satisferait moins notre sentiment général de la responsabilité que cette unique sanction intérieure, que le criminel endurci ne connaît pas et qu'il peut braver dans la jouissance de son insolente prospérité. Et si, au lieu de nous condamner, notre conscience nous absout et nous glorifie, combien de fois ne sentira-t-elle pas qu'elle n'est pas une sanction suffisante et qu'il est des injustices qu'elle est impuissante à compenser? Que si enfin notre vertu est assez haute pour trouver en elle-même toute sa récompense, même quand l'iniquité des hommes s'unit à celle de la fortune pour nous accabler de maux immérités, notre conscience pourra s'abstenir d'une protestation personnelle : elle ne s'abstiendra pas d'une protestation générale, elle ne cessera pas de croire que la responsabilité morale est un vain mot, si cet accord, tôt ou tard réalisé, du bonheur et de la vertu, que Kant appelle le souverain bien, ne lui donne pas sa sanction nécessaire. Or l'injuste distribution des biens et des maux, objet universel et constant des protestations de la conscience, a toujours été et ne paraît pas près de cesser d'être la loi commune de la vie présente. De là, au nom des conditions nécessaires de la responsabilité morale, nos aspirations vers une vie future et nos appels à une justice meilleure que celle qui règne dans ce monde. De là, en un mot, la foi du genre humain dans ces vérités sans lesquelles toute morale paraît imparfaite et boiteuse : un Dieu rémunérateur et vengeur, une âme immortelle et, pour que son immortalité soit possible, une âme que la vie animale n'enferme pas tout entière, une âme spirituelle.

Le souverain bien, en effet, n'est qu'un idéal irréalisable pour une volonté imparfaite ; mais il peut, il doit être réalisé par une volonté parfaite et toute puissante. S'il y a un Dieu, il veut comme nous l'accord complet du bonheur et de la vertu et il le veut pleinement, dans toutes ses conditions, avec tous les moyens que réclame sa réalisation. Si la loi morale émane de Dieu, elle doit nécessairement recevoir une sanction divine. En vain une philosophie trop austère ou trop timide voudrait-elle s'en tenir à la sanction intérieure et immédiate de la morale, l'humanité ne cesserait pas de faire appel à ces arguments de tous les siècles, toujours aussi vrais qu'éloquents, qui se fondent sur les injustices de ce monde pour attendre une sanction ultérieure. Quand l'honnête homme est méconnu, trahi, persécuté et, supplice plus cruel encore, quand, abandonné de tous, il en vient à douter de lui-même, l'ordre moral nous semble bouleversé si l'avenir ne le venge pas du présent. Et lorsque le méchant vit au sein du bonheur, lorsqu'il est considéré malgré ses crimes et comblé des dons de la fortune, lorsqu'enfin il réussit à endormir ses remords au bruit des applaudissements universels, la raison offensée n'invoque-t-elle pas contre lui, à défaut du jugement des hommes, à défaut du jugement de sa propre conscience, la juste sentence du seul juge qu'on ne puisse tromper? Si l'on pouvait se passer de Dieu, comme auteur de la loi morale, il faudrait toujours recourir à lui et faire intervenir sa volonté sainte pour donner au devoir sa sanction nécessaire.

II

Une analyse plus profonde de l'idée de responsabilité prêtera une force nouvelle à ces arguments de sens commun. Nous reprendrons, pour la compléter, la théorie générale de la sanction, telle que nous l'avons exposée dans un précédent chapitre.

Quiconque reçoit des ordres, qui engagent sa responsabilité, doit offrir des garanties à celui qui lui donne ces ordres. Il faut qu'il puisse répondre de la façon dont il s'acquitte de la mission dont il est chargé. S'il remplit mal cette mission, il doit au supérieur, dont il est l'agent responsable, le sacrifice des avantages dont il jouissait et qui en garantissaient le fidèle accomplissement. De là la sanction pénale attachée à tout commandement légitime, dans l'État, dans la famille, dans toutes les sociétés particulières où existent des règles communes et un pouvoir institué pour en assurer le respect. De là aussi et par-dessus tout la sanction de la loi morale. Dans nos rapports avec la loi morale, nous lui sommes entièrement soumis dans tout l'ensemble de nos actions, de nos sentiments et de nos pensées. Nous lui devons donc, comme garantie des devoirs qu'elle nous impose et dont elle nous rend responsables, notre personne tout entière et tous les biens extérieurs dont la libre disposition est pour nous comme une extension de notre personne. En un mot, nous n'avons rien qui n'appartienne à nos devoirs et dont la loi morale ne puisse exiger le sacrifice pour garantir notre responsabilité. Or, ces termes de loi et de sanction ne sont en eux-mêmes que des termes abstraits. Ils ne répondent à quelque chose de réel que s'il existe un pouvoir concret, partout et éternellement présent, qui dispose de toutes ces garanties sans lesquelles il n'existerait aucune responsabilité efficace. Toutes les lois supposent des juges : il faut un juge universel, un juge divin à la loi universelle et divine du bien et du devoir.

Quand nous violons la loi morale, nous tâchons d'user pour nous-mêmes, en les détournant à notre profit, de ces garanties que nous lui devons. Si nous pouvions le faire impunément, si, tôt ou tard, il ne fallait rendre ce que nous usurpons, notre responsabilité serait tout à fait illusoire. « Comme personne n'est supérieur aux lois du Créateur tout puissant, dit saint Augustin, il n'est pas permis à l'âme de ne pas payer ce qu'elle doit : elle rend ce qu'elle a reçu par le bon usage qu'elle en fait ; elle rend également, en le perdant, ce dont elle n'a pas voulu bien user. Ainsi, si elle ne paie pas sa dette en pratiquant la justice, elle la paiera en souffrant le châtiment (1). »

Telle est l'origine des peines, telle est la sanction qu'elles donnent à la morale en rendant efficace la responsabilité humaine. Ainsi s'expliquent les expressions des langues anciennes : *payer sa peine*, *donner ou rendre le châtiment*, *pœnam pendere*, *dare*, *reddere*. Le criminel en effet doit à la loi le châtiment qu'elle le condamne à subir. La liberté, le bonheur, les avantages dont il continue à jouir sont un vol qu'il lui fait : en sacrifiant tous ces biens, en subissant la captivité, la misère, la souffrance, il donne, il rend, il paie ce qu'il possédait injustement.

On comprend par là la moralité de la peine, pour celui qui la subit volontairement et sans murmure. Tant qu'il conserve les biens dont il devait le sacrifice à la loi qu'il a violée, il n'est pas quitte envers elle ; la souillure de son crime subsiste toujours en lui. Ce n'est pas assez de se relever par une vie meilleure, par une pratique plus assidue, plus scrupuleuse du devoir ; il y a une restitution qu'il est tenu avant tout de s'imposer à lui-même : c'est la restitution de son bonheur usurpé. A ce prix seul, il redevient honnête homme et, soit qu'il aille au-devant de la peine, soit qu'elle lui soit infligée par une puissance supérieure, il doit en subir de plein gré la rigueur salutaire, comme la condition et le sceau de sa réhabilitation.

C'est là le sens de la théorie de l'expiation dans le *Gorgias*. Il ne faut pas, sans doute, par une affectation de vertu, qui serait à bon droit suspecte, rechercher, comme le conseille Platon, les châtiments publics, infligés par les tribunaux humains. Il y a une justice suprême, dont la nôtre n'est que l'image, et qu'on peut satisfaire modestement, en secret, sans ce vain étalage, qui ne convient pas à l'humble repentir.

(1) *De libero arbitrio*, *lib.* III, c. XV.

On peut, d'ailleurs, en choisissant sa peine, la rendre vraiment utile, sans en alléger le poids. Si on renonce à ses biens, on peut en faire jouir ses semblables moins fortunés. Si on sacrifie sa liberté, on peut se faire le serviteur des pauvres et de tous ceux qui souffrent. Si on abaisse son orgueil, on peut pratiquer avant tout la noble humilité de la bienfaisance qui se cache, qui se dérobe à la reconnaissance ou qui s'en déclare indigne.

On fera ainsi tomber les objections de quelques moralistes, qui reprochent à l'expiation de détourner l'âme du bien qu'elle pourrait faire, pour l'occuper exclusivement des inutiles privations qu'elle se croit obligée de supporter. Il ne faudrait pas toutefois tomber dans l'excès contraire. Il y a, dans la pratique du bien, une douce satisfaction, dont le criminel lui-même ne peut se défendre, et qui se concilie mal avec l'amertume du remords et les salutaires souffrances du châtiment mérité. S'il est permis de choisir sa peine et de la rendre profitable à l'humanité, il faut se dérober autant que possible à cette satisfaction même du devoir accompli ; il faut lui opposer les justes tourments d'une conscience alarmée, qui ne cesse jamais de se reprocher ses fautes. C'est une précaution difficile, mais sans danger, et ce n'est pas la moins forte ni la moins efficace.

Quelle que soit l'origine de la peine, qu'elle vienne de la conscience, du jugement des hommes ou de celui de Dieu, il ne faut pas croire qu'elle rachète entièrement la faute. En nous ôtant les avantages dont la loi réclame le sacrifice, elle nous ôte, en même temps, une partie de l'iniquité que nous portions en nous-mêmes, mais elle ne détruit pas le mal qui a été fait : aucune puissance au monde ne pourrait le détruire. Si vous avez tué un homme, la peine que vous subissez, la perte de vos biens, de votre liberté, de votre vie même, empêche-t-elle que cet homme ne soit mort et qu'il ne laisse après lui, par l'effet irréparable de votre crime, un ensemble plus ou moins étendu et plus ou moins durable de maux de toute sorte ? Si vous avez dérobé le bien d'autrui, vous pouvez sans doute le restituer ; mais effacerez-vous, en même temps, les chagrins, les ennuis, les tourments que votre crime a causés ? Nous ne pouvons rien sur le passé ; toutes les réparations que nous pouvons offrir ne portent que sur le présent ; elles ne feront jamais que ce qui a été fait n'ait pas existé et qu'on n'en ait pas souffert, ne fût-ce que la durée d'un jour.

Si nous ne devons jamais croire que nos fautes soient entièrement rachetées, que nous soyons absolument quittes envers la loi que nous avons violée, où sera notre recours ? La loi morale ne suppose pas seulement le droit de punir, elle suppose le droit de grâce et l'un et l'autre demandent une autorité toute-puissante. La miséricorde de Dieu est peut-être plus nécessaire encore que sa justice. Devant les hommes, devant nous-mêmes, quelque châtiment que nous ayons subi, quelque expiation que nous nous soyons imposée, nous restons toujours des coupables. D'où viennent ces humiliations, souvent excessives, que l'opinion publique inflige à ceux qu'a flétris une condamnation ? Il semble qu'ayant subi leur peine, ils aient satisfait la justice humaine. On ne le croit pas cependant ; le mal qu'ils ont fait les poursuit toujours, il établit entre eux et les honnêtes gens une barrière infranchissable. Dieu seul, plus clément que les hommes, pourra les relever de cette flétrissure.

Si la peine nous apparaît ainsi, avec ce caractère nécessaire et terrible, comme une réparation insuffisante du mal que nous avons fait, s'il faut, non seulement la subir dans toute sa rigueur, mais implorer encore la miséricorde divine, pour qu'elle nous décharge du poids de nos fautes, n'y a-t-il pas, dans la seule crainte des suites d'une mauvaise action, le mobile le plus fort, le plus impérieux, qui puisse nous détourner de la commettre ? Et devant un tel mobile, qui appartient tout entier à l'intérêt personnel, quelle place reste-t-il pour le motif vraiment moral, pour le pur respect du devoir ?

Il est certain qu'on n'agirait pas par devoir, mais seulement d'une manière conforme au devoir, si l'on ne songeait qu'à se dérober au châtiment ; mais il n'est pas moins évident qu'une loi dépourvue de sanction serait incomplète et inefficace, laissant échapper d'un côté ce qu'elle semblerait exiger de l'autre, nous imposant une responsabilité qui resterait sans garantie, en un mot se contredisant elle-même. La loi est une et entière dans toutes ses parties, dans ses prescriptions obligatoires, comme dans les peines qu'elle institue pour en assurer l'exécution ; la crainte du châtiment se joint donc toujours au respect qu'elle inspire. Le véritable mobile moral est un respect mêlé de crainte ; il nous élève en nous associant à l'accomplissement d'une volonté infiniment sage ; il nous humilie en nous faisant entendre les mots de contrainte et de menace ; il est conforme, en un mot, à la double nature de l'obligation, où nous trouvons à la fois la condition de notre affranchissement et la marque de notre dépendance.

III

La crainte n'est pas le seul mobile qui se joigne au respect de la loi ; l'espérance y a également une place légitime. La loi morale unit les promesses aux menaces : si elle punit, elle récompense.

La nécessité des récompenses se rapporte au même ordre d'idées que celle des châtiments. Tout ce que nous possédons appartient à la loi morale, comme gage de notre responsabilité, et nous sommes obligés de l'exposer pour son service. En nous prescrivant des devoirs, elle nous enlève la disposition de nous-mêmes et de nos biens, et plus nous nous montrons zélés pour son service, plus nous augmentons nos privations et nos sacrifices. Or, la loi serait injuste, si elle dépouillait sans compensation ses plus fidèles observateurs des avantages qui leur sont acquis : de même qu'on ne peut la violer sans lui devoir un dédommagement, elle doit de même indemniser ceux qu'elle prive, à son profit, de biens légitimes. Le *droit* de punir a pour corollaire le *devoir* de récompenser. Par les récompenses, le pouvoir suprême, qui représente toute l'autorité de la loi, rend à ceux qui lui obéissent l'équivalent de ce que leur coûte leur obéissance, comme par les châtiments il prend à ceux qui lui résistent les avantages illégitimes dont ils lui ont refusé le sacrifice.

L'étude des conditions subjectives de la sanction de la morale nous a fait reconnaître en nous-mêmes, dans l'approbation ou la désapprobation de notre conscience, notre première récompense, comme notre premier châtiment. Nous n'observons la loi morale qu'en nous rendant maîtres de nous-mêmes, en développant notre liberté. Or cet empire souverain que nous devons exercer sur nos actions ne s'acquiert qu'au prix de longs efforts, de luttes pénibles, de douloureux sacrifices. Il faut que le cœur saigne pour que l'âme s'élève ; il faut fouler aux pieds des ennemis qu'on chérit malgré soi, s'arracher violemment aux entraînements les plus naturels et, vainqueur des passions, se livrer humblement à ce maître sévère qu'on nomme le devoir ou à cet autre maître, plus doux mais plus exigeant, qu'on appelle le dévouement. Ces luttes ne font encore que le mérite de la personne : celui de chaque action en exige sans cesse de nouvelles, contre des ennemis toujours renaissants, d'autant plus redoutables qu'ils ont leur entrée dans la place et que les forces qu'on leur oppose deviennent souvent leurs auxiliaires. Quelle volonté est assez sûre de soi pour envisager sans frémir d'aussi redoutables épreuves ? Mais qui ne les admire dans les âmes saintes ou héroïques dont elles consacrent la véritable grandeur ? C'est là qu'éclate le mérite ; c'est au milieu de ces combats et de ces sacrifices qu'il se manifeste à tous ses degrés ; voilà la vraie mesure de notre valeur morale. Cette valeur de nos actions et de notre personne nous est révélée par notre conscience et nous en jouissons naturellement, comme de tout bien que nous possédons. Ces joies pures de la conscience, qui croissent avec notre mérite, ne sont-elles pas une réparation du tort que nous fait la pratique du devoir, des privations qu'elle nous impose, des sacrifices qu'elle nous oblige à subir ? Le mal porte ainsi son remède en lui-même ; le travail, son salaire.

Notre volonté, dans ses efforts pour assurer son affranchissement, est le principe même de notre mérite et de cette satisfaction intérieure qui en est la plus douce récompense ; c'est elle-même qui nous paie, par le sentiment du devoir accompli, des labeurs qu'elle exige de nous pour remplir notre devoir.

Cette première récompense doit accompagner toutes les autres, dont elle seule fait le prix. La satisfaction intérieure nous semble même si précieuse qu'elle nous rend parfois indifférents à toute autre récompense. Si nous tenons à l'approbation des hommes, ce n'est pas seulement pour les avantages que nous y trouvons dans nos relations avec eux, c'est qu'elle est pour nous la confirmation du témoignage approbateur de notre conscience. Quand nous n'avons pour nous que l'approbation intérieure, nous n'en jouissons pas sans réserve ; elle nous est d'autant plus suspecte que nous sommes juges dans notre propre cause. Nous sommes donc vraiment heureux quand l'estime générale confirme la satisfaction de notre conscience et si un concert d'éloges, en proclamant notre gloire, nous force en quelque sorte à nous glorifier nous-mêmes, c'est peut-être le plus grand bonheur que nous puissions rêver sur la terre.

Il ne faut pas toutefois nous complaire dans la jouissance d'un tel bonheur. L'estime des hommes peut se tromper, comme notre propre témoignage. Elle peut se porter vers des vices brillants et méconnaître les plus solides vertus. Nous devons chercher plus haut la seule approbation qui puisse nous arracher au découragement ou à de funestes illusions. C'est, en même temps, de Dieu seul qu'une âme vraiment noble peut attendre cette récompense matérielle qu'elle rougirait de recevoir des autres hommes ; car elle ne voit qu'en lui son véritable supérieur, celui pour qui elle travaille quand elle remplit ses devoirs envers autrui ou envers elle-même, et l'espoir d'un salaire n'a rien qui humilie quand il doit venir d'une main divine. Nous pouvons d'autant mieux, non seulement accepter avec reconnaissance, mais désirer un tel salaire, que le Dieu qui récompense, comme le

Dieu qui punit, comme le Dieu qui commande, ne nous est point extérieur. Nous le trouvons en nous-mêmes, dans l'idéal de notre propre volonté, dans cette loi que nous voulons nous-mêmes, avec toutes ses conséquences, toutes les fois que nous rentrons en possession de notre autonomie. L'espoir des récompenses ne doit pas être, plus que la crainte des châtiments, le mobile déterminant d'une conduite morale ; mais il s'unit naturellement au motif propre du devoir. Si la loi reste imparfaite tant qu'elle n'a pas reçu une sanction, le respect qu'elle inspire, l'obligation qui s'y attache, la libre volonté qui se l'impose à elle-même, supposent évidemment les sentiments d'espérance et de crainte que doit faire naître cette sanction nécessaire.

Il faut cependant observer que la sanction de la morale exige moins nécessairement les récompenses que les peines. Nous appartenons tout entiers à la loi du devoir : quelque sacrifice qu'elle nous impose, elle ne fait que reprendre son bien et nous pouvons concevoir à la rigueur qu'elle ne nous doive aucun dédommagement. La nécessité des récompenses paraît surtout évidente pour les actes supérieurs au devoir, pour les vertus héroïques, pour les dévouements sublimes, dans lesquels l'homme de bien se dépouille de ce qu'il pourrait conserver sans crime. Mais là encore nous ne donnons rien que ce qui aurait pu être exigé de nous, puisque nous appartenons tout entiers à la loi morale. Aussi faut-il compter, dans l'attente des récompenses, non seulement sur la justice, mais sur la bonté de Dieu. Nous n'avons point de droits à son égard et les biens qu'il nous accorde, quand nous nous sommes donnés à lui, sont, dans un sens, des bienfaits gratuits, pour lesquels nous lui devons toute notre reconnaissance. Ainsi s'explique cette pensée de Pascal, qui semble si paradoxale et si cruelle : « La justice envers les réprouvés est moins cruelle et doit moins choquer que la miséricorde envers les élus (1). » Dure parole et qui honore pourtant la nature humaine ; car si la récompense n'est point une dette

(1) *Pensées*. Edition Havet.

de Dieu à l'homme, comme le châtiment est une dette de l'homme à Dieu, nous sentons mieux combien toute vue intéressée doit être étrangère à la pensée du devoir. Nous ne faisons d'ailleurs, dans cet appel à la bonté de Dieu, comme dans l'attente de sa justice, intervenir aucun principe extérieur ; car sa loi, cette loi qui est l'objet propre et immédiat de notre volonté autonome, est une loi de bonté autant que de justice, et la bonté est l'élément le plus parfait de l'idéal qu'elle nous propose.

IV

C'est encore sur l'idée divine, ainsi entendue comme la plus haute expression de l'idéal moral, que nous nous appuierons pour établir un dernier principe, qui achève à la fois la psychologie, la morale et la théodicée : nous voulons parler de l'immortalité de l'âme.

On fonde ordinairement l'immortalité de l'âme sur la sanction même de la morale. « On ne saurait douter, dit Leibnitz, que le conducteur de l'univers, qui est très sage et très puissant, n'ait résolu de récompenser les gens de bien et de punir les méchants et qu'il n'exécute ce dessein dans une vie à venir, puisqu'on voit manifestement que, dans cette vie, il laisse la plupart des crimes impunis et la plupart des bonnes actions sans récompense (1). » Cette considération, qu'on ne saurait négliger en morale, sans se contenter, ajoute Leibnitz, d'un degré inférieur de droit naturel, prouverait seulement la nécessité d'une vie future ; elle ne prouve pas que cette vie doit être immortelle. Dieu n'est obligé, en effet, ni de récompenser éternellement les vertus les plus méritoires, ni d'infliger aux réprouvés des supplices sans fin. Ce mot même d'obligation s'applique mal à la volonté divine. Elle ne peut se concevoir que comme la souveraine bonté et

(1) *Monita ad Pufendorfii principia*, § 12.

la souveraine justice ; mais il ne nous appartient pas de déterminer, sous la forme précise et rigoureuse de devoirs, la façon dont elle réalise, en cette vie ou dans une autre, le bien et le juste.

L'immortalité de l'âme ne nous apparaît donc pas nécessairement comme une conséquence de la sanction de la morale ; mais si ces deux vérités n'ont pas un lien nécessaire, nos espérances d'immortalité ne sont pas indifférentes à la sanction de la morale. La justice suprême prend pour nous un nouvel aspect si notre âme ne doit pas périr. Nous ne comptons plus seulement, dans nos plus grands sacrifices, sur un dédommagement passager : un prix éternel nous est proposé et, en nous rapprochant de Dieu par une vertu persévérante, nous aspirons à entrer en partage de son inaltérable béatitude. Ainsi s'ennoblissent encore ces luttes intérieures que la loi morale exige de nous. Dieu nous devient plus présent, si je puis ainsi m'exprimer ; car, s'il est la source de nos devoirs, il est en même temps le but auquel nous tendons en les observant et, soit que nous obéissions à ses ordres souverains, soit qu'il nous associe à son éternité bienheureuse, nous réalisons l'idéal platonicien de la morale : la ressemblance avec Dieu. Cette immortalité, qui nous confère en quelque sorte un caractère divin, est pour nous, d'un autre côté, la menace la plus terrible, si nous offensons la loi morale. Qui sait si, hors de cette vie, nous aurons encore les moyens de réparer nos fautes ? Qui sait si la miséricorde de Dieu, lassée par notre endurcissement, consentira encore à nous laver de nos souillures ? Qui sait si nous n'emporterons pas au sein de l'éternité une flétrissure ineffaçable ; si nous pourrons détourner, par un repentir trop tardif, les châtiments sans fin que le crime peut entraîner à sa suite quand on ne l'a pas expié ? Quel plus juste sujet d'effroi pour le coupable, qui se repose avec assurance dans sa prospérité mortelle, que ce mot d'un poète : *Tremblez, vous êtes immortels !* Il faut donc, sans sortir de la morale, essayer de démontrer directement l'immortalité de l'âme, puisqu'elle n'est pas une conséquence de la nécessité des récompenses et des peines et qu'elle lui donne cependant son caractère le plus efficace.

Dans le *Phédon* et dans la *République*, Platon prouve admirablement, avec une profondeur qu'on n'a jamais surpassée, la possibilité d'une vie immortelle. L'âme n'est pas nécessairement attachée au corps; elle n'est pas de même nature que son enveloppe matérielle; elle n'est jamais plus forte et plus maîtresse d'elle-même que lorsqu'elle se soustrait à la tyrannie des organes. Loin de vieillir avec le corps, elle acquiert quelquefois, dans la vieillesse la plus avancée, quand elle est près de sortir de sa prison mortelle, une perfection merveilleuse, qui est comme un avant-goût de ses destinées éternelles. Le corps a ses maux, qui peuvent le faire périr; l'âme aussi a les siens, qui diffèrent essentiellement de ceux du corps. La maladie propre de l'âme, qui pourrait seule la dépraver ou la détruire, c'est avant tout l'injustice : comment donc les maladies du corps entraîneraient-elles la mort de l'âme, puisqu'il n'est pas en leur pouvoir de la rendre elle-même plus malade, c'est-à-dire plus injuste? Quant à l'injustice, elle appelle une expiation, non l'anéantissement de l'âme malade, car l'anéantissement serait une délivrance. L'âme ne peut donc périr ni par son propre mal, ni par celui du corps.

Il y a deux parties dans cette démonstration : l'une plus particulièrement métaphysique, l'autre toute morale. La première s'inspire peut-être d'un spiritualisme excessif. Il n'est pas prouvé que l'âme puisse se passer d'organes, qu'elle soit absolument d'une autre nature que le corps et qu'elle ne trouve en lui qu'une prison. Les derniers arguments ont seuls une valeur incontestable; ils autorisent les plus fortes espérances ou les craintes les plus poignantes; mais ils prouvent seulement qu'il n'y a pas pour l'âme de maladie mortelle; ils ne prouvent pas qu'elle ne puisse pas périr par la volonté de son créateur et même par une volonté toute négative ou limitative, puisqu'il n'aurait besoin, pour la détruire, que de ne pas vouloir qu'elle existe au-delà d'un certain terme. Il faut donc rechercher si la loi de l'âme, cette loi dont elle trouve le principe immédiat dans sa propre volonté et le principe suprême dans la volonté divine, comporte une vie limitée et mortelle.

Le corps est destiné à se développer pendant quelque temps, puis à dépérir peu à peu, et enfin à cesser de vivre. Tout dans l'âme, au contraire, semble appelé à un progrès indéfini. La raison est faite pour connaître, la sensibilité pour jouir, la volonté pour être libre, pour se posséder elle-même. Si le développement de nos organes est renfermé dans certaines bornes, qui ne peuvent être dépassées, on n'en peut dire autant de nos connaissances, de notre bonheur ou de notre vertu. En vain, dans une vie bien remplie, aurions-nous approfondi toutes les sciences, nous resterions anéantis, comme dit Pascal, devant la pensée des merveilles que le moindre grain de sable nous déroberait encore. En vain aurions-nous épuisé toutes les joies de ce monde, elles nous laisseraient toujours un sentiment d'amertume, qui nous ferait comprendre l'imperfection de notre bonheur. Vainement enfin aurions-nous égalé la vertu des plus grands saints, nous sentirions encore que nous n'avons pas acquis sur nous-mêmes un empire absolu ; nous souffririons toujours au souvenir de nos défaillances et de nos faiblesses. Ces imperfections dont nous nous plaignons, qui ne sont jamais mieux senties que par les plus nobles âmes, ne semblent pas inhérentes à la nature humaine. Qui se plaint, dit Pascal, de n'avoir pas trois yeux? Qui s'afflige de n'être pas un roi, si ce n'est un roi dépossédé du trône? Si nous souffrons des limites dans lesquelles est enfermée notre destinée terrestre, c'est qu'elle n'est pas toute notre destinée. Qu'on s'interroge après une vie longue et bien remplie : pense-t-on qu'on ne pourrait pas, si l'on avait devant soi une carrière indéfinie, augmenter sans cesse ses connaissances, son bien-être, sa force d'âme? Le découragement absolu, qui n'a d'espoir que dans la mort et qui bannit toute espérance d'outre-tombe, le pessimisme absolu, qui place son idéal dans l'anéantissement complet de l'humanité et du monde, témoignent à leur façon d'une contradiction profondément et cruellement sentie entre l'état réel des choses et la fin pour laquelle elles semblent faites. Le mal de notre destinée, c'est qu'elle n'est jamais achevée. Le temps, bien plus que les facultés, nous manque si tout doit finir avec cette vie. Or, après cent ans, après mille ans, après des millions d'années, la même question se poserait toujours : n'avons-nous plus rien à faire? notre tâche est-elle remplie? notre intelligence, notre sensibilité, notre volonté sont-elles parvenues au but suprême dans lequel se résume l'idéal moral : leur développement harmonieux dans leur plus haut degré de perfectionnement? Un des objets de ce développement harmonieux fait défaut au terme de la vie : c'est le corps ; mais, si tout le reste devait mourir avec lui, pourquoi des facultés indéfiniment perfectibles seraient-elles attachées à cette organisation périssable? Pourquoi ne trouveraient-elles pas d'autres conditions de vie, une métamorphose analogue à celle du papillon sortant, tout ailé et brillant des plus vives couleurs, de la chrysalide où la chenille a terminé la première phase de son existence, suivant la poétique image sous laquelle la langue et la mythologie grecques s'étaient représenté la destinée de l'âme? Tout ce qui forme la vie propre de l'âme appelle un progrès indéfini. « Or ce progrès, dit Kant, n'est possible que dans la supposition d'une *existence* et d'une personnalité *indéfiniment* persistantes de l'être raisonnable, ou de ce qu'on nomme l'immortalité de l'âme (1). »

Nous voulons l'immortalité par cela seul que nous voulons la loi morale, dont elle est la conséquence suprême ; mais il ne dépend pas de nous de la réaliser. Elle appelle un autre *postulat* de la morale : l'existence de Dieu. La morale n'a besoin que d'un idéal divin pour son principe et pour son objet, quoique ce principe et cet objet acquièrent, près de la conscience, près de la sensibilité, près de la volonté, une force incomparablement plus grande si l'idéal divin peut se personnifier dans un être réel. La sanction de la morale et l'immortalité de l'âme réclament impérieusement cette per-

(1) *Critique de la raison pratique*, p. 329.

sonnification. Elles seraient impossibles sans la réalité divine et elles assurent ainsi à la morale elle-même tous les avantages qu'elle peut trouver, théoriquement et pratiquement, dans la transformation de l'idéal divin en un Dieu personnel et vivant.

V

C'est l'honneur de Kant d'avoir mis en lumière ces belles démonstrations de l'existence de Dieu et de l'immortalité de l'âme sur les bases de la morale. Quelle en est, au fond, la valeur logique ? Ce sont des preuves du même ordre que le raisonnement par lequel les philosophes, comme le vulgaire, croient à l'existence de la nature extérieure. On semble d'accord aujourd'hui, parmi les psychologues et les physiologistes philosophes, pour ne voir dans les sensations et dans les idées, en un mot dans tous les états de conscience, que des signes qui nous révèlent soit directement notre propre existence, soit indirectement les autres êtres. Les conceptions de la raison n'ont pas un caractère différent. L'universel, l'idéal, le divin, sont en nous, de la même façon que nos sensations et nos images mentales, des signes qui nous représentent un monde inconnu. Il y a, pour la raison comme pour les sens, des illusions et des erreurs : nous apprenons à les rectifier par la comparaison et la critique des témoignages, à distinguer, dans le monde idéal comme dans le monde sensible, ce qui n'est qu'hallucination de ce qui peut être accepté comme vrai. Notre premier mouvement est de rapporter toutes nos sensations à des objets réels et nous n'aurions de doutes sur aucun de ces objets si nous n'apprenions, par leur désaccord même, à nous défier de certaines sensations. Nous reconnaissons ainsi, parmi les objets de nos sensations, des fantômes entièrement créés par nous-mêmes et nous n'attribuons une existence extérieure qu'à ceux dont il nous est impossible de nous considérer comme la cause unique et totale, à ceux qui ne peuvent être, comme dit Aristote, que l'œuvre commune de l'être qui les sent et d'un être senti, à ceux, en un mot, que M. Taine appelle ingénieusement des « hallucinations vraies ». Notre confiance dans la réalité de certains objets de la raison repose sur une distinction semblable. Notre premier mouvement est aussi de réaliser tous ces objets, et il a fallu à l'esprit humain de longs efforts pour apprendre à distinguer entre eux, à reconnaître dans quelques-uns un pur idéal, à discerner exactement ceux qui ne peuvent s'expliquer que comme les signes ou les effets de causes réellement existantes. C'est ainsi que nous avons démontré que nos idées de la justice divine, de l'immortalité et de la spiritualité de l'âme répondaient à quelque chose de réel et de nécessaire, la première au-dessus de nous, les deux autres en nous-mêmes. Ce que sont en soi cette justice, cette immortalité, cette spiritualité, nous n'en savons rien, pas plus que nous ne savons ce qu'est en soi la matière. Nous ne connaissons aucun être en dehors des phénomènes qui nous le manifestent, et ni l'être divin, ni même notre être propre ne fait exception. La matière n'est pour nous que la cause inconnue ou, comme dit Stuart Mill, la « possibilité permanente » de nos sensations. Dieu et l'âme, semblablement, ne sont pour nous que la possibilité permanente de nos croyances morales. Il faut à la morale un Dieu qui lui donne sa sanction suprême et, pour réaliser cette sanction, une âme sur qui ne pèsent pas invinciblement les aveugles et injustes fatalités de la nature physique. Voilà ce que le sentiment bien compris de la responsabilité morale nous commande d'affirmer ; tout le reste est mystère, et peut-être heureux mystère ; car, si le scrupule de Kant est excessif lorsqu'il craint, pour la liberté de l'effort moral, la « majesté redoutable » des idées de Dieu et de l'éternité, il est certain que la vertu aura plus de prix si elle est soutenue, dans la considération de « l'au-delà », par de légitimes espérances, plutôt que par une certitude directe et rigoureusement démonstrative.

CHAPITRE IV

DEVOIRS ENVERS DIEU

Justification générale des devoirs envers Dieu. — Le devoir de la prière. — Conclusion.

I

La morale, en recevant son couronnement divin. s'enrichit d'une nouvelle classe de devoirs : les devoirs envers Dieu.

Cette expression de devoirs envers Dieu a une apparence paradoxale. Quand nous parlons de devoirs envers nous-mêmes ou envers autrui, nous entendons un bien, un profit pour nous-mêmes ou pour autrui; mais quel avantage ou quel dommage peut recevoir un être parfait? Nous ne pouvons rien pour lui : comment peut-il être l'objet propre d'une classe de devoirs? Nous résoudrons la difficulté en rappelant l'observation que nous avons faite sur certains devoirs, de nature évidemment altruiste, qui cependant ont pour objet direct et constant, non le bien d'autrui, mais notre bien personnel. Tels sont les devoirs de la reconnaissance et de la véracité; tels doivent aussi nous apparaître les devoirs envers Dieu. Ils ont Dieu seul pour objet, car nous ne les accomplissons qu'en dirigeant vers Dieu tout l'effort de notre pensée et de notre amour; mais ce n'est pas à Dieu, c'est à nous-mêmes qu'ils sont utiles, en développant dans nos âmes les sentiments les plus efficaces pour notre perfectionnement moral.

Tous les devoirs sont à la fois des devoirs envers Dieu et envers nous-mêmes; car tous nos devoirs se rapportent à l'autonomie de notre volonté, qui ne se réalise que dans sa conformité avec l'idée que nous nous faisons de la volonté divine. Pour bien remplir tous nos devoirs, il faut sans cesse rentrer en nous-mêmes et élever notre âme à Dieu. C'est dans cette élévation que consiste proprement le devoir religieux. L'âme y apporte des sentiments de respect et de soumission, de reconnaissance et d'amour, dont l'habitude prend place parmi ses plus hautes vertus.

Notre conscience peut suffire pour nous indiquer nos devoirs, sans que nous ayons besoin d'élever notre pensée vers le divin législateur; mais nous ne serons jamais plus maîtres de nous-mêmes, plus libres d'esprit et de cœur pour écarter tous les voiles derrière lesquels se cache l'obligation morale et pour réduire au silence toutes les passions hostiles qui l'obscurcissent ou qui la dénaturent, que si nous savons nous placer sous la direction de Dieu même, abdiquer en ses mains une fausse indépendance, accepter sans réserve cette « libre servitude » dont les philosophes peuvent emprunter la définition aux théologiens, comme celle de la plus parfaite autonomie. Une âme qui se donne à Dieu tout entière, qui ne songe qu'à lui obéir, qui n'est occupée que de lui plaire, s'affranchit naturellement de ces intérêts et de ces passions qui captivent la plupart des hommes; elle écarte tout ce qui peut la détourner de l'accomplissement du bien, de l'observation du devoir; en se soumettant à la loi divine, elle a ressaisi le gouvernement de ses actions; elle tend d'elle-même à réaliser l'idéal de sainteté qui se personnifie en Dieu.

II

Pour nourrir dans notre âme ces sentiments de dépendance, qui nous rendent en quelque sorte naturelles et familières les vertus les plus difficiles, le seul moyen efficace, c'est la pratique habituelle de la prière. La prière est la forme propre des devoirs envers Dieu. On considère souvent la prière comme inutile, car nous ne pouvons espérer de changer les arrêts du ciel et il est ridicule de demander à Dieu ce qu'il est décidé d'avance à nous accorder ou à nous refuser. La prière peut revêtir, en effet, une forme superstitieuse, qui méconnaît à la fois la constance des lois de la nature et la seule idée qu'une raison éclairée puisse se faire de la Providence divine. Le Dieu de la morale ne peut admettre en lui rien d'arbitraire ni de variable. Les prières qu'autorise ou que commande la morale ne peuvent prétendre à cette efficacité matérielle qui tendrait à introduire dans la nature divine le changement et le caprice. Elles ont une efficacité d'un autre ordre, qui suffit pour en reconnaître l'action salutaire sur notre âme. Elever vers Dieu notre cœur, lui demander humblement tous les secours dont nous avons besoin, ne rien attendre que de sa bonté, n'est-ce pas nous pénétrer de ces sentiments de dépendance, de soumission volontaire à sa loi, sans lesquels nos passions ne perdront jamais leur empire? Celui qui prie du fond de l'âme, avec une ferveur sincère et réfléchie, écarte de son esprit toute idée mondaine et profane qui pourrait le détourner de ce devoir; il chasse de son cœur tous les désirs égoïstes qu'il rougirait d'exposer devant Dieu; il force enfin sa volonté à n'obéir qu'aux commandements divins. Peut-on douter qu'il ne devienne meilleur, qu'il n'acquière plus sûrement la connaissance de ses devoirs, qu'il ne les accomplisse avec plus de constance? Quand ils nous sont dictés par notre volonté seule, tous nos devoirs nous apparaissent comme des devoirs envers nous-mêmes : quand, par la prière, nous remettons notre âme entre les mains du Créateur, ils deviennent véritablement des devoirs envers Dieu et, en les rapportant à leur source divine, nous les dégageons de toute considération personnelle.

Si la prière est un devoir, il est permis d'espérer que Dieu, sans rien changer aux lois de la nature et par la seule réalisation des conséquences naturelles de la loi morale, ne la laisse pas sans récompense. Il nous devient plus présent et, si j'ose dire, plus intime, quand nous implorons son secours; il éclaire notre intelligence et purifie notre cœur; il arme enfin notre volonté contre toutes les faiblesses qui nous ôtent la disposition de nous-mêmes. Si tout devoir trouve en lui son principe et sa sanction, pouvons-nous penser qu'il nous laisse sans défense contre les égarements qui empêchent notre conscience de reconnaître ses commandements, notre raison de les comprendre? Sachons donc mériter son appui, en lui offrant toutes nos pensées, tous nos sentiments, toutes nos actions, en plaçant en lui toutes nos espérances, en embrassant avec joie ce salutaire esclavage, qui peut seul nous assurer le plein exercice de notre raison et la possession de notre liberté. Rien ne doit nous dispenser de cette précieuse obligation : sous la loi du pur déisme, comme au sein des religions positives, il faut sans cesse prier Dieu, implorer ses lumières et lui témoigner notre dépendance. Les plus hautes vertus ont quelque chose d'incomplet et de boiteux, si on ne pense jamais à Dieu, si on attend tout de soi-même, si on ne se pénètre pas, en un mot, de tous les sentiments dont l'ensemble constitue la prière. La doctrine du principe divin de la morale ne serait qu'une spéculation stérile, si elle ne tendait pas à fortifier dans les âmes les sentiments d'amour et de respect pour cette volonté souveraine, qui nous rend plus sages et plus libres en nous soumettant à ses lois, et si elle ne donnait pas à la morale pratique, comme à la morale théorique, une base profondément religieuse.

III

Nous nous sommes efforcé, dans cette exposition des principes de la morale, de n'oublier ni cet « univers physique », dans lequel l'homme, suivant M. Caro, « plonge par ses racines », ni cet « univers moral », auquel il appartient par tout ce qui le distingue des autres êtres. Nous avons aspiré à fonder une morale vraiment humaine par ses bases premières et par ses applications, et qui reste humaine, alors même qu'elle cherche plus haut que l'homme son principe suprême et son dernier objet. L'homme, tel que nous le concevons, n'abdique, par la loi du devoir, aucun des éléments de sa nature, aucun des intérêts qui lui sont chers; mais si nous refusons de le mutiler par en bas, nous ne consentons pas davantage à le mutiler par en haut; nous lui laissons la libre volonté, l'idéal divin, la foi dans une bonté et une justice infinies, les légitimes espérances d'une vie immortelle. Pour emprunter à M. Bouillier (1) une belle comparaison, qu'il applique seulement à la sensibilité et que nous pouvons étendre à la nature humaine tout entière, « l'homme est comme le chêne de La Fontaine,

> ... dont les pieds touchaient à l'empire des morts,

mais

> ... de qui la tête au ciel était voisine » ;

et nous ajouterons que, plus heureux que l'arbre de la fable, l'homme peut être déraciné sans perdre sa place dans l'empire des immortels.

(1) Dans son livre, *Du Plaisir et de la Douleur.*

FIN

TABLE DES MATIÈRES

LIVRE II

MORALE SUBJECTIVE

LIVRE III

MORALE OBJECTIVE

LIVRE IV

MORALE MÉTAPHYSIQUE ET RELIGIEUSE

FIN DE LA TABLE DES MATIÈRES

9646. — Tours, Imp. E Arrault et Cie, rue de la Préfecture, 6.

TOURS, IMP. E. ARRAULT ET Cie, RUE DE LA PRÉFECTURE, 6.

www.ingramcontent.com/pod-product-compliance
Ingram Content Group UK Ltd.
Pitfield, Milton Keynes, MK11 3LW, UK
UKHW012157240726
13966UKWH00002B/409

9 782012 962989